新文科·智能会计课教融合精品教材

财务大数据分析与决策

◎ 主　编　周冬华　杨彩华

◎ 副主编　赵天宇

高等教育出版社·北京

内容简介

　　本书提供了市场主流的数据处理工具以及可使用的操作代码,降低了读者学习大数据分析处理的门槛。本书内容较丰富,从大数据的概念及分析流程和方法,企业财务决策过程中大数据的具体运用两方面出发,本书共9章,包括财务大数据概述和财务大数据分析的流程与方法等基本概念,基于企业战略分析与管理、全面预算管理、销售管理、采购管理、资金管理等业务流程的财务大数据分析及实战演练,基于大数据场景的财务报表分析等。书中配有代码数据、案例资料、教学视频等,用多媒体带入,方便读者阅读学习。

　　本书适用于会计学、财务管理专业及其他管理类专业的本科生、研究生,以及实务界人士和对大数据时代会计学、财务管理知识感兴趣的读者。

图书在版编目（CIP）数据

财务大数据分析与决策／周冬华,杨彩华主编．－－北京：高等教育出版社,2022.9（2025.1重印）
ISBN 978-7-04-058177-5

Ⅰ.①财⋯　Ⅱ.①周⋯　②杨⋯　Ⅲ.①财务管理-数据处理-高等学校-教材　Ⅳ.①F275

中国版本图书馆 CIP 数据核字（2022）第 026209 号

Caiwu Dashuju Fenxi Yu Juece

策划编辑	谢睿芳	责任编辑	谢睿芳	封面设计	马天驰	版式设计	杨　树
责任绘图	杨伟露	责任校对	王　雨	责任印制	刘思涵		

出版发行	高等教育出版社	网　　址	http：//www.hep.edu.cn
社　　址	北京市西城区德外大街4号		http：//www.hep.com.cn
邮政编码	100120	网上订购	http：//www.hepmall.com.cn
印　　刷	天津画中画印刷有限公司		http：//www.hepmall.com
开　　本	787mm×1092mm　1/16		http：//www.hepmall.cn
印　　张	12.5		
字　　数	260千字	版　　次	2022年9月第1版
购书热线	010-58581118	印　　次	2025年1月第9次印刷
咨询电话	400-810-0598	定　　价	38.00元

本书如有缺页、倒页、脱页等质量问题,请到所购图书销售部门联系调换
版权所有　侵权必究
物　料　号　58177-00

前 言

随着大数据、人工智能的逐步发展，数据体量急剧增大，大数据时代慢慢来临，数据已经成为企业的一项重要经济资产，利用大数据技术协助企业开展新业务、帮助企业创新运营模式已在各行各业展开。

财务分析与决策作为企业分析财务业务活动、辅助企业管理决策的一项综合性管理活动，对企业经营管理至关重要。本教材先梳理了财务大数据的概念与特征、理清了财务大数据分析的流程与方法，然后详细介绍了大数据技术在企业战略分析、企业全面预算管理、销售管理、采购管理、资金管理以及财务报表分析等方面的应用与实践案例，以帮助企业管理人员和财务分析人员提高财务大数据分析与决策水平，提升企业在大数据时代的竞争力。

本教材采用理论和案例结合的方式阐述财务大数据分析与决策的过程，以期为企业提升财务分析与决策水平提供新的视角和研究方法。教材的特点主要有：

（1）注重理论分析。为了帮助初学者从传统的财务分析框架转向大数据背景下的新分析框架和模式，本教材在基于大数据的战略分析与管理、基于大数据的企业全面预算管理、基于大数据的销售管理、基于大数据的采购管理、基于大数据的资金管理以及基于大数据的财务报表分析六章中都深入讲解了大数据背景下企业经营活动的变化与面临的挑战，提出了理论解决方案，引导初学者转变思维、了解财务大数据分析模式。

（2）突出技术导向。大数据时代的财务分析与决策离不开大数据技术的应用与实践，因此，大数据技术的理论讲解与实际应用贯穿全书。前三章的内容中，既阐述了财务大数据的概念与特征，还专门针对财务大数据的分析流程与方法进行了详细解析。后六章的内容深入剖析了在不同的企业经营管理场景下大数据技术的具体应用方法。

（3）关注案例研究。本教材深入企业经营业务的各个环节，将大数据技术应用于企业财务分析实践的内容以案例的形式呈现，并提供了相应的代码供读者进行操作和演练。

本教材由周冬华、杨彩华担任主编，负责教材的总体框架设计与统稿，各章编写分工如下：周冬华第一章，杨彩华第二章、第六章、第七章，吴志斌第三章，赵天宇第四章、第五章，孟天琳第八章、第九章。教材编写过程中还得到了曾皓博士和陆延、魏建新等硕士研究生的大力帮助。

本教材属于江西财经大学智能会计专业系列教材之一，在编写和出版的过程中得到了江西财经大学会计学院的领导、新道科技股份有限公司的领导和高等教育出版社相关编辑的大力支持，在此表示诚挚的感谢。

由于我们的理论水平和专业知识有限，书中不足甚至错误在所难免，恳请各位专家、同行和读者批评指正！

编　者

2022年6月于江西财经大学

目 录

第一章　财务大数据概述 …………………………………… 1
第一节　财务大数据相关概念 ………………………………… 1
第二节　财务大数据的产生与发展 …………………………… 8
第三节　财务大数据的分析技术 ……………………………… 14
思考题 …………………………………………………………… 19

第二章　财务大数据分析的数据基础 ……………………… 20
第一节　财务大数据的数据范围 ……………………………… 20
第二节　财务大数据的数据来源 ……………………………… 22
第三节　财务大数据的数据类型 ……………………………… 25
思考题 …………………………………………………………… 28

第三章　财务大数据分析的流程与方法 …………………… 29
第一节　数据采集 ……………………………………………… 29
第二节　数据清洗 ……………………………………………… 32
第三节　数据转换 ……………………………………………… 34
第四节　数据集成 ……………………………………………… 35
第五节　数据挖掘 ……………………………………………… 38
第六节　数据可视化 …………………………………………… 41
第七节　数据采集与处理实战 ………………………………… 46
思考题 …………………………………………………………… 64

第四章　基于大数据的战略分析与管理 …………………………… 65

第一节　大数据时代下企业战略分析思维及管理变革 ……………… 65
第二节　大数据时代下企业战略管理的创新 ………………………… 66
第三节　基于用户的舆情分析
　　　　——以李子柒螺蛳粉战略选择为例 ………………………… 70
思考题 ……………………………………………………………………… 90

第五章　基于大数据的企业全面预算管理 ………………………… 91

第一节　大数据背景下企业全面预算管理体系的构建 ……………… 91
第二节　大数据背景下的企业全面预算管理 ………………………… 92
第三节　大数据背景下的销售价格预测 ……………………………… 96
思考题 ……………………………………………………………………… 105

第六章　基于大数据的销售管理 …………………………………… 106

第一节　大数据背景下销售模式的创新 ……………………………… 106
第二节　大数据背景下销售管理的挑战 ……………………………… 108
第三节　大数据背景下的销售收入分析 ……………………………… 109
第四节　大数据背景下的客户价值分析 ……………………………… 115
思考题 ……………………………………………………………………… 123

第七章　基于大数据的采购管理 …………………………………… 124

第一节　大数据背景下的采购模式变化 ……………………………… 124
第二节　数字化采购管理的构成要素 ………………………………… 126
第三节　基于大数据分析的供应商画像 ……………………………… 127
思考题 ……………………………………………………………………… 142

第八章　基于大数据的资金管理 …………………………………… 143

第一节　大数据背景下资金管理的变化 ……………………………… 143
第二节　大数据背景下资金管理的挑战 ……………………………… 145
第三节　大数据背景下的企业资金分析 ……………………………… 146
第四节　大数据背景下的资金流入预测 ……………………………… 152
思考题 ……………………………………………………………………… 161

第九章 基于大数据的财务分析 ·············· 162

第一节 大数据对财务分析的影响 ············ 162
第二节 大数据背景下的财务分析 ············ 165
第三节 财务报表分析实战 ················ 170
第四节 基于逻辑回归算法的 ST 企业指标分析 ······ 180
思考题 ·························· 190

第一章

财务大数据概述

第一节　财务大数据相关概念

19世纪70年代以来,随着第二次工业革命的爆发,自然科学研究取得了重大进展,各种新技术、新发明层出不穷,以文字为载体的数据量大约每10年翻一番;从工业化时代进入信息化时代后,信息技术革命以前所未有的方式对社会、科技、经济的发展起着重大作用,数据量以每3年翻一番的速度持续增长;近10年来,随着计算机和互联网技术的快速发展,音频、视频、文字、图片等半结构化、非结构化的数据大量涌现,社交网络、物联网、云计算被广泛应用,使得数据存储量、规模、种类飞速增长,大数据时代已悄然来临(郭华东等,2014)。

一、大数据的定义及特征

(一) 大数据的定义

对于大数据(big data),目前还没有一个权威的定义。不同的组织给出了不同的定义。

麦肯锡基于数据特征的视角将大数据定义为:大数据是指无法在一定时间内用传统数据库软件工具对其内容进行采集、存储、管理和分析的数据集合,该数据集合非常巨大以至于无法通过目前主流软件工具在合理时间内达到撷取、管理、处理并整理成为对企业决策有用的数据。因此,并非一定要超过特定TB值的数据集才能算是大数据[1]。

专业研究机构高德纳咨询公司(Gartner)则从描述数据的系统过程出发将大数据定义为:大数据是指需要新处理模式才能具有更强的决策力、洞察力和流程优化能力的海量、高

---

[1] Big data:The next frontier for innovation, competition, and productivity. McKinsey Global Institute, 2011.

增长率和多样化的信息资产。

尽管大数据的概念尚未统一,但从上述定义中不难发现,第一,大数据中的这个"大"不仅指数据量的积累,其意义是要实现由量的积累到"大"的质的变化。第二,大数据中的数据不是传统意义上的数据,这些数据因集合而产生意义价值,具有可观的利用前景。第三,要基于大数据产生价值和效能,那么就必然要求这些数据存在意义和结构上的关联,使其具有分析价值。第四,大数据不是"死"数据,而是"活"数据,不是"假"数据,而是"真"数据,是必须予以应用并产生实际效用的数据。换言之,对这些数据的处理行为决定数据的应用价值,因此要求我们必须对其进行数据结构分析、意义挖掘等。

（二）大数据的特征

大数据的特征的概念由维克托·迈尔·舍恩伯格和肯尼斯·库克耶首先在他们编写的《大数据时代》一书中提出,通常称为大数据的"4V"特征。

第一,数据量巨大(volume)。大数据通常指 10TB(1TB=1 024GB)规模以上的数据量。之所以产生如此巨大的数据量,一是由于各种仪器的使用,使我们能够感知到更多的事物,这些事物的部分甚至全部数据可以被存储;二是由于通信工具的使用,使人们能够全时段的联系,机器—机器(M2M)方式的出现,使得交流的数据量成倍增长;三是由于集成电路价格降低,很多东西都有了智能的成分。

第二,数据种类多(variety)。随着传感器种类的增多以及智能设备、社交网络等的流行,数据类型也变得更加复杂,不仅包括传统的关系数据类型,也包括以网页、视频、音频、Email、文档等形式存在的数据。

第三,速度(velocity)。对于实时处理,我们通常理解的是获取、存储以及挖掘数据的速度,但我们现在处理的数据是 PB 级的,代替了 TB 级,考虑"超大规模数据"和"海量数据"也有规模大的特点,且数据是快速动态变化的,因此形成流式数据是大数据的重要特征,数据流动的速度快到难以用传统的系统去处理。

第四,高价值(value)。大数据背后隐藏着极高的经济意义和经济价值,但是,大数据的价值深藏于浩瀚的数据当中,需要多来源数据的参照、关联、对比分析,需要独到的思维、高超的技术。挖掘大数据的价值就类似于沙里淘金,大数据的巨大价值来自其超前预测能力和真实性。

（三）大数据的类型

大数据不仅数量巨大,而且数据类型较多。按照不同的分类标准,大数据可分为不同的类别。

1. 按照数据结构分类

按照数据结构分类,大数据可以划分为三类,即结构化数据、非结构化数据、半结构化数据。结构化数据是存储在数据库里、可以用二维表结构来逻辑表达和实现的数据。非结构化数据是指信息没有一个预先定义好的数据模型或者没有以一个预先定义的方式来组织。半结构化数据介于结构化数据和非结构化数据之间,它并不能采用二维表结构的方法来逻辑表达,但又包含相关数据标记,可以用来分隔语义元素以及对记录和字段进行分层处理。

(1)结构化数据。结构化数据是指关系模型数据,换句话说,是用关系型数据库来展示形式并管理的数据。凭证、科目余额等事实财务数据是标准的结构化数据。

(2)非结构化数据。与结构化数据相比,非结构化数据不能采用预先定义好的数据模型或者没有以一个预先定义的方式来组织。非结构化数据涉及较为广泛,如声音、图像等。

非结构化 Web 数据库是针对非结构化数据产生的,与之前的关系数据库所不同的是,它突破了结构化数据固定长度的限制,支持重复字段、子字段和变长字段,利用这种方式,实现对变长字段和重复字段的处理和数据项的变长存储管理。

(3)半结构化数据。半结构化数据指的是在结构化数据和非结构化数据之间的数据,这里的结构化数据指的是关系型数据库等信息,非结构化数据指的是声音、图像等信息,如HTML 文档等,它一般是自行描述的,数据的结构与内容混在一起。

与前面的两种数据结构相比,半结构化数据仍归属于结构化数据,但其结构变化很大,需要采用非结构化数据的处理方式来管理数据。从实际上来说,结构化、非结构化以及半结构化数据之间的不同,只不过是根据数据的格式划分的。

2. 按照产生主体分类

按照产生主体分类,大数据可以划分为三类,即企业数据、机器数据以及社会化数据。

(1)企业数据。企业数据主要指传统的 ERP 数据中的消费者数据,以及其他系统中关于企业运营等方面的数据。企业数据仍然是目前应用最多的数据,麦肯锡公司发布的研究报告《大数据:下一个创新、竞争和生产力的前沿》表明,仅美国制造行业产生的数据就比美国政府产生的数据要多一倍。企业每天都在产生和更新数据,数据已经成为企业资产中的一部分。

(2)机器数据。机器数据指的是软硬件设备产生的数据,是最原始的数据类型,主要包括日志文件、呼叫记录以及设备日志等数据。在大数据中,机器数据是增长比较快的一种数据,并且其所占的份额比例也比较大。在现代企业中,不管是什么规模都会产生机器数据,怎样管理数据,如何利用机器数据创造业务,是现代企业需要解决的一大问题。

(3)社会化数据。社会化数据主要指用户的行为记录、反馈等数据。随着网络的流行、社交软件的大量使用,用户的登录访问会产生巨大的数据量,同时也会产生大量的反馈数据,主要包括网络上的评论、视频、图片、个人信息资料等。用户在媒体中分享自己的信息或评论他人的信息也是社会化数据。社会化数据具有实时性和流动性的特点。

3. 按照数据的作用方式分类

按照数据的作用方式分类,大数据可以分为三类,即交易数据、交互数据和传感数据。

(1)交易数据。交易数据是指通过 ERP、电子商务、POS 机等交易工具所产生的数据。在具体的应用中,由于各种数据并没有很好地整合,海量的交易数据混杂在一起使得数据不能得到有效的利用。针对这些问题,迫切需要更大的数据平台和快速有效的算法去分析、预测产生的交易数据,这样有利于企业充分地运用这些数据信息。

(2)交互数据。交互数据是指利用微信、微博等社交媒体所收集到的数据。现在社交媒体越来越多,产生的数据量也越来越丰富,带动了以非结构化数据为主的大数据分析,使得企业对数据的要求更高,它们不再满足于静态的交易数据。

对于企业来说,不仅需要了解企业现在的状况,还需要预测未来的发展前景,这就需要企业把分析方法从交易数据的形式向交互数据的形式发展。如亚马逊可根据网页的数据浏览量,来分析用户从进入到离开该网站的曲线和行为,从而建立企业和用户之间的交互数据,并根据该交互数据进行商品页面的调整。

(3)传感数据。传感数据是指利用 GPS、RFID、视频监控等物联网设备收集到的数据。在科技日益发展的今天,微处理器和传感器变得越来越方便,系统能够全自动或半自动收集更多的信息,这些信息的分析和处理有助于企业的经营决策。

二、财务大数据的概念及特征

传统财务数据主要以财务报告数据为主,包括资产负债表、利润表、现金流量表、股东权益变动表以及报表附注等相关的财务数据。在大数据时代,企业面临更大的挑战与风险,对企业财务大数据信息的处理、分析及反馈提出了更高的要求,也扩大了财务数据的范畴。财务大数据除了涵盖传统的财务报告数据,还包含了宏观数据、行业数据以及企业供应链等相关数据,数据类型除了结构化数据,还包括非结构化数据以及半结构化数据。

随着大数据时代的来临,财务管理不再局限于财务自身领域,而是渗透到各个领域,包括研发、生产、人力资源、销售等领域,可以说大数据时代的来临使财务管理的影响力增加且作用范围也在不断扩大。财务部门从原本单纯的财务管理活动向财务数据的收集整理、处理分析方向转变。

具体而言,相比于传统财务数据,财务大数据的特征主要体现在以下四个方面:

(一)数据来源的广度与深度发生改变

在大数据时代下财务管理的业务范围被极大地扩大了,增加了很多非财务数据,包括销售数据、研发数据以及人力资源数据。这仅仅是财务管理的广度发生了变化,而在深度方面也发生着变化,由原来的结构化数据向非结构化数据、半结构化数据转变。

结构化财务数据是由传统的财务运营系统产生的,通常情况下,结构化财务数据是以二维表的方式进行保存和管理,它是传统的财务数据库管理系统中的重要组成部分。非结构化财务数据是通过现代科技设备产生的,在数据的管理过程中只能采用非关系型财务数据库保存。非结构化财务数据来源较为广泛,比如来自传感器的各种类型数据、移动电话的 GPS 定位数据、实时交易信息、行情数据信息、用户的网络点击量等。又如,网络平台会通过存储顾客的搜索路径、浏览记录、购买记录等大量非结构化数据来分析顾客的购买倾向,通过算法来预测顾客感兴趣的商品。在开展财务管理工作过程中,这些都是需要考虑的重要因素,非结构化财务数据直接影响了财务数据的构成。

(二) 数据处理由原来的集中式向分布式转变

大数据时代企业数据量呈现指数化增长趋势,对数据分析处理的时效性要求更高,因此大数据时代的财务处理方式与传统的财务处理方式不同。大数据时代的全量计算以及在线数据分析需要改变原来的集中式计算架构,转而采用分布式或者扁平式的财务数据处理方式,以便能够跟上时代的步伐。

目前主流的三大分布式计算架构分别为 Hadoop、Spark 和 Strom。Hadoop 可以轻松地集成结构化、半结构化甚至非结构化数据集;Spark 则采用了内存计算,从多迭代批处理出发,允许将数据载入内存做反复查询,此外还融合数据仓库、流处理和图形计算等多种计算范式;而 Strom 则是基于内存计算的开源集群计算系统,能够更为快速地进行数据分析。这三种计算架构在财务数据的处理方面各有优势,同时也有自身的劣势。企业在选择财务数据计算架构的时候应该根据企业自身的具体情况进行选择。

(三) 数据分析从数据仓库向深度学习转变

财务数据分析工作是企业在信息管理方面的重要内容。早期的会计电算化主要是操作型的,会计的凭证、账簿和报表都没有可靠的历史数据来源,更不能将财务信息转换为可用的决策信息。随着信息处理技术的发展,企业可以利用新的技术实现财务数据的联机分享和数据深度学习,还可使用统计运算方法和人工智能技术对数据仓库进行横向和纵向的分析,将大量的原始数据转化为对企业有用的信息,实现数据分析从数据仓库向深度学习的转变,提高企业决策的科学性和可操作性。

大数据时代下,财务数据分析改变了以往的传统关系数据库模式,将非结构化财务数据和动态实时财务数据纳入数据分析的范畴,使得企业可以根据这些信息进行定性和定量的分析,以便为企业对财务数据进行定向分析做好准备。

例如,苏宁电器构建了 ERP 系统,把物流系统中的库存商品基础数据(包括产品编号、名称、规格型号,计划单价)、商家基本数据(包括商家编号、名称、地址、电话、邮编、银行账号等)与财务信息系统中和物流信息相关的数据进行连接;资金流系统中保理、保险、银行客户的基本数据、支付结算方式编码、货币编码、利率编码等与财务信息系统中和金融业务信息相关的数据共享。这就在一定程度上实现了财务数据共享和深度分析的作用。

(四) 数据输出形式由图表化向可视化转变

在以前的财务数据输出工作中,企业大多采用图表的形式来报告企业的财务信息,比如财务报表等;而在大数据背景下,企业改变了以往的数据输出形式,将复杂的财务数据转化为直观的图形及仪表盘，综合采用图形、表格和视频等方式将数据进行可视化呈现。更进一步地，企业也可以采用 API、XML 和二进制等接口输出形式来输出数据，以便能够更好地将信息传达给内部和外部使用者，为企业决策提供数据支持。

社交网络中的语音、图像、视频、日志文件等都是可视化的财务数据输出形式。例如1号店、淘宝商城这样的电商就记录或收集了网上交易量、顾客感知、品牌意识、产品购买和社会互动等行为数据，以可理解的图形、图片等方式直观呈现出企业在不同时间轴上财务数据的变化趋势。

三、财务大数据的典型应用场景

大数据场景应用本质上就是数据的业务应用场景，是数据和数据分析在企业经营活动中的具体表现。可以从不同的维度来了解大数据的场景应用。如从横向上分析，大数据在不同行业有不同的应用场景，简单讲就是提升业务，降低成本，开源和节流并重。由于各个行业的数据维度和数据质量不同，大数据在不同行业应用的成熟度也不同，互联网金融、电商、医疗、交通、航空旅游行业的大数据应用较为成熟，数据分析已经为它们带来了较大的业务提升；互联网金融行业的数据维度较多，数据质量也很好，大数据应用开展较好，也取得了较好的效果。

但具体到企业业务层面，财务大数据的典型应用场景包括全面预算、成本管理、资金管理、投资决策、财务分析等。

（一）全面预算

财务大数据环境下，全面预算依赖的数据超出了传统预算中的财务数据，还包括音频、视频、地理位置、天气以及温度等非结构化数据，通过这些数据分析可以提升全面预算的准确性。

例如，在编制采购预算时，可以深入分析大数据提供的信息数据，科学地选择原材料供应商。与此同时，由于大数据使传统的自上而下传递预算任务的顺序发生改变，自下而上的预算审批顺序也因此发生变化，使得全面预算编制周期明显缩短。此外，在编制资金预算时，依托大数据分析，管理者能够判断预算资金是否合理，以防各部门虚报或瞒报预算资金。

（二）成本管理

成本管理是企业内部控制中最重要的环节，其贯穿于企业经营的各个环节，有利于企业降低成本，提高经济效益。企业要获取更高的净利润，需要对生产成本和人力成本等多方面进行管控。传统成本管理偏重于产品的生产成本管理，相对忽视了其他方面的成本管理。生产成本的管理侧重于产品的生产过程，产品开发、采购、销售等过程的成本容易被忽视。

大数据时代下财务管理人员能够及时采集企业生产制造成本、流通销售成本等各种成本的数据,并将这些海量数据应用于企业成本控制系统,通过准确汇集、分配成本、分析企业成本费用的构成因素,区分不同产品的利润贡献程度并进行全方位的比较与选择,从而为企业进行有效的成本管理提供科学的决策依据。

例如,在生产线上安装数以千计的传感器、电子监控可以获取视频和照片等信息,通过对这些信息进行分析能实时监控企业生产流程,及时发现和处理突发事件,从而有效控制企业成本。

(三) 资金管理

资金管理是大型企业集团财务管理的核心内容,对企业战略发展和风险控制有重要的影响。大数据的出现也影响着资金管理的工作方式,原有的流程也随之改变。比如一笔资金支付业务,原先的流程可能是业务部门提出资金需求,财务部门进行账务处理,然后流转到出纳,出纳制单后,再通过企业内部的审核流程完成审核,最终由银行付款。财务分析人员可能在每周或月度结束后,从财务系统中取得数据,然后对本公司资金用途进行统计分析。

在大数据时代,业务部门和财务部门几乎能同时进行处理,而事后的统计分析工作也可以在支付的同时就得以统计,使得流程简化,时间缩短。大数据时代的来临打破了原有的工作边界,资金管理不再只关注资金的信息,而是要扩大范围,将企业内部各个职能部门都考虑在内,甚至包含企业上下游企业、企业的竞争者等,打造全流程、信息一体化的工作平台。

(四) 投资决策

财务大数据的应用给企业的投资决策者提供了海量的支持数据,从而提升了企业投资决策效率和效果。

首先,企业建立专门的大数据收集平台,针对决策相关的数据进行收集、处理与提取,以提升数据的准确性、相关性与及时性;其次,构建大数据的云计算平台,实时对大数据进行分析;再次,利用数据挖掘功能对信息与结果之间的相关性进行分析;最后,根据分析结果对能获得更多收益的项目进行投资。

企业可以通过建立量化投资模型帮助决策者处理海量数据,使决策者能够在短时间内对影响投资结果的因素进行多角度的分析,包括经济周期、市场、未来预期、盈利能力、心理因素等,进而根据模型分析结果做出投资决策,大大提高投资效率。还可以通过大数据建立数学模型以对不同的风险因素进行组合分析,使企业能在较短时间内迅速识别潜在的风险并进行精确地量化分析,进而实现对投资项目的风险控制。

(五) 财务分析

大数据时代,财务分析数据的来源除了内部财务账表中以货币计量的结构化数据外,还有各类非结构化数据、业务数据等,并且可用的外部数据也越来越多。大数据时代的财务分析偏重于相关分析,即从某一相关事务的变化去分析另一相关事务是否发生变化,如没有变化或者变化不合常规,再分析其影响因素,以解释没有变化或者变化不合常规是否合理。比如,当收入变化时,要分析利润是否发生变化,如果利润没有变化或者变化不合常规,那么再分析成本、费用是否发生变化,并通过分析成本、费用变化是否合理来判断利润没有变化或变化不合常规是否合理。

第二节　财务大数据的产生与发展

从人类文明之初的"结绳记事",到文字发明后的"文以载道",再到现代科学的"数据建模",数据一直伴随着人类社会的发展变迁。然而,直到现代信息技术出现后,为数据处理提供了自动的方法和手段,人类掌握数据、处理数据的能力才实现了质的跃升。

一、大数据的产生与发展

(一) 大数据的产生

"大数据"作为一种概念和思潮由计算领域发端,之后逐渐延伸到科学和商业领域。早在 1980 年,未来学家托夫勒在其作品《第三次浪潮》中曾提到过"大数据",并认为"大数据"是"第三次浪潮"的华彩乐章。1998 年,美国高性能计算公司 SGI 的首席科学家马西(Mashey)在一个国际会议报告中指出:随着数据量的快速增长,必将出现数据难理解、难获取、难处理和难组织四个难题,并用"big data(大数据)"来描述这一挑战,随后引发实务界对大数据应用的思考。

2012 年,随着脸书与领英等大数据企业分别在纳斯达克及纽约证券交易所上市交易,以及亚马逊等数据平台公司聚焦大数据应用,大数据的概念深入人心,《纽约时报》甚至将 2012 年称为"大数据的跨界年度"。随后,大数据的概念体系逐渐成形,人们对其认知亦趋于理性,大数据也逐步应用到各行各业中。

大数据的产生无论是对科学技术的进步,还是对信息技术的发展,以及对实务界的应用都产生了巨大的促进作用。从采用数据库作为数据管理的主要方式开始,人类社会的数据演变经历了三个阶段,即被动、主动和自动阶段,由此产生了最终的大数据。

1. 运营式系统阶段——被动阶段

起初,数据库的产生降低了数据管理的难度,也就是说,数据库基本上都是被运营式系统所采用,以此来当作运营式系统的数据管理子系统。例如,超市的销售记录系统、银行的交易记录系统、医院的病人医疗记录等。对于人类社会来说,这个阶段的数据是在数据库的基础上产生的,由于数据库的管理,大数据才得以在企业中运营。这个阶段的主要特点是,数据会随着一定的运营活动而产生并记录在数据库之中,如超市的售货记录,在超市里每售出一件产品,数据库中都会记录相应的数据,不过这种数据产生的方式是被动的。

2. 用户原创内容阶段——主动阶段

在运营式系统阶段之后,由于互联网的诞生,让人类社会的数据量得到了第二次飞跃。在这个阶段,科学技术迅猛发展,出现了微博、微信等新型的社交软件,这些软件的应用使得用户不仅仅是信息的接受者,而且是传播者,甚至是创造者,这产生了大量的有用信息。智能手机、平板电脑等新型移动设备的出现,也为人们随时随地在网上发表自己的观点提供了便利条件,这阶段数据产生的方式是主动的。

3. 感知式系统阶段——自动阶段

在经过前两个阶段之后,人类社会数据量第三次大的飞跃最终导致了大数据的产生。随着科学技术的发展,出现了诸如传感器之类的设备,并开始将这些设备广泛地布置于社会的各个角落,这些设备可以随时随地地产生数据。这个阶段数据产生的方式是自动的,信息产生的频率更快,产生的数据量也成几何级数增长,从而产生了大数据。

(二) 大数据产生的原因

大数据产生的原因主要有以下几个方面:

1. 数据存储成本的降低

大数据产生的重要前提是数据存储成本的大幅降低。在早期,英特尔(Inter)创始人之一戈登·摩尔(Gordon Moore)提出著名的摩尔定律,在当时引起了广泛关注。摩尔定律是指,当价格保持固定时,每隔18～24个月,集成电路上元器件的数目便会增加一倍,其性能也将提升一倍,换句话说,每隔18～24个月,一美元所能买到的计算机性能至少翻一倍。自摩尔定律产生至今已有半个多世纪,计算机硬件的发展规律基本符合摩尔定律,硬件的处理速度、存储能力不断提升,与此相对应的是,硬件的价格在逐年下降。

除此之外,计算机的体积也发生了变化,慢慢地变小,发展成今天可以随身携带的笔记本电脑、平板电脑。由于存储器的价格较低,人们才得以廉价保存海量的数据;由于存储器的体积越来越小,人们才可以便捷地携带海量的数据。这也在一定程度上促进了大数据时代的到来。

2. 生活的数字化驱动

物联网是新一代信息技术的重要组成部分,它的出现决定了物与物、人与物、人与人之间的互联。从本质上来说,物联网使得数据从主动式变为自动式,而大数据产生的真正原因正是由于人们生活中数据的自动式产生。

现在,物联网应用在许多行业之中,如智能工业、智能农业、智能交通、智能电网、节能建筑、安全监控等。在应用的过程中需要借助传感器,传感器等微小计算设备实现了无处不在的数据自动采集,这也意味着人们的数据收集能力的提高,为大数据的产生提供了技术上的支持。

3. 社交网络的飞速发展

近20年来,社交媒体相继问世,微博、微信等受到大家广泛关注,这也意味着移动互联网时代的到来。

在移动互联网时代,无论是机器、企业还是个人都需要获取数据,相对应地,也就会产生新的数据。互联网巨头每月所处理的数据超过400PB,并在这个基础上逐步地增长;视频网站如优酷网,每天上传7万小时的视频;截至2019年年末,淘宝月度活跃用户首度突破8亿人,在线商品超过8亿件。2020年11月11日,阿里巴巴集团全天成交23.21亿单,金额共计4 982亿元,产生了海量数据。

网络的普及与高速发展为各种数据提供了集散场所,为数据生成的自动化、信息传输的低成本化奠定了基础。可以这么认为,基础已经准备好了,大数据时代就自然而然地到来了。

（三）大数据技术的发展

大数据技术是新一代能够快速地采集、处理和分析数据的技术,它可以在数以万计的数据中选择有价值的信息,而且运行成本比较低。大数据技术的发展以及广泛应用,让大家能够更简单、方便、快捷地处理数据,从而可能改变很多行业的商业模式。具体而言,大数据技术的发展可以分为以下几个方向：

1. 大数据采集与预处理方向

大数据的数据多种多样化,包括数据库中的数据、文本、图片、视频、网页等各类结构化、非结构化及半结构化数据,这些数据的质量存在较大的差异,这就会给数据的可用性带来较大的困难。因此,大数据处理的第一步是从数据源采集数据并进行预处理操作,为后续流程提供统一的高质量的数据集。

2. 大数据存储与管理方向

大数据的数据量是巨大的,这给存储和管理带来了问题,如存储规模、管理的复杂性等。为了降低数据的存储成本,通常采用分布式架构来存储大数据。

数据存储与大数据应用密切相关,部分实时性要求较高的应用,如状态监控,更适合采用流处理模式,直接在清洗和集成后的数据上进行分析;而大多数应用则需要存储,以支持后续更具深度的数据分析流程。

3. 大数据计算模式方向

因为大数据处理多样性的要求,现在已经出现了多种典型的计算模式,这些计算模式涉及的内容众多,例如,大数据查询分析计算或批处理计算、流式计算或迭代计算、图计算和内存计算等,当然也可以将这些计算模式结合起来,这对大数据处理具有重要的意义。

4. 大数据分析与挖掘方向

在数据分析与处理方面,主要涉及的技术包括语义分析与数据挖掘等。由于大数据环境下数据呈现多样化特点,所以对数据进行语义分析时,较难统一术语进而挖掘信息。随着大数据的应用越来越广泛,数据也随之迅速地增长,数据的分析与挖掘技术也越来越复杂。现在大数据可以进行自动化分析,并且对自动化分析的要求越来越高,工程师们开发了许多大数据分析工具和产品。

5. 大数据可视化分析方向

大数据可视化（visualization）技术是利用计算机图形学和图像处理技术，将数据转换成图形或图像在屏幕上显示出来，并进行交互处理的理论、方法和技术。

针对众多繁杂的数据信息进行可视化分析，能够帮助决策者发现数据挖掘的价值，还可推动大数据的发展。针对可视化分析，现在许多公司都在进行研究，致力于将可视化分析与数据结合在一起，众多相关的产品也会应运而生。

6. 大数据安全方向

科学技术是一把双刃剑，大数据所引发的安全问题与其带来的价值同样引人注目。大数据量的迅速增长也带来了数据的安全问题。一方面因为大数据众多，更容易在网络上被发现；另一方面大数据中有一些有价值的数据，会吸引攻击者偷窃数据信息。当我们利用大数据进行数据分析与挖掘来获取商业价值时，可能会引起黑客的注意，从而攻击截取相应的信息。所以，大数据的安全应该是大家非常关心的话题，可以利用文件访问控制去限制对数据的操作、基础设备加密、匿名化技术和加密保护技术等，最大限度地保护数据安全。

二、财务大数据的产生与发展

随着大数据时代的到来，大数据在财务管理中的应用引发了人们的思考。2013年12月，特许公认会计师公会（ACCA）与美国管理会计师协会（IMA）联合发布了《大数据：机遇和风险》的研究报告，该报告阐述了各种规模的企业、政府以及监管机构利用非结构化数据的情形，同时也指出了大数据可能带来的法律和道德上的潜在风险。因此，未来5—10年，会计和财务人员应该思考大数据将如何影响商业世界，大数据应用对会计职业带来的机遇和挑战等根本性问题。

在ACCA和IMA最近开展的调查中，有76%的亚太地区受访者和62%的全球范围受访者认为大数据对企业未来极其重要，能使有远见卓识的企业超越其竞争对手。企业和政府可以收集到的数据量和数据种类快速增长，为其决策提供了一个潜在的信息宝库。组织、理解和分析大数据的能力成为企业进行重大投资的核心任务。

大数据是会计与财务行业近几年面临的机遇。财务部门运用其分析技能，能够为高级管理层提供关于更多变量的实时动态，这将使他们跃居企业战略核心位置。财务部门不应该仅限于提供年终报告，大数据的运用将拓展财务工作的范畴和职能。

（一）辅助传统会计工作

1. 账目核算

会计账目的核算十分复杂，在会计领域引入大数据技术能够辅助会计的账目核算。为了便于核算人员进行账目查找，将具体账目输入储存数据库中，利用数据中的计算系统对账目进行整体核算,可以将数据库设置成图表或者数据模式,采用各种先进技术对核算的账目进行排列。管理人员利用图表的整合方式,可对整个财务报表进行分析。

2. 账目数据存储

利用大数据的数据库可以对会计的账目数据进行存储。会计账目属于机密账目,在数据存储当中需要建立企业专门的数据存储库,利用大数据进行存储,既能够保证账目存储的容量,同时还能保证账目的安全性。存储过程当中能通过结构优化,将账目信息整合成有用的信息,提高了信息质量的同时会计数据安全也得到了保障。

3. 会计数据的保护

在会计数据保护方面,以往采用的是文件夹和精密文件储存库进行会计账目的存储。当前利用大数据对数据库设置了专用访问者并对数据库进行加密,可以提高会计账目的安全性,能有效保证会计数据的机密性。通过数据库信息的整合系统能将零散的信息进行整合,而且可以将丢失的信息进行智能化的恢复。对信息的评估功能提高了会计数据信息的可靠性,使信息数据的理解性得到较大提升。

4. 账目查询

在信息技术极不发达的年代,对账目的查询需要翻阅大量的账目记录本,这种工作十分烦琐,而且效率较低。随着大数据的运用,企业对会计账目进行数据存储,在查找过程当中只需输入具体查找的内容,直接查询即可。还可以通过内置技术对账目报表进行可视化的功能图片分析,并且采用人工智能绘制整个账目核算报表的总体趋势绘制曲线图。

(二) 构建财务信息化管理平台

在大数据技术的应用之下,企业通过建立更加系统完善的财务信息化管理平台,灵活引入财务管理智能化软件,采购相应的硬件设备,从而为财务管理工作者进行相关工作提供良好环境。例如,当前应用非常普遍的财务云信息化管理系统,可以让企业更好地实现财务共享、资金管理以及会计核算等工作,形成一个更加系统化的财务云平台,让财务管理人员能够真正开发和利用相关财务数据信息,推进财务管理工作标准化和规范化建设,为企业管理人员进行决策提供更加准确可靠的财务信息。

1. 财务共享服务

财务共享服务是财务转型的第一步,共享服务促进了财务组织与财务职能的再造,在共享服务的基础上,企业能够建立"三分天下"的财经管理体系:战略财务在集团层面发挥控制和管理职能,负责公司计划和政策的制定,为企业经营管理提供决策支持;业务财务深入业务单位,成为一支深入价值链的财务团队,为业务单位提供财务管理支持;共享服务中心处理企业的基础核算业务,为战略财务和业务财务提供支持。

财务云是一种基于财务共享服务的管理模式,它将分散、重复、大量的财务交易处理业务全面纳入共享服务中心进行集中处理,实现财务的标准化、专业化和流程化,完成财务的"工业化革命",让分支机构的财务人员从财务的基础业务中解放出来,将更多时间和精力投入经营决策支持等更有价值的工作中去。

财务云最初是由中兴通讯、华为、海尔等大型集团公司根据多年海内外业务实践创建的"财务共享服务中心"发展起来的,在数据驱动下,财务云应运而生。其目的是通过互联网大数据实现财务共享、财务管理、资金管理三合一,并在企业中建立集中且标准化的财务云处理中心,进而使得会计核算、结算报销、资金管理、决策部署在整个集团企业中能够协同应用。

2. 融合新兴技术

财务共享服务完成了流程和组织的变革,实现了财务交易处理业务的集中化、规模化、流程化,为新兴技术的应用提供了实现场景,也推动了信息技术在财务领域的创新应用,比如:

依托云计算,财务云能够实现财务信息系统的云化部署:大型企业可以自建私有云,将整个财务信息系统的功能集成在云计算平台中,任何财务业务操作都可以通过任何一个终端,在云计算平台上完成;中小企业可以采用公有云服务,无须自建财务信息系统,直接租用第三方企业提供的软件或服务(SaaS),实现财务服务的按需使用。

采用"微服务+数据中台+接口平台+配置平台+监控平台"的设计理念搭建系统架构,财务云能够实现财务系统和业务系统的全面连接,发挥企业财务中台的作用,建立数据采集和数据加工的数字化基础设施。

借助 OCR 智能识别、智能审核、机器学习等技术来完成财务业务处理的智能化,财务云能够实现连通、高效、智能的目标;通过应用大数据挖掘、大数据分析、知识图谱等技术,使财务部门成为企业的财务大数据中心,成为企业的"数字财务神经网络",帮助企业在海量财务数据中挖掘有效信息,有效识别机会、预判风险。

3. 提供 5A 云服务

5A 云服务是中心财务云提供的概念,即任何时间(anytime)、任何地点(anywhere)、任何人(anyone)都可以通过任何工具(any device)获得财务服务(anything)[①]。无论身处何地,只需要相关财务信息、财务服务,任意一位用户都可以在相关财务系统中提出需求;用户不需要知道财务共享服务中心在哪里,也不用知道财务内部处理流程,只需提交自己的请求,财务共享服务中心就可以为用户提供相关信息和服务。

财务部门有许多利益相关者,包括员工、客户、供应商、股东以及企业外部的税务局、银行、工商部门等,这些都是财务服务的对象。通过财务云的标准化和端到端的流程管理,借助新兴技术,企业能够低成本高效率地为利益相关者提供 5A 财务云服务,比如报销、审核、开票、结算、税务等服务。财务云能够极大地提高财务业务处理效率,提升利益相关者对财务服务的满意度。

4. 建立大数据中心

财务云可以帮助企业建立财务与业务的广泛连接,使财务部门拥有采集大量数据的能

---

① 聂蓉蓉,刘雅琼. 财务云:从共享服务到大数据中心. 中国会计报,2019-07-26。

力,还可实现大规模地采集利益相关者的交互数据,具体包括:①国际经济发展趋势、国家宏观经济环境和货币政策等宏观数据;②企业所处行业未来发展、行业竞争态势等中观数据;③企业自身财务状况、上下游的客户和供应商状况、员工信息、甚至潜在的竞争者信息等微观数据。这些数据糅合在一起,就构成了财务大数据,利用这些大数据协助企业经营发展,能够有效提高企业价值。

通过大数据中心对相关数据进行挖掘和分析,企业能够获取经营过程中的大量数据,这些数据经过处理后转化成有用的信息,沉淀为知识最终转化为财务决策信息。基于此,财务分析将从最小数据集向大数据转变,数字化、可视化地给利益相关者提供真正需要的信息,为业务财务、战略财务和经营单位提供财务数据服务,为管理层提供经营决策支持,为实现企业数字化赋能。

(三)推动财务管理工作体系创新

大数据应用有利于转变传统的财务管理目标,创新财务管理工作体系,实施更加集中的财务管理模式,优化整合内部资源,从而有效控制企业经营管理成本,促进内部控制实效性的提升,进而建立由战略、计划、预算以及绩效等多元素组成的一体化财务工作模式。

1. 财务管理部门架构创新

大数据环境下应当设置独立的财务数据管理部门,组建财务管理委员会,促进大数据平台建设。在财务管理部门设置数据分析岗位,借助于大数据统计分析、数据挖掘技术等为企业带来更有价值的财务信息,促进财务部门和其他各部门的沟通协作。

2. 财务管理工作方式的创新发展

大数据的发展和运用,对企业财务管理工作方式产生了较大的影响。企业以大数据技术为支撑构建更加现代化的财务管理体系,运用数据挖掘技术对企业经营管理中的财务信息实施全方位的分析,可以推进财务管理信息化、智能化发展,对各个财务模块实施有效预测。

3. 财务数据处理工作方式的创新

大数据的发展和运用,对企业财务数据处理工作方式产生了较大的影响。大数据环境下,数据之间的关联性更加复杂化和多元化,这对现代财务工作提出了更高的要求。财务工作需要把数据处理工作真正纳入战略发展规划中来,抓好对数据的收集与分析工作,积极运用大数据技术开发数据的潜在价值。

第三节 财务大数据的分析技术

从本质上看,大数据分析技术就是从类型各异和数量庞大的数据中能够快速有效地获取并加以分析有价值信息的技术。随着大数据在财务领域被广泛关注,已经有大量新的技术不断涌现,不仅如此,这些技术已经成为当前大数据采集、处理与存储、应用与呈现的重要工具。

在这些逐渐涌现的大数据技术当中,我们主要介绍大数据处理、存储和可视化技术。

一、大数据处理技术

随着大数据时代的到来,海量且复杂的数据成为当前社会的重要特征,随之而来的是不断丰富并发展的大数据处理技术。合理地运用大数据处理技术能够使原本庞大的数据变得井然有序,从而能够为人类社会的发展做出更为突出的贡献。

(一)大数据挖掘与分析

与小样本数据相比,大数据呈现出多样性与动态异质性,对大数据进行分析更具有价值意义。但大数据分析需要借助于大数据的挖掘和分析技术,以此来提升数据质量与可信度,以及提升对数据语义的理解。数据挖掘与分析在整个大数据处理流程中是最重要的部分。目前,实务中常用的数据挖掘工具有:

1. SAS Enterprise Miner

Enterprise Miner(EM)是 SAS 推出的一个集成数据挖掘系统,允许使用和比较不同的技术,同时还集成了复杂的数据库管理软件。它在一个工作空间(workspace)中按照一定的顺序添加各种可以实现不同功能的节点,然后对不同节点进行相应的设置,最后运行整个工作流程(workflow),便可以得到相应的结果。

2. IBM SPSS Modeler

IBM SPSS Modeler 封装了先进的统计学和数据挖掘技术来获得预测知识,并将相应的决策方案部署到现有的业务系统和业务过程中,从而提高企业效益。IBM SPSS Modeler 拥有直观的操作界面、自动化的数据准备和成熟的预测分析模型,结合商业技术可以快速建立预测性模型。

3. SQL Server

Microsoft 的 SQL Server 集成了数据挖掘组件——Analysis Servers。SQL Server 提供了决策树算法、聚类分析算法、Naive Bayes 算法、关联规则算法、时序算法、神经网络算法、线性回归算法等 9 种常用的数据挖掘算法。

4. Python

Python 是一种面向对象的解释型计算机程序设计语言,它拥有高效的数据结构,并且能够用简单而又高效的方式进行编程。但是 Python 并不提供专门的数据挖掘环境,它提供众多的扩展库,例如:NumPy、SciPy 和 Matplotlib 等科学计算扩展库分别为 Python 提供了快速数组处理、数值运算以及绘图功能,Scikit-learn 库中包含很多分类器的实现以及聚类相关算法。正因为有了这些扩展库,Python 才成为数据挖掘常用的语言。

5. WEKA

WEKA(Waikato Environment for Knowledge Analysis)是一款知名度较高的开源机器学习和数据挖掘软件。高级用户可以通过 Java 编程和命令行来调用其分析组件。同时,WEKA 也为普通用户提供了图形化界面,称为 WEKA Knowledge Flow Environment 和 WEKA Explorer,可以实现预处理、分类、聚类、关联规则、文本挖掘、可视化等功能。

6. KNIMI

KNIME(Konstanz Information Miner)是基于 Java 开发的,可以扩展使用 WEKA 中的挖掘算法,KNIME 采用类似数据流(data flow)的方式来建立分析挖掘流程。挖掘流程由一系列功能节点组成,每个节点有输入/输出端口,用于接收数据或模型、导出结果。

7. RapidMiner

RapidMiner 也称为 YALE(Yet Another Learning Environment),使用图形化界面,采用类似 Windows 资源管理器中的树状结构来组织分析组件,树上每个节点表示不同的运算符(operator)。YALE 提供了大量的运算符,包括数据处理、变换、探索、建模、评估等各个环节。YALE 是用 Java 开发的,基于 WEKA 构建,可以调用 WEKA 中的各种分析组件。RapidMiner 有拓展的套件 Hadoop,可以和 Hadoop 集成起来,在 Hadoop 群上运行任务。

8. TipDM 数据挖掘建模平台

TipDM 数据挖掘建模平台是基于 Python 语言、用于数据挖掘建模的开源平台。它采用 B/S 结构,用户不需要下载客户端,可通过浏览器进行访问。平台支持数据挖掘流程所需的主要过程:数据探索(相关性分析、主成分分析、周期性分析等)、数据预处理(特征构造、记录选择、缺失值处理等)、构建模型(聚类模型、分类模型、回归模型等)和模型评价(R-Squared、混淆矩阵、ROC 曲线等)。用户可在没有 Python 编程基础的情况下通过拖曳的方式进行操作,将数据输入输出、数据预处理、挖掘建模、模型评估等环节通过流程化的方式进行连接,以达到数据挖掘的目的。

数据挖掘与数据分析都是在数据中提取了一部分有价值的信息,尽管两者之间存在着一定的联系,如部分分析人员会使用 SPSS 等编程工具来进行设计分析,而部分数据挖掘人员会在结果表达与分析方面借助一些数据分析的手段,但两者在侧重点与实现手法上还是略有差异,主要表现为:

(1)虽然数据挖掘与数据分析都是对数据进行分析与处理等各项操作,然后从中获取有价值的信息,但是数据挖掘一般是通过编程来实现,需要编程语言,而数据分析则不同,它一般都是借助现有的分析工具来实现的。

(2)进行数据分析时要深入了解行业,同时可以将数据与业务紧密结合在一起,而数据挖掘却不用过多地了解行业的专业知识。

(3)虽然数据挖掘与数据分析都需要懂统计学知识,并运用其中一些常用的处理方法,但是数据挖掘更重视的是技术层面,需要将其与数学和计算机相结合,而数据分析则需要将统计学、营销学、心理学、金融学、政治学等方面结合在一起再进行综合分析。

(二) 大数据采集、预处理与集成

数据库、文本、图片或视频、网页等各类非结构化、结构化以及半结构化数据都体现了数据的多样化,同时也是大数据的一个重要特点。因此从数据源采集数据再进行预处理与集成操作是大数据处理的第一个步骤,这给后续流程提供了统一且高质量的数据集。

1. 大数据采集

在大数据处理流程中最为基础的一步是数据采集,大数据采集体系通常可以分为两个部分,即智能感知层与基础支撑层。

智能感知层主要是通过数据传感网络、无线射频网络以及智能识别网络与资源接入系统,它们可以将非结构化、半结构化、结构化的海量数据进行智能化识别、定位或接入,从而实现大数据的采集。基础支撑层则主要是提供大数据服务平台中所需的物理介质,如数据库资源、物理传输资源以及物联网资源等。

目前通常采用传感器收取、射频识别、数据检索分类工具和条形码技术等手段来进行数据采集。但是由于移动设备的出现,大量的移动软件被广泛应用,移动设备本身也成了大数据采集的工具,进一步加快了信息的流通速度与采集精度。

2. 大数据预处理

数据预处理就是对已经采集到的数据进行适当的处理,之后再进一步集成存储。

数据预处理技术主要有数据清理、数据集成和数据变换。其中数据清理可以将一些噪声数据和异常数据剔除,同时纠正数据中存在的不一致现象。对于数据集成来说,就可以将来自不同数据源的数据合并在一起,从而形成一致的数据存储,就像数据仓库。数据变换则是改进一些涉及距离度量的挖掘算法中的精度与有效性,然后把不同度量的数据进行归一化,让数据更能体现价值所在。因此,在进行数据分析之前运用数据预处理技术可以大大提升数据分析的质量,同时也提升了分析的速度与准确性。

3. 大数据集成

大数据集成指将经过数据采集和预处理后的进行转换,从而形成单一或便于处理的结构形式,给之后的数据分析奠定基础。

数据集成的过程中一般会采用一些数据过滤器,然后通过聚类或关联分析的规则方法,把那些异常数据过滤掉,以此来防止这些数据对最终的结果造成不利影响,之后再将整理过的数据进行继承与存储。

目前一般是针对特定种类的数据建立专门的数据库,然后将这些不同种类的数据信息再分门别类放置,这样不仅可以有效地减少数据库查询与访问的时间,同时还提升了数据提取的速度。

二、大数据存储技术

目前大数据时代中的数据已经达到了 PB 级别,甚至有些已经达到了 EB 级别。业界针对不同类型的海量数据提供了不同的存储技术。

（一）大数据分布式文件系统

大数据存储与管理是在大数据处理当中首要考虑的问题。一般会在大规模集群的环境中采用可扩展的分布式存储技术，以此来提供极为强大的数据存储与并发访问能力。分布式文件系统即利用不同的存储节点将大规模海量数据用文件的形式保存，然后再用分布式系统进行管理。作为支持大数据应用基础的文件系统，其主要是将大的任务分解成诸多小任务，然后通过多个处理器或多个计算机节点参与计算来解决各类复杂问题。

目前，分布式文件系统中的典型产品有谷歌的 GFS 与 Hadoop 的 HDFS。GFS 能够处理大容量的文件，一般都在 10MB 以上，就算是 GB 级别的数据量也很常见。同时，GFS 中还可以有效地对大文件进行管理。GFS 作为开源的分布式文件系统，能够提供高吞吐量用来访问应用程序中的数据，是一种适用于超大数据集的应用程序。

（二）海量数据存储技术

海量数据存储技术主要有以下三种：

1. 虚拟存储技术

虚拟存储技术主要是将存储虚拟化，通过提供虚拟存储空间给用户，让用户可以根据需求对该空间进行任意的分割或合并，以及重新组合，同时将其分配给特定的主机或应用程序，以此来实现隐藏或屏蔽具体的物理设备的特性。换言之，从物理存储设备到单一逻辑资源池的映射即是存储虚拟化的核心内容。

存储虚拟化不仅可以提升存储的利用率，还能够降低成本，在简化的同时进行存储管理。目前基于网络的虚拟化存储技术已经成为一种趋势，它的优势可在数据大集中或异地容灾等应用中体现出来，例如开放性、可扩展性等。

2. 集群系统技术

近年来，由于集群系统拥有极高的性价比以及良好的可扩展性，因此在 HPC 领域中受到了广泛的应用。在集群系统中，数据共享是最基本的需求。目前被广泛应用的网络文件系统一般是 NFS 或 FIFS。例如在 Linux 集群进行计算任务时，首先计算节点会通过 NFS 协议从存储中获取数据，之后再进行计算，最终将计算所得的结果写入存储系统当中。在整个运行过程中，计算任务数据读写的输入与输出会在开始与结束阶段体现出极其强大的负载，但是在计算的过程中却基本没有负载产生。由于 Linux 集群系统的强大处理能力，动辄会达到几十个、有时甚至能够达到上百个 TFLOPS[①]，因此进行计算处理所需要花费的时间也随之越来越短。

[①] 一个 TFLOPS 等于每秒一万亿次的浮点运算。

3. 网格存储系统

网格存储系统是用若干相互连接的独立存储节点进行数据存储的方法。使用这类方法可以在不通过任一中央交换节点的情况下实现节点之间的通信。每个存储节点都包含自己的存储媒介、微处理器、索引容量以及管理层。典型的网格存储中,几个节点可以共享一个交换开关,但是每个节点还与至少一个其他的节点集相连。

三、大数据可视化技术

面对海量的数据,如何将其清晰明朗地展现给用户是大数据处理所面临的巨大挑战。虽然对于大数据处理来讲,数据分析才是其核心所在,但是用户所关心的通常是其展示的结果。由于大数据在进行结果分析时存在关联关系极为复杂等特点,因此,如何通过图形化、图像化以及动画化等技术和方法展示结果显得尤为重要。

可视化技术不仅能够迅速且有效地简化与提炼数据,让大量的数据经过交互之后再提供给用户,还能够让用户从复杂的数据中更快、更好地获取到新的发现。在科学或工程计算领域中,利用形象的图形向用户展示结果已经成为最理想的展示方式。现在常用的可视化技术有原位分析、标签云、历史流和空间信息流等。

思考题

1. 大数据产生的原因是什么?
2. 相对于传统的财务数据,财务大数据的特征有哪些?
3. 大数据技术在财务中的应用场景有哪些?

第二章 财务大数据分析的数据基础

大数据是一种行业术语,通常是指无法在一定时间范围内用常规软件工具完成提取、存储、共享、分析和处理的复杂数据集合。这些数据产生于人们的各种行为,一直存在却未能被有效地开发和利用。在以云计算为代表的互联网技术创新的推动下,大数据的价值逐渐显露出来,大数据也成为企业新的无形资产,具有了资本的属性。

未来企业的经营发展会越来越依赖数据,对大数据的运用影响企业发挥其管理职能,而财务管理作为企业管理的重要组成部分,只有主动适应大数据时代的变化,才能更好地发挥其作用,更好地服务于企业经营管理和决策,为企业创造更大的价值。大数据的广泛运用正推动着企业财务管理向着高效、协同、精细化的方向发展。大数据时代,财务管理的边界在不断拓展,财务数据与业务数据、内部数据与外部数据、结构化数据与非结构化数据逐渐连接起来。

第一节 财务大数据的数据范围

目前,财务大数据包括财务数据、业务数据和关联数据与信息。

一、财务数据

财务数据是财务人员从企业各个业务部门汇集得来的,对企业当前财务状况和经营成果进行描述的数据,如采购数据、生产数据、销售数据等,通过汇总、整理、加工成财务数据,然后输出成果,比如进行纳税申报,向业务部门和管理层提供财务分析、财务预算与预测、财务报告等。

财务人员应当充分利用财务数据,挖掘其潜在价值。一方面,通过对财务数据进行分析,评价企业财务指标所反映的问题,预测企业发生财务困境的可能性,为企业健康运营保驾护航。另一方面,企业的经营状况直接影响企业经济效益,财务人员可以通过指标,计算分析企业偿债能力、营运能力和盈利能力等具体运营状况,便于管理层直接了解企业目前的经营效率。财务数据是业务活动结果的综合反映,但并不反映业务活动的过程,使得财务分析结果缺乏立体感,不能有力支持企业的经营管理决策。

二、业务数据

业务数据是由企业各个部门的业务人员通过自身的业务系统直接产生的数据,是未经过预处理的初始数据。不同的业务部门根据其业务性质能够产生显性数据、隐性数据和相关的深度数据。如采购部门生成的显性数据有采购合同、采购订单、运费单等,对应的隐性数据则包括价格高低、质量好坏、运输成本高低等,进一步挖掘的深度数据为应付账款周期、采购周期、供应商管理数据等;又如生产部门,其生成的显性数据有领料单、BOM 单、生产工时、维修工时等,对应的隐形数据为产能利用率、人工效率、废品率等,深度数据可能包括产品市场情况、产品生命周期、产品链分析数据;同理,销售部门能够生成销售小票、客户统计单、销售合同、产品清单、产品价格表等显性数据,销售政策、产品品质、品牌价值等隐性数据,品类管理、市场占有率、产品生命周期、客户管理数据、竞争对手数据等深度数据。

这里列示的只是企业经营与财务数据中的冰山一角,现实中哪怕是一家小企业,也能产生出许多数据,包括人力资源、办公室这些职能部门。哪怕是打扫卫生的保洁,也会产生诸如拖把、消毒水、保洁人员工资或者保洁外包费等业务数据,进而到财务上转换成管理费用等财务数据。无论财务数据还是业务数据,都是企业经营数据。其主要区别在于单个零散的业务数据很难直接为经营决策提供支持,而经过进一步加工提炼的财务数据可以。

就企业而言,业务数据分析主要有三方面的作用。一是对业务进行改进优化,包括企业用户体验的改进和对公司资源的分配方面;二是帮助业务发现机会,利用数据发现人们思维上的盲点,进而发现新的业务机会;三是创造新的商业价值,主要是在数据价值的基础上形成新的商业模式。

财务数据是企业财务人员根据企业已经发生的交易或事项进行记录、计量和报告生成的数据,虽然财务数据显示了业务活动的结果,但是无法揭示企业业务活动的具体实施过程。这一现象使得财务数据无法分析企业具体业务活动的效率,无法给予管理层企业业务活动层面的决策支持。因此,财务人员要提高财务数据决策支持度,必须将财务数据与业务数据相融合,在向管理层提供分析报告时,不仅仅局限于数据结果的分析,还可以提供业务经营活动的决策支持。

三、关联数据与信息

在大数据驱动的环境下,企业能够在大量、复杂的关联数据信息中选择出精准、有效的数据,并通过数学方法和统计方法对其进行处理和分析,挖掘出数据背后所反映出的内容,从而做出更具有前瞻性、科学性的财务决策。这类关联数据及信息包含管理当局的影响力和政府政策的变化、利率水平及行业发展趋势等。

管理当局和政府的行动常常会带来行业惯例和战略方面的重大变化。大数据时代为企业制定财务政策提供了有力的数据信息支持。企业在制定财务政策时,通过数据挖掘获取企业制定财务政策所需的有用信息,成为企业制定有效财务政策、实现价值可持续增长的重要手段。具体可从企业融资、投资、营运、分配环境四个方面看,通过对国家金融政策、金融市场信息、国家财税和价格政策、经济环境、通货膨胀、各行业投资信息、国家关于股利分配的政策、债务契约约束、行业股利分配特征等关联数据信息的分析,来预测利率、股价、市场系统性风险、经济周期等因素的变化,从而为企业选择可行的融资、投资、应收账款信用政策和股利分配方案。

而且,行业的发展不是一成不变的,在不同阶段会呈现不同的趋势,影响行业发展的因素有产品革新、技术变革、营销革新、服务创新、企业规模的扩展和缩减等。对于企业来说,应当把握行业趋势,通过行业数据的挖掘,及时做出调整,为企业制定有效的财务战略,才能迎来更长远的发展。

第二节 财务大数据的数据来源

大数据应用中的数据来源是关键点之一,在分析财务大数据的时候,需要重视大数据中的数据来源,只有这样,才能够做好具体分析。现代管理中,互联网和物联网应用程序产生了大部分的数据。首先我们需要看这个应用程序是否有数据支撑,数据资源是否可持续,来源渠道是否可控,数据安全和隐私保护方面是否有隐患。然后要看这个应用程序的数据资源质量如何,是好数据还是坏数据,能否保障这个应用程序的实效。

采集精准的目标数据,是数据分析合理有效的前提,数据的来源有很多种渠道,要不断实践、勇于尝试,才能发掘出满足业务需求的数据来源。

从数据的来源看,我们可以把数据分为来自组织机构内的内部数据和来自组织机构外的外部数据。

一、内部数据

内部数据是指企业自身日常经营管理中收集、整理的数据,主要有生产数据、库存数据、订单数据、电子商务数据、销售数据、客户关系管理数据等,随着企业自动化设备的大量启用,机器和传感器会产生越来越多的数据。内部数据具有较好的可控性,数据质量一般也有保证,但数据覆盖范围有限,需要借助其他资源渠道。

在内部数据中，财务数据是主要的数据之一。财务数据是各类信息的综合集成，涉及人、财、物方方面面。财务人员作为数据的处理、计量、分析和报告者，理应在大数据分析中发挥关键作用。企业内部财务数据是由资产负债表、利润表、现金流量表及所有者权益变动表共同构成的数据集合，是对企业经营状况、财务成果及资金运作的综合概括和高度反映，与财务人员后续的工作核算管理、成本费用管理、财务报表分析管理息息相关。

二、外部数据

外部数据是指来源于企业外部的数据，如互联网数据、其他供应商的付费数据等。对于企业来说，互联网是数据的海洋，是获取各种数据的主要途径。例如国家统计数据，各地方政府公开数据，上市公司的年报、季报，研究机构的调研报告，各种信息平台提供的零散数据等。随着数据需求的加大，市场上催生了一些产品化数据交易平台，提供多领域的付费数据资源，可以按需购买使用。分析者也可自行通过网络采集软件，按照设定好的规则自动抓取互联网上的信息、程序，这些软件具有很好的内容收集作用。

对于从互联网采集的数据，技术能力是关键，既要有能力获得足够大的量，又要有能力筛选出有用的内容。对于从第三方获取的数据，需要特别关注数据交易的稳定性。

大数据技术扩展了管理会计的数据范围，过去企业大多只能使用内部数据，而现在通过互联网则可以对外部数据进行采集处理。除企业内部数据外，财务人员可以利用的外部数据包括上市公司公告数据库、宏观经济数据库、市场交易数据库、行业数据库以及诸如电子邮件、影像、博客、微信、呼叫中心对话和社交媒体等非结构化数据。

目前各行各业都已经意识到大数据带来的机会，企业开始热衷于运用大数据分析企业的各项活动。财务人员应该学习各种大数据的收集方法，不仅仅局限于企业内部数据，也可以收集到与企业相关的外部数据。典型的公开的数据有以下几个来源。

（1）中华人民共和国国家统计局。国家统计局官网上所有的数据都是免费的，并且在网站主页的最下面有个网站链接，里面有很多的地方数据以及国外各国数据。国家统计局的官网如图2-1所示。

（2）中国产业信息网。中国产业信息网上的数据主要包括以下行业：能源、电力、冶金、化工、电子、汽车、安防、环保、医药、IT、通信、数码、传媒、办公、文教、金融、培训、服装、玩具、工艺品等。中国产业信息网的网站如图2-2所示。此外，国务院发展研究中心信息网、中国证券监督管理委员会、上海证券交易所、深圳证券交易所网站也提供许多经济类数据。

（3）网站分析类数据，如百度指数、Google 趋势、360 指数、腾讯云分析等。

（4）电商数据，如阿里价格指数、淘宝魔方、京东智圈、淘宝排行榜等。

（5）国家社会数据，如中国综合社会调查、中国人口普查数据、中国国家数据中心、中国健康和营养调查、中国金融信息网等。

（6）数据分析机构提供的数据，如艾瑞、埃森哲、德勤、国际数据等数据分析机构发布的数据。

图 2-1　国家统计局

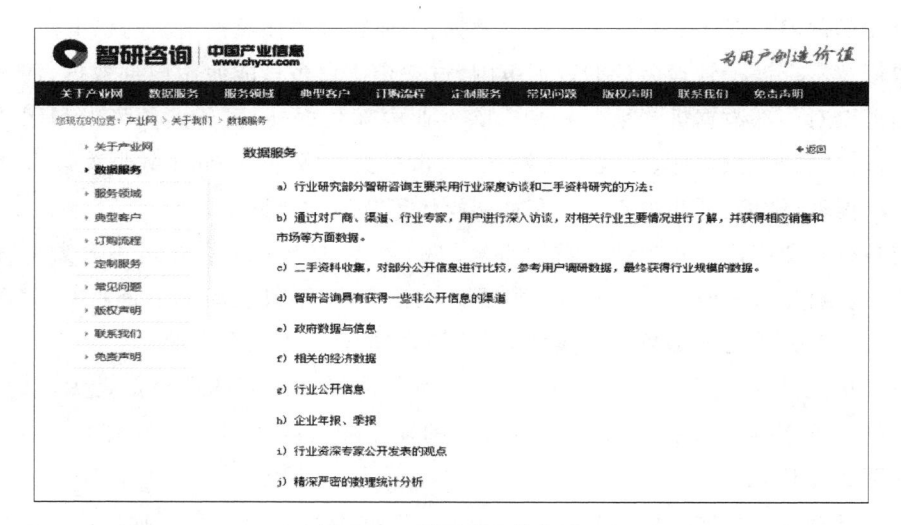

图 2-2　中国产业信息网

典型的外部数据如表 2-1 所示。

表 2-1　典型的外部数据

数据类型	外部数据来源
网站 分析类	百度指数——以百度海量网民行为数据为基础的数据分享平台 Google 趋势——了解 Google 中热度上升的搜索 360 指数——基于 360 搜索的大数据分享平台 腾讯云分析——是腾讯数据云，腾讯大数据战略的核心产品移动
媒体 传播类	豆瓣电影排行榜、微博指数、BOM 票房数据、爱奇艺指数、百度风云榜、微博风云榜、爱奇艺风云榜等

续表

数据类型	外部数据来源
电商数据类	阿里价格指数、淘宝魔方、京东智圈、淘宝排行榜等
投资数据类	Crunchbase——一个免费的科技公司、技术行业知名人物和投资者相关信息的数据库 清科投资界——风险投资,私募股权,创业者相关投资,私募,并购,上市的研究 IT桔子——关注TMT领域创业与投资的数据库 创投库——提供最全的投资公司信息 Angel——美国创业项目大全
金融数据类	全球股票指数、爱股说、私募基金管理人综合查询、中财网数据引擎等
游戏数据	百度网游风云榜、360手机游戏排行榜、360手游指数CGWR排行榜等
国家社会数据	中国综合社会调查、中国人口普查数据、中国国家数据中心、中国健康和营养调查、中国统计数据、全国企业信息查询、北京宏观经济数据库、中国金融信息网等
付费数据	随着数据需求的加大,市场上催生了一些产品化数据交易平台,提供多领域的付费数据资源,可以按需购买使用
网络采集软件	通过爬虫软件,按照设定好的规则自动抓取互联网上的信息、程序
其他数据	蚂蚁金服研究院——网消指数、互金指数、二手市场行情、中国网络骗子地图、春运迁徙地图、房价指数、中国城市拥堵指数,百度研究院PC平台,百度城市热力图等
数据分析机构	艾瑞、艾媒、易观国际、企鹅智酷、埃森哲、德勤、弗雷斯特、高德纳、捷孚凯、国际数据、凯鹏华盈、MMD研究所、尼尔森、瑞银等

尽管上面列举了大量的数据源,但要满足具体企业或机构的需要,也常常有困难。采集合适的大数据,是数据分析合理有效的前提,数据的来源有很多种渠道,要不断实践、勇于尝试,才能发掘出满足业务需求的数据来源,同时,单是获得数据还不够,大部分情况下还需要获得相关细节数据,如对数据的说明、数据产生背景以及其他能帮助理解的数据,如果没有这些细节,对数据的正确解读可能就会有困难。

第三节 财务大数据的数据类型

在实际应用中,我们会碰到各种各样数据格式的数据库,如RDBMS关系型数据库(MS SQL Server、Oracle、MySQL等)、NoSQL非关系型数据库(MangoDB、Cassandra、CouchDB、Redis、Hadoop HBase等),以及其他不同类型数据库。大数据是一个数据集合,按照其数据组织方式的不同,我们一般将其分为结构化数据、半结构化数据和非结构化数据三类。

一、结构化数据

结构化数据,简单来说就是数据库,也称作行数据,是由二维表结构来逻辑表达和实现的数据。结构化数据严格地遵循数据格式与长度规范,可以通过固有键值获取相应信息,且数据的格式固定,主要通过关系型数据库进行存储和管理,其缺点是难以扩充。如企业用的人事系统、财务系统、ERP 系统,这些系统中的数据都是结构化的。传统的结构化数据在业务流程中需要严格遵守相关规范要求,强化数据的安全性,展现真实的交易事件,故其可以展现经济业务的本质。表 2-2 所示的序时账数据就是一个结构化数据的例子。

表 2-2 结构化数据示例

日期	类别	凭证号	摘要	科目编码	科目名称	借方	贷方	制单人	会计年度	会计期间
2019/12/6	记	1	借备用金	122102	其他应收款-部门	500.00	0.00	蒋××	2019	12
2019/12/6	记	1	借备用金	1001	库存现金	0.00	500.00	蒋××	2019	12
2019/12/6	记	2	提取备用金	1001	库存现金	10 000.00	0.00	蒋××	2019	12
2019/12/6	记	2	提取备用金	100201	工行存款	0.00	10 000.00	蒋××	2019	12
2019/12/6	记	3	预付货款	1123	预付账款	102 080.00	0.00	蒋××	2019	12
2019/12/6	记	3	预付货款	100201	工行存款	0.00	102 080.00	蒋××	2019	12
2019/12/28	记	4	销售商品	1122	应收账款	2 326 960.00	0.00	蒋××	2019	12
2019/12/28	记	4	销售商品	6001	主营业务收入	0.00	2 006 000.00	蒋××	2019	12
2019/12/28	记	4	销售商品	22210103	销项税额	0.00	320 960.00	蒋××	2019	12
2019/12/12	记	5	交纳上月个税	222105	应交个人所得税	2 607.79	0.00	蒋××	2019	12
2019/12/12	记	5	交纳上月个税	100201	工行存款	0.00	2 607.79	蒋××	2019	12
2019/12/12	记	6	采购原材料	140301	外购原材料	120 000.00	0.00	蒋××	2019	12
2019/12/12	记	6	采购原材料	140301	外购原材料	100 000.00	0.00	蒋××	2019	12
2019/12/12	记	6	采购原材料	22210101	进项税额	35 200.00	0.00	蒋××	2019	12
2019/12/12	记	6	采购原材料	220202	一般应付账款	0.00	255 200.00	蒋××	2019	12
2019/12/12	记	9	采购部报销差旅费	660203	差旅费	2 000.00	0.00	蒋××	2019	12
2019/12/12	记	9	采购部报销差旅费	1001	库存现金	0.00	2 000.00	蒋××	2019	12
2019/12/28	记	10	收款单	100201	工行存款	2 486 530.00	0.00	蒋××	2019	12
2019/12/28	记	10	收款单	1122	应收账款	0.00	2 486 530.00	蒋××	2019	12

二、非结构化数据

非结构化数据是企业重要的信息资产，本质上是结构化数据之外的一切数据，难以用预定义的模型进行描述，不容易组织和格式化，一般存储在非关系数据库中，使用 NoSQL 进行查询。收集、处理和分析非结构化数据也是一项重大挑战，因为它可能是文本的或非文本的，也可能是人为的或机器生成的。简单地说，非结构化数据就是字段可变的数据，包括所有格式的办公文档、文本、图片、XML、HTML、各类报表、图像和音频/视频信息及传感器、移动终端、社交网络产生的数据。

典型的人为生成的非结构化数据包括但不限于：

（1）文本文件：文字处理、电子表格、演示文稿、电子邮件、日志等日常管理生成的数据（大部分亦可归类为半结构化数据）；

（2）社交媒体或网站数据：微博、博客、照片共享网站等平台生成的数据；

（3）移动数据：短信、位置等；

（4）移动通信数据：QQ、微信、电话录音、协作软件等生成的数据；

（5）媒体文件：照片、音频、视频等格式的文件。

典型的机器生成的非结构化数据包括但不限于：

（1）卫星图像：天气数据、地形、军事活动等；

（2）科学数据：矿产勘探、空间勘探、地震图像、大气数据等；

（3）数字监控：监控照片和视频等；

（4）传感器数据：交通、天气等。

举个例子，若需给水果拍照，用语言描述水果的口感，甚至给每个水果做一个网页，这些数据都是非结构化数据，这些数据不直接对应某个属性，需要相对复杂的方式来分析才能知道其含义。现代网络产生了大量非结构化数据，传统的数据分析工具和方法已经难以完成对它们的分析。

非结构化数据与企业的价值相关性更强，具有独立性和客观性，可提高会计数据质量，展现经济业务实质的真实性，有利于提高会计信息化水平。

进入大数据时代后，结构化和非结构化数据发生了本质性的逆转。过去绝大多数的数据是结构化数据，而现在非结构化数据正呈快速增长的趋势，非结构化数据已占企业数据总量的 80% 以上，这也促使大数据时代的会计数据体系进一步完善。该体系基于传统结构化数据，将独立客观且与企业价值相关的非结构化数据作为辅助信息和补充信息，这将改善会计数据信息质量，保证会计信息与企业价值之间的相关性。财务分析人员必须学会从海量的网络资源中搜集并筛选与自己的分析对象和分析目的相关性较强的资料信息，这些资料信息可能是结构化数据，例如金融数据库等，也可能是非结构化数据，例如网页等。而通过对大数据时代相关数据信息的综合分析，可促使企业经济效益得到一定的提升。

三、半结构化数据

半结构化数据是结构化数据的一种形式,结构化数据与半结构化数据都是有基本固定结构的数据,它并不符合关系型数据库或其他以数据表形式关联起来的数据结构,但包含相关标记,用来分隔语义元素以及对记录和字段进行分层。因此,它也被称为自描述的结构。其本质,就是介于完全结构化数据(如关系型数据库、面向对象数据库中的数据)和非结构化数据(如声音、图像文件等)之间的数据,可以通过灵活的键值调整获取相应信息,且数据的格式不固定。同一键值下存储的信息可能是数值型的,可能是文本型的,也可能是字典或者列表,如电子邮件、用 windows 处理的文字、日志文件、XML 文档、XBRL 文档、JSON 文档和在网上看到的新闻等。

举例来说,一个对人员档案的半结构化 XML 文件如图 2-3 所示,而其对应的结构化数据库如表 2-3 所示。

```
<person>

<name>张三</name>
```

图 2-3 人员档案的 XML 文件

表 2-3 人员档案的结构化数据库描述

Name	Age	Gender
张三	18	female

思考题

1. 举例思考财务数据和业务数据的区别与联系。

2. 进入国家统计局官网查询近 20 年的全国 GDP 数据及其增长情况,以及各行业数据的增长情况,并做简要分析。

3. 结构化数据、半结构化数据和非结构化数据分别具有什么特征?凭证、差旅出行线路图、XBRL 财务报表分别属于什么类型的数据?

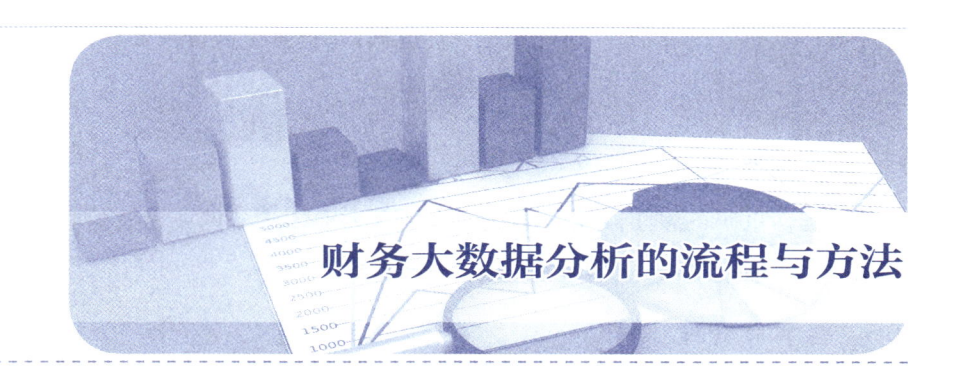

第三章 财务大数据分析的流程与方法

第一节 数据采集

数据采集是数据分析项目的第一个步骤。在数据分析的道路上,数据采集是重中之重。采集的数据质量直接决定了后续的分析是否准确。

一、数据质量特点

数据的质量高低直接决定了数据分析的成功与否。质量好的数据具有全面性、多维性、真实性、准确性、时效性等多个特点。

(一)全面性

全面性是指数据的数量较多,而且能够代表整体数据的各个部分,数据量足够支撑分析需求。比如要对员工的差旅费用是否合规进行分析,就需要采集差旅费发生的时间、地点、金额,公司费用标准等数据。

(二)多维性

数据更重要的是能满足分析需求。多维性是指用户能灵活、快速自定义数据的多种属性和不同类型,从而满足不同的分析目标。比如还是分析员工的差旅费用,如果与预算数据进行关联,就可以判断该费用是否超出预算;如果和研发项目进行关联,就可以分析该项目的投入产出比等。

(三)真实性

数据必须真实准确地反映客观的实体存在或真实的业务,真实可靠的原始统计数据是企业统计工作的灵魂,是一切管理工作的基础,是经营者进行正确经营决策必不可少的第一手资料。

(四)准确性

准确性也叫可靠性,是用于分析和识别哪些是不准确的或无效的数据,不可靠的数据可能造成严重的问题,会导致有缺陷的方法和糟糕的决策。

(五)时效性

时效性是指比较新、还有效用的数据。

二、数据采集准备

(一)明确数据驱动目标

数据采集切忌大而全,数据分析需求也是随着产品不断迭代的,明确长远和当前阶段的分析需求,让分析更有目的性,技术执行更高效。

(二)按需采集数据

带着需求和分析目标去采集数据,不仅避免了数据冗余带来的无从下手的困境,也避免了全量采集之后却不知道要分析什么的尴尬。

(三)选择数据采集的方向

1. 系统内部采集

在系统内部采集的数据是工作中最常见的数据。要进行数据分析的公司肯定会有自己的数据,这些数据一般会保存在数据库中,常用的数据库有 Oracle 与 Teradata。它们是将公司的业务、渠道、成本、收益等生产过程数字化并固定存放在数据库中。数据挖掘师可以通过 SQL 语言提取想要的数据表,并进行数据的收集。

系统内部数据与企业的生产相关,涉及用户信息的保密与商业机密等问题,所以一般都是有项目或者有研究课题时才能获取。

2. 系统外部采集

在系统外部采集的数据是宏观和公开的数据。这些数据大部分不是针对某一家公司的运营与生产情况,而是更加偏重于社会环境以及行业的经济形势。

系统外部采集的常用渠道有:① 统计部门或政府的公开资料、统计年鉴;② 调查机构、行业协会、经济信息中心发布的报告;③ 专业期刊;④ 图书;⑤ 博览会;⑥ 互联网。

系统外部采集数据的源头众多,采集方法也有很多种,手工处理或者网络爬虫都是可选的方法。

三、数据采集方法举例网络爬虫

（一）网络爬虫的定义

网络爬虫（又称为网页蜘蛛、网络机器人、网页追逐者），是一种按照一定的规则，自动地抓取万维网信息的程序或者脚本。另外一些不常使用的名字还有蚂蚁、自动索引、模拟程序或者蠕虫。

（二）相关术语

1. 统一资源定位系统（URL，uniform resource locator）

统一资源定位系统是万维网服务程序上用于指定信息位置的表示方法。它最初是由蒂姆·伯纳斯·李发明的，用来作为万维网的地址，现在被万维网联盟编制为互联网标准 RFC1738。

2. 客户端（client）

客户端或称为用户端，是指与服务器相对应，为客户提供本地服务的程序。除了一些只在本地运行的应用程序之外，客户端一般安装在普通的客户端上，需要与服务端互相配合运行。互联网发展以后，较常用的用户端包括如万维网使用的网页浏览器、收寄电子邮件用的电子邮件客户端以及即时通信的客户端软件等。对于这一类应用程序，需要网络中有相应的服务器和服务程序来提供服务，如数据库服务、电子邮件服务等。在客户端和服务器端间，需要建立特定的通信连接，来保证应用程序的正常运行。

客户端的主要功能是请求访问文本或图像等资源，行为过程是根据目标 URL，编制请求报文并发送，然后获取资源。

3. web 服务器（web server）

web 服务器一般指网站服务器，是指驻留于互联网上某种类型的计算机程序，可以向浏览器等 web 客户端提供文档，也可以放置网站文件，让全世界浏览，还可以放置数据文件，让全世界下载。

web 服务器也称为 www（world wide web）服务器，主要功能是提供网上信息浏览服务。web 服务器是可以向发出请求的浏览器提供文档的程序，当浏览器发出请求时，服务器才会响应。最常用的 web 服务器是 Apache 和 Microsoft 的 Internet 信息服务器（Internet Information Services，IIS）。

web 服务器使用 HTTP（超文本传输协议）与客户端浏览器进行信息交流，这就是人们常把它们称为 HTTP 服务器的原因。web 服务器不仅能够存储信息，还能在用户通过 web 浏览器提供的信息基础上运行脚本和程序。浏览网页的本质行为如图 3-1 所示。

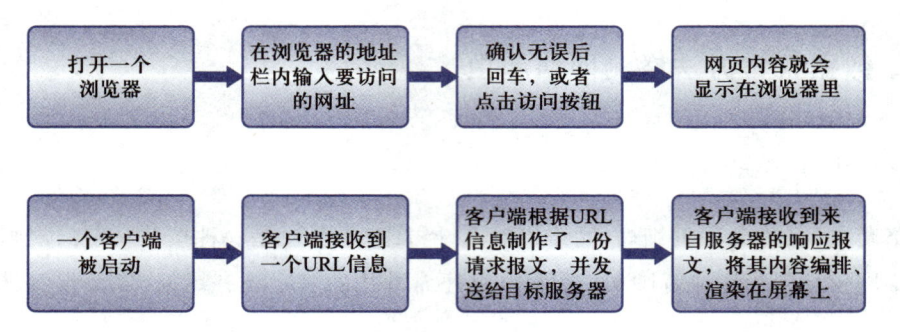

图 3-1 浏览网页的本质性行为

（三）爬虫基本原理

爬虫是模拟用户在浏览器或者某个应用上的操作，把操作的过程结合背后的原理，用程序模拟出来，并实现自动化的程序。

1. 爬虫的四步骤

简单来说爬虫过程包含以下四个步骤：

（1）查找域名对应的 IP 地址。

（2）向 IP 地址对应的服务器发送请求。

（3）服务器响应请求，发回网页内容。

（4）浏览器解析网页内容。

从上面的步骤中，我们可以看出，爬虫的本质是浏览器的 HTTP 请求。

2. 爬虫的基本工作流程

爬虫的基本工作流程如下：

（1）首先挑选出需要抓取内容的种子 URL；

（2）将这些 URL 放入待抓取的 URL 队列；

（3）启动爬虫将 URL 队列中待抓取的 URL 逐一取出，解析 DNS，并得到主机 IP，之后将 URL 对应的页面内容下载下来，解析、存储下载页面中的信息，并从中提取待抓取的 URL，存入待抓取 URL 队列中。

（4）取出下一个 URL，判断其是否满足抓取需求，符合哪一种抓取规则，再执行后续逻辑。

第二节　数据清洗

一、数据清洗的定义

对于数据挖掘来说，80% 的工作都花在数据准备上面，而数据准备，80% 的时间又花在数据清洗上。数据清洗是对数据进行重新审查和校验的过程,目的在于删除重复信息、纠正存在的错误,并检查数据一致性。

数据清洗从名字上也看得出,就是把"脏"的"洗掉",是发现并纠正数据文件中可识别的错误的最后一道程序,包括检查数据一致性、处理无效值和缺失值等。因为数据仓库中的数据是面向某一主题的数据的集合,这些数据从多个业务系统中抽取而来且包含历史数据,这样就避免不了有错误数据,有的数据相互之间有冲突,这些错误或有冲突的数据显然是我们不想要的,称为"脏数据"。我们要按照一定的规则把"脏数据""洗掉",这就是数据清洗。

二、数据清洗的主要内容

数据清洗的主要内容有:缺失值清洗、格式内容清洗、逻辑错误清洗、非需求性数据清洗、关联性验证。

(一) 缺失值清洗

缺失值是数据清洗中比较常见的问题,处理缺失值有很多方法,主要的方法有:

(1) 确定缺失值比例。对每个字段都计算其缺失值比例,然后按照缺失值比例和字段重要性,分别制定策略。

(2) 去除不需要的字段。不需要的字段直接删掉即可,但强烈建议每做一步清洗都备份一下,或者在小规模数据上试验成功后再处理全量数据,不然删错了会追悔莫及。

(3) 填充缺失内容。以业务知识或经验推测填充缺失值;以同一指标的计算结果(均值、中位数、众数等)填充缺失值;以不同指标的计算结果填充缺失值。

(4) 重新取数。如果某些指标非常重要又缺失率高,那就需要和取数人员或业务人员了解是否有其他渠道可以取到相关数据。

(二) 格式内容清洗

如果数据是由系统日志而来,那么通常在格式和内容方面,会与元数据的描述一致。而如果数据是由人工收集或用户填写而来,则有很大可能性在格式和内容上存在一些问题,简单来说,格式内容问题有以下几类:

(1) 时间、日期、数值、全半角等显示格式不一致。这种问题通常与输入端有关,在整合多来源数据时也有可能遇到,将其处理成一致的格式即可。

(2) 内容中有不该存在的字符。去除不需要的字符即可。

(3) 内容与该字段应有内容不符。比如姓名栏写了性别,身份证号栏写了手机号等,均属这种问题。该问题的特殊性在于:并不能简单地删除来处理,因为既有可能是人工填写错误,也有可能是前端没有校验,还有可能是导入数据时部分或全部列没有对齐,因此要详细识别问题类型。

（三）逻辑错误清洗

逻辑错误清洗是指使用简单逻辑推理就可以直接发现有问题的数据，防止分析结果走偏。其主要内容如下：

（1）去除重复值，即去重。有的分析师喜欢把去重放在第一步，但建议把去重放在格式内容清洗之后，比如：存在多个空格导致工具认为"陈丹奕"和"陈 丹奕"不是一个人，这样就会使去重失败。

（2）去除不合理值。比如：有人填表时乱填成年龄 200 岁，年收入 100 000 万元，这种不合理值要么删掉，要么按缺失值处理。

（3）修正矛盾内容。比如：身份证号是 11010319800209＊＊＊＊，然后年龄填 18 岁。这时候需要根据字段的数据来源，来判定哪个字段提供的信息更为可靠，去除或重构不可靠的字段。

（四）非需求性数据清洗

这一步说起来非常简单，就是把不要的字段删了，但实际操作起来有很多问题，例如：把看上去不需要但实际上对业务很重要的字段删了；某个字段觉得有用，但又没想好怎么用，不知道是否该删；一时看走眼，删错字段了。

处理前两种情况的建议是：如果数据量没有大到不删字段就没办法处理的程度，那么能不删的字段尽量不删。第三种情况的处理方式是勤备份数据。

（五）关联性验证

如果你的数据有多个来源，那么有必要进行关联性验证。例如，你有汽车的线下购买信息，也有线上问卷登记的车辆信息，两者通过姓名和手机号关联，那么要看同一个人线下登记的车辆信息和线上问卷登记的车辆信息是不是同一辆，如果不是，那么需要调整或去除数据。

第三节 数据转换

一、数据转换的定义

数据转换是将数据从一种格式或结构转换为另一种格式或结构的过程。数据转换对于数据集成和数据管理等活动至关重要。

二、数据转换的方法

数据转换包含以下几种处理方法。

（1）平滑处理。平滑处理能帮助除去数据中的噪声，主要技术方法有分箱（Bin）方法、聚类方法和回归方法。

（2）合计处理。合计处理是对数据进行总结或合计操作。例如，每天的数据经过合计操作可以获得每月或每年的总额。这一操作常用于构造数据立方或对数据进行多粒度的分析。

（3）数据泛化处理。数据泛化处理是用更抽象（更高层次）的概念来取代低层次或数据层的数据对象。例如，街道属性可以泛化到更高层次的概念，如城市、国家；数值型的属性如年龄属性，可以映射到更高层次的概念，如年轻、中年和老年。

（4）规格化处理。规格化处理是指将有关属性数据按比例映射到特定的范围之中。例如，将工资收入属性值映射到0到1的范围内。

（5）属性构造处理。属性构造处理是指根据已有属性集构造新的属性，以帮助数据处理过程。

下面将着重介绍规格化处理。规格化处理就是将一个属性取值范围映射到一个特定范围之内，以消除数值型属性因大小不一而造成挖掘结果的偏差，常常用于神经网络、基于距离计算的最近邻分类和聚类挖掘的数据预处理。对于神经网络，采用规格化处理后的数据不仅有助于确保学习结果的正确性，而且也会帮助提高学习的效率。对于基于距离计算的挖掘，规格化方法可以帮助消除因属性取值范围不同而对挖掘结果公正性的影响。常用的规格化方法有最大最小规格化方法、零均值规格化方法和十基数变换规格化方法。

第四节　数据集成

从广义上来说，在企业中，由于开发时间或开发部门的不同，往往有多个异构的、运行在不同软硬件平台上的信息系统同时运行，这些系统的数据源彼此独立、相互封闭，使得数据难以在系统之间交流、共享和融合，从而形成了"信息孤岛"。随着信息化应用的不断深入，企业内部、企业与外部进行信息交互的需求日益强烈，急切需要对已有的信息进行整合，联通"信息孤岛"，共享信息，这些信息数据整合的一系列方案被称为数据集成。

我们这里主要讲解狭义的数据集成，也就是指将多份数据合并成数据集的过程和方法。数据集成最常见的两种方法是：数据关联与数据合并，前者代表两份数据表做左右联接（见图3-2），后者代表两份数据表做上下联接（见图3-3）。

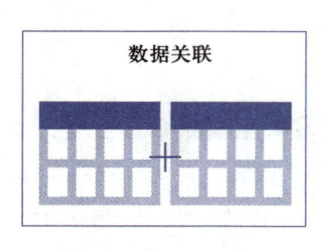

图 3-2　数据关联图

图 3-3　数据合并图

一、数据关联

数据关联必须要有关联条件,一般是指左表的主键或其他唯一约束字段(即没有重复值)与右表的主键或其他唯一约束字段相等(相同)。

(一)左连接

左连接是以左表为基础,根据两表的关联条件将两表连接起来。结果会将左表所有的数据条目列出,而右表只列出满足左表关联条件的部分。左连接全称为左外连接,是外连接的一种,如图 3-4 所示。

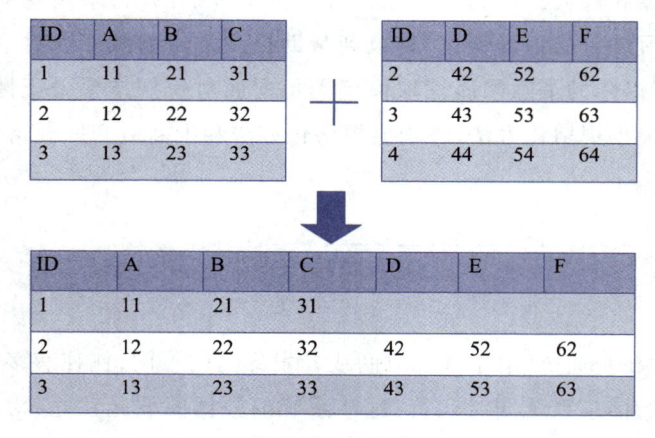

ID	A	B	C
1	11	21	31
2	12	22	32
3	13	23	33

ID	D	E	F
2	42	52	62
3	43	53	63
4	44	54	64

ID	A	B	C	D	E	F
1	11	21	31			
2	12	22	32	42	52	62
3	13	23	33	43	53	63

图 3-4　左连接

(二)右连接

右连接是以右表为基础,根据两表的关联条件将两表连接起来。结果会将右表所有的数据条目列出,而左表只列出满足右表关联条件的部分。右连接全称为右外连接,是外连接的一种,如图 3-5 所示。

ID	A	B	C
1	11	21	31
2	12	22	32
3	13	23	33

\+

ID	D	E	F
2	42	52	62
3	43	53	63
4	44	54	64

↓

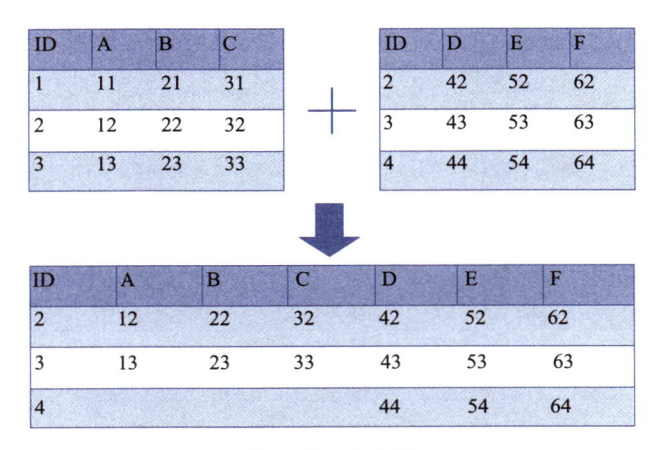

ID	A	B	C	D	E	F
2	12	22	32	42	52	62
3	13	23	33	43	53	63
4				44	54	64

图 3-5　右连接

（三）内连接

内连接只显示满足关联条件的左右两表的数据记录，不符合条件的数据不使用，如图 3-6 所示。

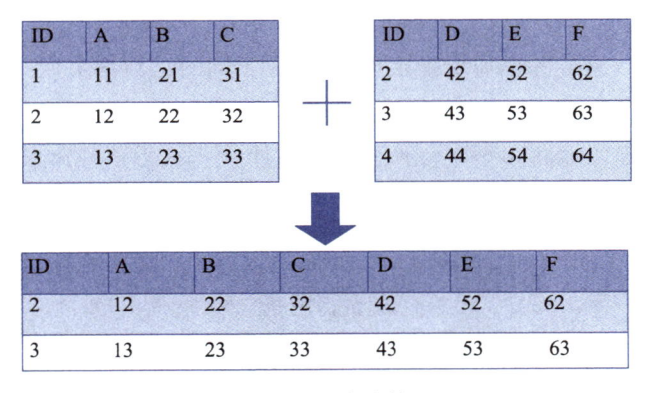

ID	A	B	C
1	11	21	31
2	12	22	32
3	13	23	33

\+

ID	D	E	F
2	42	52	62
3	43	53	63
4	44	54	64

↓

ID	A	B	C	D	E	F
2	12	22	32	42	52	62
3	13	23	33	43	53	63

图 3-6　内连接

（四）全连接

全连接是指满足关联条件的左右表数据相连，不满足条件的各表数据均保留，无对应数据的表内容为空，如图 3-7 所示。

（五）数据关联的笛卡尔积问题

数据关联时如果关联条件设置不当时，极有可能出现笛卡尔积问题，体现为系统无响应。这是因为关联条件中左表的规则字段里存在多个重复值，那么数据集成时的计算量就会翻多倍；如果右表的规则字段也有重复值时，这个计算量将会相当惊人，关联的数据量级越高，计算量会呈指数级增长。

ID	A	B	C
1	11	21	31
2	12	22	32
3	13	23	33

\+

ID	D	E	F
2	42	52	62
3	43	53	63
4	44	54	64

↓

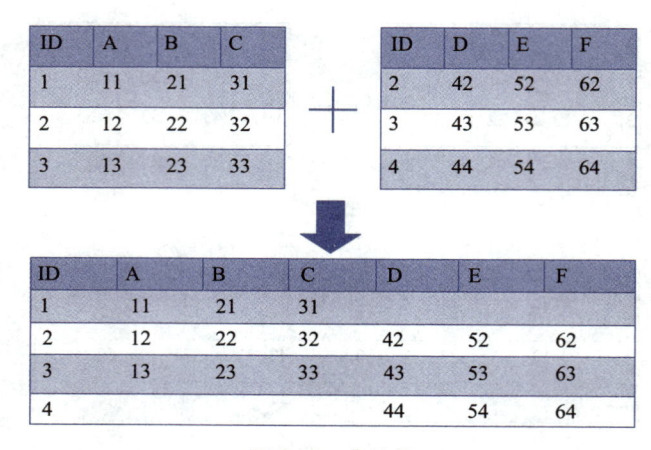

ID	A	B	C	D	E	F
1	11	21	31			
2	12	22	32	42	52	62
3	13	23	33	43	53	63
4				44	54	64

图 3-7　全连接

二、数据合并

数据合并，也称为数据追加，是指对多份数据字段基本完全相同的数据进行上下连接，比如将两个公司的利润表合并成一个利润表。

如同数据关联，数据合并也需要指定连接条件，不同的是数据关联一般指定一个字段作为连接条件就可以，而数据合并涉及多列字段合并，需要指定一张表的每列字段对应另一张表的哪些字段，也就是需要将多个字段作为连接条件。

第五节　数据挖掘

一、数据挖掘的定义

数据挖掘是指从大量的数据中通过算法搜索隐藏于其中信息的过程。数据挖掘是一种决策支持过程，它基于人工智能、机器学习、模式识别、统计学、数据库、可视化技术等，高度自动化地分析企业的数据，做出归纳性的推理，从中挖掘出潜在的知识和模式，帮助决策者调整市场策略，减少风险，做出正确的决策。

二、数据挖掘的对象

数据挖掘的对象可以是任何类型的数据源，可以是关系数据库这类包含结构化数据的数据源；也可以是数据仓库、文本、多媒体数据、空间数据、时序数据、web 数据这类包含半结构化数据甚至是异构型数据的数据源。发现知识的方法可以是数字的、非数字的，也可以是归纳的,最终被发现了的知识可以用于信息管理、查询优化、决策支持及数据自身的维护等。

三、数据挖掘的步骤

在实施数据挖掘之前,先制定计划才能保证数据挖掘有条不紊地实施并取得成功。很多软件供应商和数据挖掘顾问公司提供了一些数据挖掘过程模型,来指导他们的用户一步一步地进行数据挖掘工作。

数据挖掘过程主要包括定义问题、建立数据挖掘库、分析数据、准备数据、建立模型、评价模型和实施。

(一) 定义问题

在开始数据挖掘之前最先的也是最重要的要求就是了解数据和业务问题。必须要对目标有一个清晰明确的定义,即决定想干什么。比如,想提高电子信箱的利用率时,想做的可能是"提高用户使用率",也可能是"提高一次用户使用的价值",为解决这两个问题而建立的模型几乎是完全不同的,必须做出决定。

(二) 建立数据挖掘库

建立数据挖掘库包括以下几个步骤:数据收集、数据描述、选择、数据质量评估和数据清洗、合并与整合、构建元数据、加载数据挖掘库、维护数据挖掘库。

(三) 分析数据

分析数据的目的是找到对预测输出影响最大的数据字段,和决定是否需要定义导出字段。如果数据集包含成百上千的字段,那么浏览分析这些数据将是一件非常耗时和累人的事情,这时需要选择一个具有良好界面和功能强大的工具软件来协助完成这些事情。

(四) 准备数据

这是建立模型之前的最后一步数据准备工作。可以把此步骤分为四个部分:选择变量、选择记录、创建新变量、转换变量。

(五) 建立模型

建立模型是一个反复的过程。需要仔细考察不同的模型以判断哪个模型对面对的商业问题最有用。先用一部分数据建立模型,然后再用剩下的数据来测试和验证这个模型。有时还有第三个数据集,称为验证集,因为测试集可能受模型特性的影响,这时需要一个独立的数据集来验证模型的准确性。训练和测试数据挖掘模型需要把数据至少分成两个部分,一个用于模型训练,另一个用于模型测试。

（六）评价模型

模型建立好之后，必须评价得到的结果、解释模型的价值。从测试集中得到的准确率只对用于建立模型的数据有意义。在实际应用中，需要进一步了解错误的类型和由此带来的相关费用有多少。经验证明，有效的模型并不一定是正确的模型。造成这一点的直接原因就是模型中隐含的各种假定不一定合理，因此，直接在现实世界中测试模型很重要。先在小范围内应用，取得测试数据，觉得满意之后再向大范围推广。

（七）实施

模型建立并经验证之后，有两种主要的使用方法。第一种是提供给分析人员做参考；第二种是把此模型应用到不同的数据集上。

四、数据挖掘分析方法

数据挖掘分为有指导的数据挖掘和无指导的数据挖掘。有指导的数据挖掘是利用可用的数据建立一个模型，这个模型是对特定属性的描述。无指导的数据挖掘是在所有的属性中寻找某种关系。具体而言，分类、估值和预测属于有指导的数据挖掘；关联规则和聚类属于无指导的数据挖掘。

（一）分类

首先从数据中选出已经分好类的训练集，在该训练集上运用数据挖掘技术建立一个分类模型，再将该模型用于对没有分类的数据进行分类。

（二）估值

估值与分类类似，但估值最终的输出结果是连续型的数值，估值的量并非预先确定。估值可以作为分类的准备工作。

（三）预测

预测通过分类或估值来进行。通过分类或估值的训练得出一个模型，如果对于检验样本组而言该模型具有较高的准确率，则可将该模型用于对新样本的未知变量进行预测。

（四）相关性分组或关联规则

相关性分组或关联规则的目的是发现哪些事情总是一起发生。

（五）聚类

聚类是自动寻找并建立分组规则的方法，通过判断样本之间的相似性，把相似样本划分在一个簇中。

五、数据挖掘算法

国际权威的学术会议 the IEEE 国际数据挖掘会议（ICDM）2006 年 12 月评选出了数据挖掘领域的十大经典算法：C4.5、k-Means、SVM、Apriori、EM、PageRank、AdaBoost、kNN、Naive Bayes、CART。

扫码了解十大经典算法的详细介绍。

第六节　数据可视化

一、数据可视化的含义

数据是一个广义的概念，其形式可以是数字，也可以是具有一定意义的文字、字母、图形、图像、视频、音频等。作为现实世界的一种映射，数据存在实际意义，或者说数据隐藏着故事。但是，数据本身是不会说话的，如果我们不知道自己想了解什么，或者能从数据中了解什么，那么，数据就只是一堆冰冷、枯燥且没有意义的数字或符号而已。

数据可视化借助图形化手段，清晰有效地传达与沟通信息。其基本思想是：将数据库中每一个数据项作为单个图元元素表示，大量的数据集构成数据图像，同时将数据的各个属性值以多维数据的形式展示，可以从不同的维度观察数据，从而对数据进行更深入的观察和分析。

二、数据可视化的方法

数据可视化的目的就是"让数据说话"，用图形去讲述数据的故事。可视化是一种表达数据的方式，是现实世界的抽象表达，它像文字一样，为我们讲述各种各样的故事。作为一种媒介，可视化已经发展成为一种很好的故事讲述方式。数据可视化把复杂抽象的数据信息，以合适的视觉元素及视角去呈现，方便大家理解、记忆、传递。

数据可视化的处理方法有如下几种。

(一)将指标值图形化

一个指标值就是一个数据,将数据的大小以图形的方式表现,比如用柱形图的长度或高度表现数据大小,这也是最常用的可视化形式。

传统的柱形图、饼图有可能会带来审美疲劳,如果想创新,可以尝试从图形的视觉样式上下功夫,常用的方法就是将图形与指标的含义关联起来。

网络上有一个用可视化软件统计的图,统计了东盟十国用户来广西的比例,采用用各国国旗来展示,图形与指标的含义相吻合,如图3-8所示。

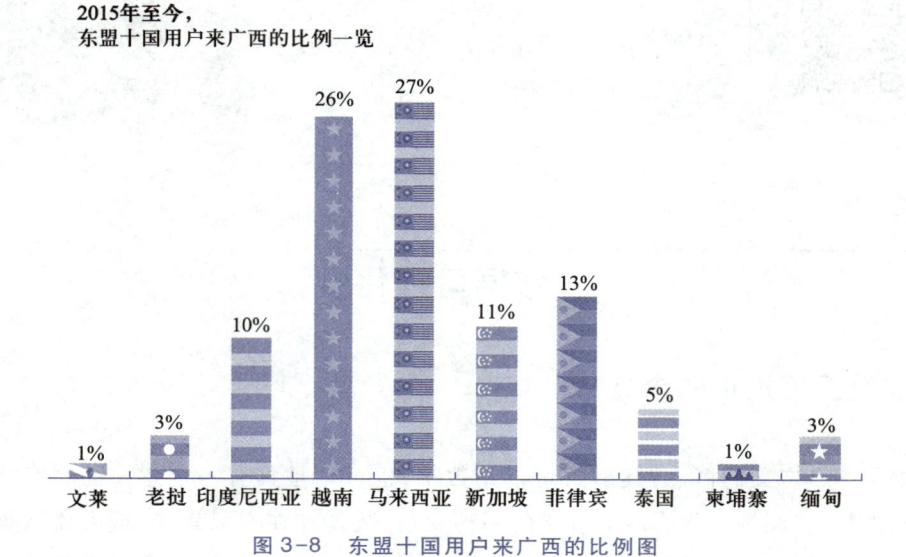

图 3-8　东盟十国用户来广西的比例图

(二)将指标图形化

一般用与指标含义相近的图标来表现,使用场景也比较多,如图3-9所示。

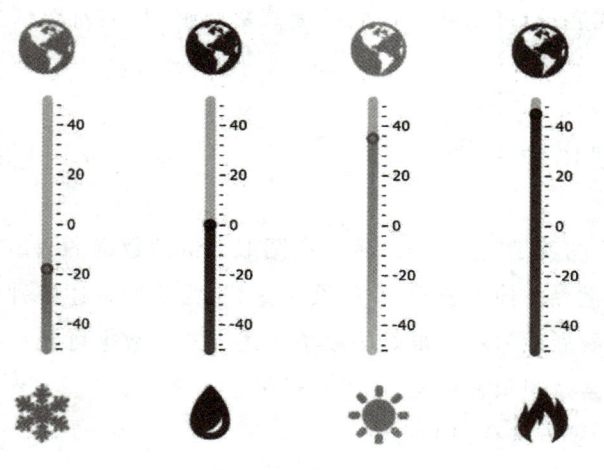

图 3-9　指标图

（三）将指标关系图形化

当存在多个指标时，且指标之间存在关系，将其图形化表达，可提升图表的可视化深度。常见的有以下两种方式：

1. 借助已有的场景来表现

联想自然或社会中有无场景与指标关系类似，然后借助此场景来表现。

比如有关流量研究院操作系统的分布，首先分为 windows、mac 还有其他操作系统，windows 又包含 xp、2003 等多种子系统。

根据这种关系联想，发现宇宙星系中也有类似的关系：宇宙中有很多星系，我们最为熟悉的是太阳系，太阳系中又包括各个行星，因此整体借用宇宙星系的场景，将熟知的 windows 比喻成太阳系，将 xp、window7 等比喻成太阳系中的行星，将 mac 和其他系统比喻成其他星系，如图 3-10 所示。

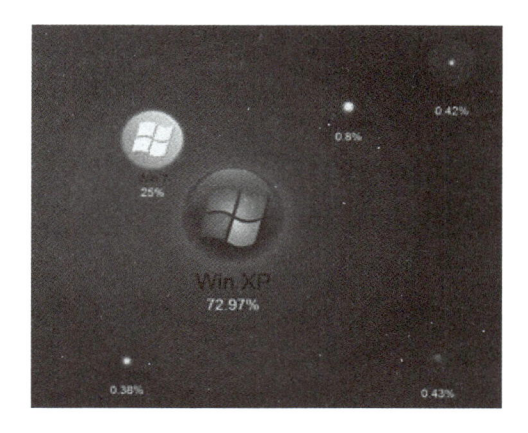

图 3-10　mac 和其他系统比喻成其他星系图

2. 构建场景来呈现

支付宝的年度账单中，在描述付款原因最多的三项时，构建了一个领奖台的形式，如图 3-11 所示。

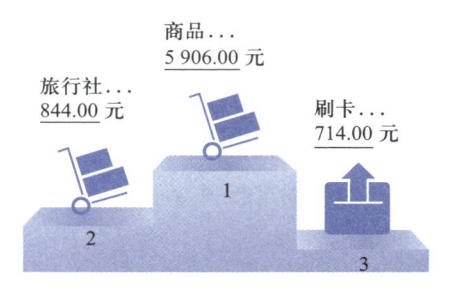

图 3-11　支付前三名排行图

根据之前三种方法，可将指标、指标值和指标关系分别进行图形化处理。

以最简单的性别分布为例,可以得到一个线性的可视化过程,如图 3-12 所示。

性别分布线性可视化过程

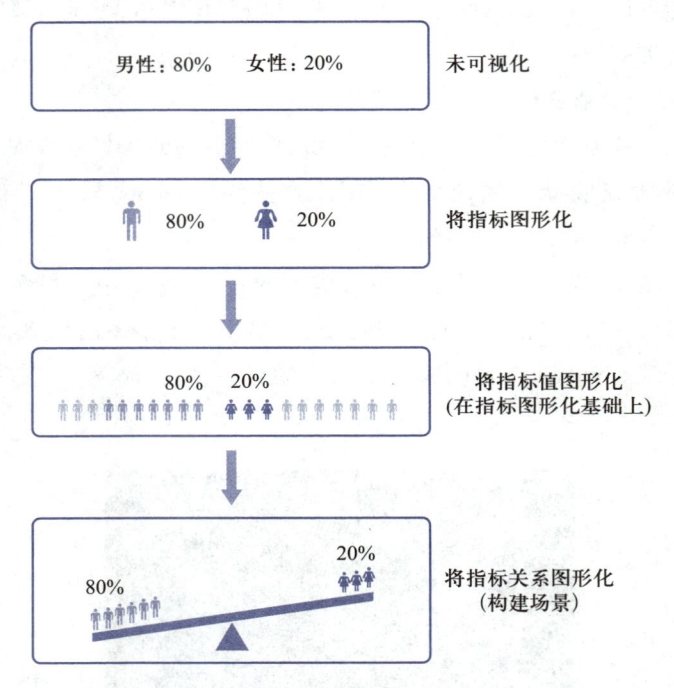

男性:80%　女性:20%	未可视化
👨 80%　👩 20%	将指标图形化
80%　20%	将指标值图形化(在指标图形化基础上)
80%　20%	将指标关系图形化(构建场景)

图 3-12　指标、指标值和指标关系图

(四) 将时间和空间可视化

1. 时间

通过时间的维度来查看指标值的变化情况,一般通过增加时间轴的形式,也就是常见的趋势图。

2. 空间

当图表存在地域信息并且需要突出表现的时候,可用地图将空间可视化,地图作为主背景呈现所有信息点。

(五) 将数据进行概念转换

先看下生活中的概念转换,当我们需要喝水时,通常会说给我来一杯水;而不会说给我来 30 毫升的水。在这里,30 毫升是一个实际数据,但是难以感知,所以用一杯的概念来转换。

同样在数据可视化,有时需要对数据进行概念转换,可加深用户对数据的感知。常用方法有对比和比喻。

(六) 让图表"动"起来

数据图形化完成后,可结合实际情况,将其变为动态化和可操控性的图表,用户在操控过程中能更好地感知数据的变化过程,提升体验。

实现动态化通常用交互。交互可以理解为互动,利用提示、颜色高亮、钻取等来表达产品要告诉用户的信息,让用户获得更好更舒适的体验。

数据可视化形式多样,思考过程也不尽相同。以上方法是基于"数据"层面(区别于信息可视化)的。梳理思考过程,总结设计方法,可为后续可视化提供借鉴思路。

三、数据可视化的步骤

数据可视化的设计不仅仅是选取图形,前期需要根据分析目标进行构思设计,选取关键指标等,通常有如下步骤。

(一) 明确问题

当着手一项可视化分析任务时,第一步是明确要解决的问题,也就是明确希望通过数据可视化实现怎样的目标。

(二) 建立初步框架

明确问题后,可以根据需要展现的数据选取基本的图形,并拟订可视化的形式,从而建立一个初步框架。

(三) 梳理关键指标

这一步是要明确传达的信息,确定最能提供信息的指标。这是最关键的一个步骤,在梳理关键指标时,要充分了解数据库及每个变量的含义,必要时要创建一些新指标。

(四) 选取合适的图表类型

不同的图形适用的条件也不同,因此,在选择图形时,应针对目标选取最合适的。这样才有助于用户理解数据中隐含的信息和规律,从而充分发挥数据可视化的价值。

(五) 添加引导信息

在展示数据可视化结果时,可以利用颜色、大小、比例、形状、标签、辅助线等元素将用户的注意力引向关键的信息。例如,辅助线可以让用户快速的感知数据处于什么水平。

四、数据可视化工具

(一) Tableau

Tableau 是全球知名度很高的数据可视化工具,你可以轻松用 Tableau 将数据转化成你想要的形式。可视化效果不华丽但很出色,而且给用户提供了非常自由的图表制作能力,如果会写代码、时间有富裕,基本可以做出绝大多数能想到的图表。总体来说,Tableau 具有丰富的数据源支持,灵活的可视化功能和强大的数据图表制作能力。

(二) Power BI

Power BI 是微软开发的商业分析工具,可以很好地集成微软的 Office 办公软件。用户可以自由导入任何数据,如文件、文件夹和数据库,并且可以使用 Power BI 软件、网页、手机应用来查看数据。Power BI 目前主推的是个人分析,适合短平快的分析需求,但在企业级部署和应用上缺少完善的解决方案,在安全性、性能、服务上则没有很好的竞争力。

(三) 用友分析云

用友分析云是一款基于大数据、云计算技术的分析云服务,致力于为企业提供专业的数据分析解决方案。目前支持 36 种可视化图形,能够根据用户数据自动感知推荐合适的分析图形。支持用户根据业务问题把可视化进行串联自定义成故事板,便于在公司内部分享分析结果。可以对不同的用户设置不同的预警值,通过邮件、微信、短信等媒介进行消息推送。

第七节 数据采集与处理实战

一、数据采集实战演练

(一) 案例背景

AJHXJL 矿业科技有限公司于 2003 年成立,是一家集矿山采选技术研究、矿产资源勘查、矿山设计、矿山投资开发、矿产品加工销售于一体的集团化企业。公司投资部在物色新的投资对象,因为"有色金属冶炼及压延加工业"是该公司的下游行业,公司想从该行业中筛选出综合能力表现优秀的企业进行投资。首先需要采集该行业所属企业的财报数据。

(二) 任务目标

从上交所网站采集"江西铜业""白银有色""中国铝业""鼎胜新材"四家企业 2015—2020 年的资产负债表和利润表。

(三) 任务实现

登录新道大数据教学平台,进入"数据采集实战演练"项目,如图 3-13 所示,根据平台中的任务指南完成操作。

第七节 数据采集与处理实战

图 3-13 数据采集实战演练

以采集利润表为例,操作步骤如下:

(1)选择"多企业多表数据采集",选择"任务:采集利润表",单击【开始任务】,进入数据采集的代码页面,如图3-14所示。

图 3-14 数据采集代码页面

(2)在平台提供的代码页面,修改第 7 行代码中的企业信息、第 9 行代码中的年份信息,代码如下:

| 7 | code=[("600362","江西铜业","jxty"),("601212","白银有色","byys"),("601600","中国铝业","zgly"),("603876","鼎胜新材","dsxc")] |
| 9 | year=["2015","2016","2017","2018","2019","2020"] |

（3）单击【运行】按钮，执行程序。程序执行完毕，单击【查看数据】按钮，系统显示本次采集结果，结果文件可以下载保存到本地。

采集资产负债表的操作与此类似，学生可进入相应的任务按照任务指南完成。

二、数据清洗实战演练

（一）案例背景

B公司是一家销售办公用品、办公家具和办公电子设备的公司，旗下有多家直营超市，每月月底，各直营超市都会向财务部提供本月的销售数据表。现在公司的财务分析师手上有一份多年的汇总销售数据表，分析师需要根据此表进行客户维度和产品维度的销售分析。在分析前，先要对这份数据表进行数据清洗。

（二）任务目标

对给定的数据表进行清洗，要求将表中单元格为空值和"-"的替换为0，将表中的"客户ID"拆分为两列，为"客户名称"和"客户ID"，将"产品名称"拆分为三列，分别为"品牌""品名""规格"。

（三）任务实现

登录新道大数据教学平台，进入"数据清洗实战演练"项目，如图3-15所示，根据平台中任务指南完成操作。

图3-15　数据清洗实战演练

本案例的数据清洗需要依次执行三个任务，分别是："任务：全局清洗规则""任务：客户分布分析""任务：受欢迎商品分析-产品名称切分"。

以"任务:全局清洗规则"为例,该任务是将表中单元格为空值和"-"的替换为0。操作步骤如下:

(1)选择"公司销售数据清洗",单击【任务:全局清洗规则】,单击【开始任务】按钮,进入数据清洗页面,如图3-16所示。

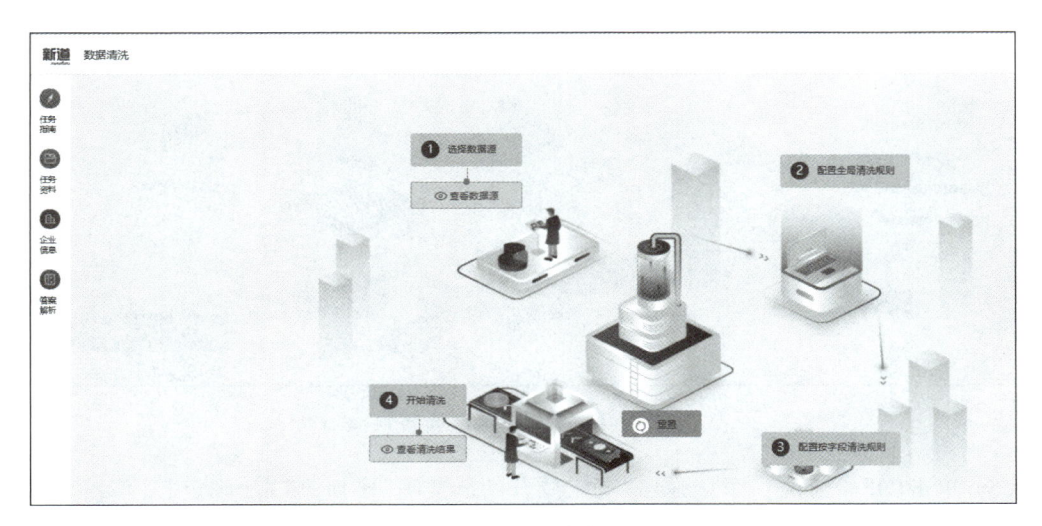

图3-16 数据清洗页面

(2)单击【选择数据源】,选择要清洗的数据表。要清洗的数据表已经内置在课程平台中,直接单击"上传数据"空白框,选择内置的表"清洗示例-超市-1210精简.xlsx",如图3-17所示。

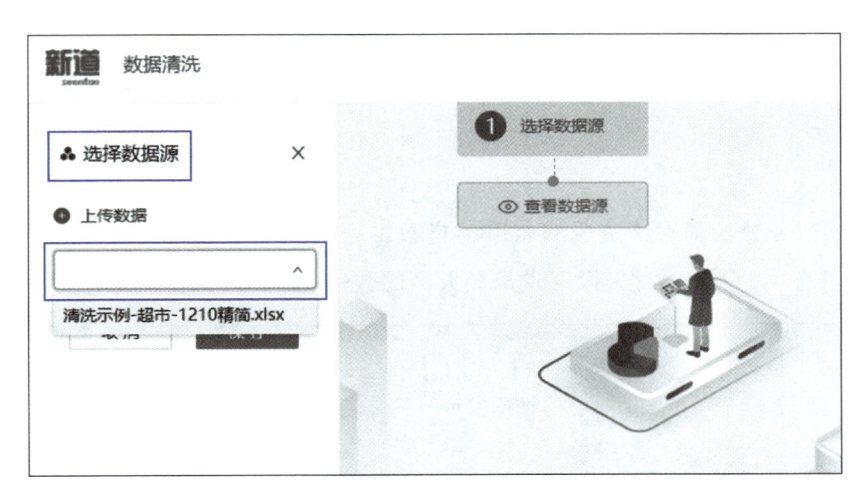

图3-17 选择要清洗的数据表

(3)单击【保存】,数据上传成功,单击【查看数据源】,进入数据源预览界面。可以看到"折扣"列有的值为"-",有的值为空。

(4)单击【配置全局规则】,左侧出现"配置全局清洗规则"区,选择【字符替换】下的"-(仅有)替换为0"和"空格(仅有)替换为0",单击【保存】,配置全局清洗规则显示在数据清洗界面中,如图3-18所示。

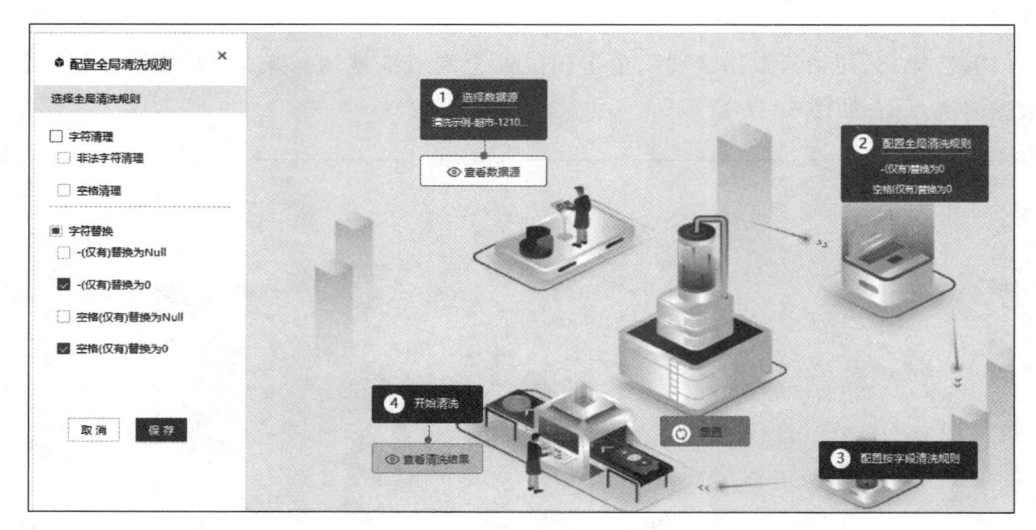

图 3-18　选择全局清洗规则

(5) 单击【开始清洗】,系统弹出"确定要开始清洗吗"窗口,单击【确定】。清洗完成,单击【查看清洗结果】,可以看到折扣列原来的"-"变成了 0。可单击【下载】,将该全局清洗结果保存,作为下一步清洗的数据源表。

客户字段拆分和产品名称拆分的操作,请学生按照任务指南自行完成。

三、数据关联实战演练

(一) 案例背景

B 公司的财务分析师对清洗后的超市销售数据表要从省份和大区的维度统计销售额,但数据表中只有"城市"的数据,没有省份和大区的数据,如图 3-19 所示。

图 3-19　超市销售情况表

财务分析师做了两张表：城市表和省区表，城市表是城市和省区的对应表，超市销售情况表中的每一个城市都有对应的省区，如图3-20所示。

省区表是省份和大区的对应表，每一个省份都对应了所属的大区，如图3-21所示。

	A	B
1	城市	省/自治区
2	安庆	安徽
3	蚌埠	安徽
4	亳州	安徽
5	巢湖	安徽
6	池州	安徽
7	滁州	安徽
8	阜阳	安徽
9	合肥	安徽
10	淮北	安徽
11	淮南	安徽
12	黄山	安徽
13	界首	安徽
14	鹿城	安徽
15	明光	安徽
16	濉溪	安徽
17	唐鑫	安徽
18	铜陵	安徽
19	无城	安徽
20	芜湖	安徽

图3-20　城市表

省/自治区	地区
安徽	华东
澳门	台港澳
北京	华北
福建	华东
甘肃	西北
广东	中南
广西	中南
贵州	西南
海南	中南
河北	华北
河南	中南
黑龙江	东北
湖北	中南
湖南	中南
吉林	东北
江苏	华东
江西	华东
辽宁	东北
内蒙古	华北

图3-21　省区表

（二）任务目标

将超市数据与地区数据关联，"超市销售情况表"上增加"省份"列和"地区"列，与"城市"列相匹配。

（三）任务实现

登录新道大数据教学平台，进入"数据集成实战演练"项目，如图3-22所示，根据平台中任务指南完成操作。

图3-22　数据关联

操作步骤如下：

（1）单击【超市数据与地区数据关联】—【开始任务】，系统自动跳转至用友分析云界面。超市数据清洗结果表、城市表、省区表已在分析云中内置，单击【数据准备】—【数据集】—【财务大数据】—【数据集成】目录，找到要进行数据关联的三张表，如图3-23所示。

图3-23　数据表

（2）新建关联数据集。单击【新建】按钮，系统弹出"创建数据集"窗口，选择【关联数据集】，名称设为"超市省区关联"，单击【确定】，如图3-24所示。

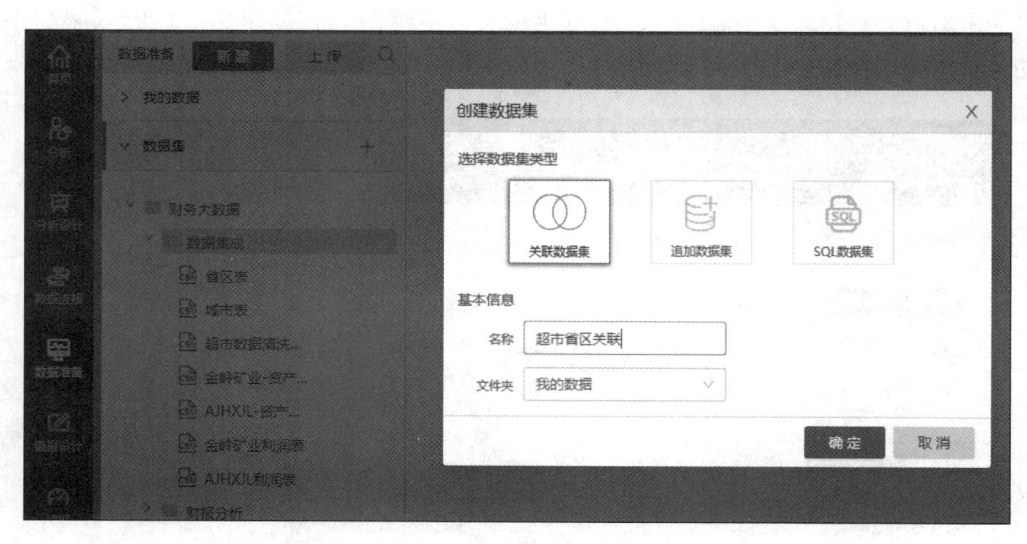

图3-24　创建数据集

（3）将"超市数据清洗结果""城市表""省区表"依次拖拽到右方数据编辑区，如图3-25所示。

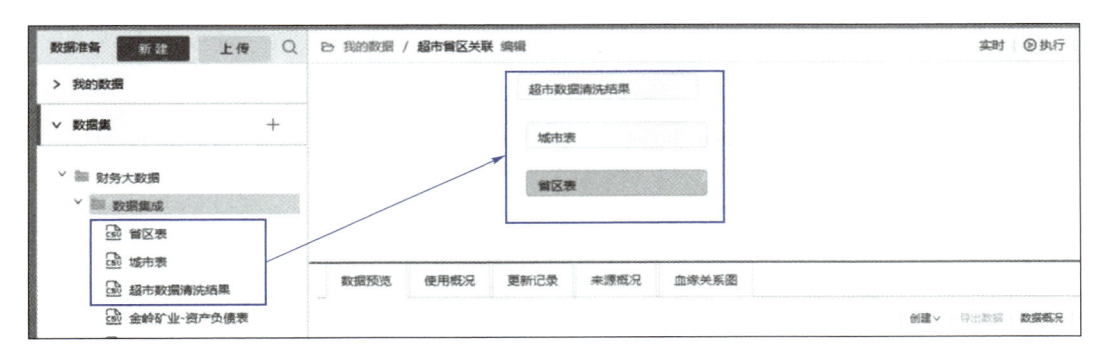

图 3-25　将数据表拖入编辑区

（4）先点击"超市数据清洗结果"，再单击"城市表"，系统弹出"连接"窗口，选择"左连接"，关联字段是"城市"，单击【确定】，如图 3-26 所示。注意：此次关联是以"超市数据清洗结果"为主表，如果该表在左边，则关联方式选择"左连接"，如果该表在右边，则需要选择"右连接"。

图 3-26　表关联 1

（5）点击"城市表"之后再点击"省区表"，系统弹出"连接"窗口，选择"左连接"，关联字段是"省自治区"，单击【确定】，如图 3-27 所示。注意：此次关联是以"城市表"为主表，如果该表在左边，则关联方式选择"左连接"，如果该表在右边，则需要选择"右连接"。

图 3-27　表关联 2

(6) 单击【执行】，系统将三张表连接成一张表，在下方的数据预览区可以看到表中有"省自治区"列和"地区"列，如图 3-28 所示。

图 3-28　数据关联结果

四、数据合并实战演练

（一）案例背景

现有 AJHXJL 公司的利润表和资产负债表及行业标杆企业金岭矿业公司的利润表和资产负债表。财务分析师要将两家公司的利润表项目和资产负债表项目数据进行横向对比分析。

（二）任务目标

在分析云中，将 AJHXJL 公司和金岭矿业的利润表进行合并，将 AJHXJL 公司和金岭矿业的资产负债表进行合并。

（三）任务实现

登录新道大数据教学平台，进入"数据集成实战演练"项目，如图 3-29 所示，根据平台中任务指南完成操作。

以合并两个公司的利润表为例，其操作步骤如下：

（1）将 AJHXJL 公司和金岭矿业的利润表上传。分析云的数据集中已经内置了 AJHXJL

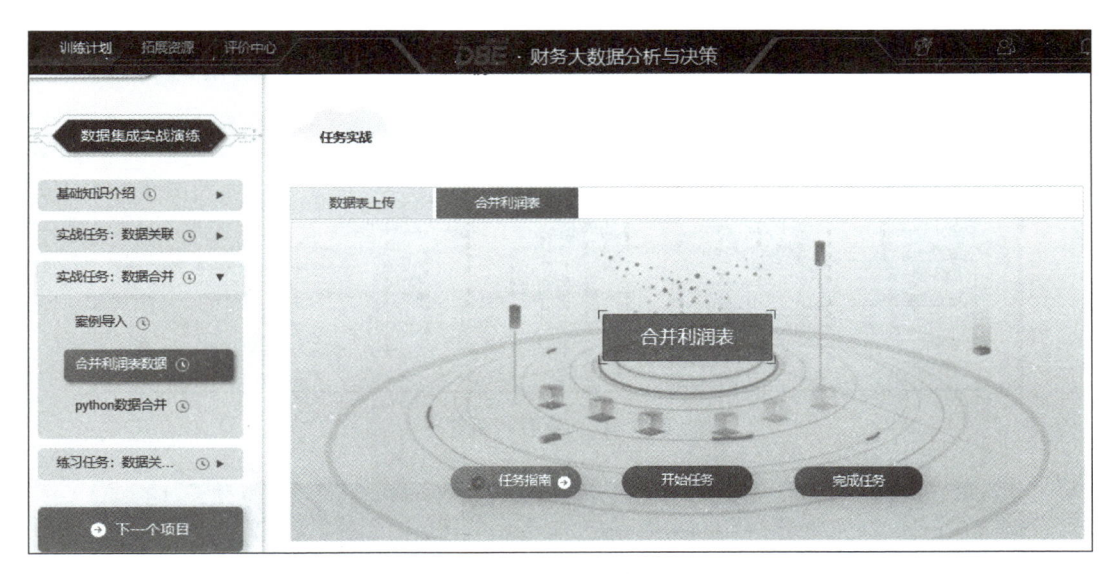

图 3-29　数据合并

公司和金岭矿业的利润表，可以不再上传。单击"合并利润表"—【开始任务】，进入分析云页面，如图 3-30 所示。

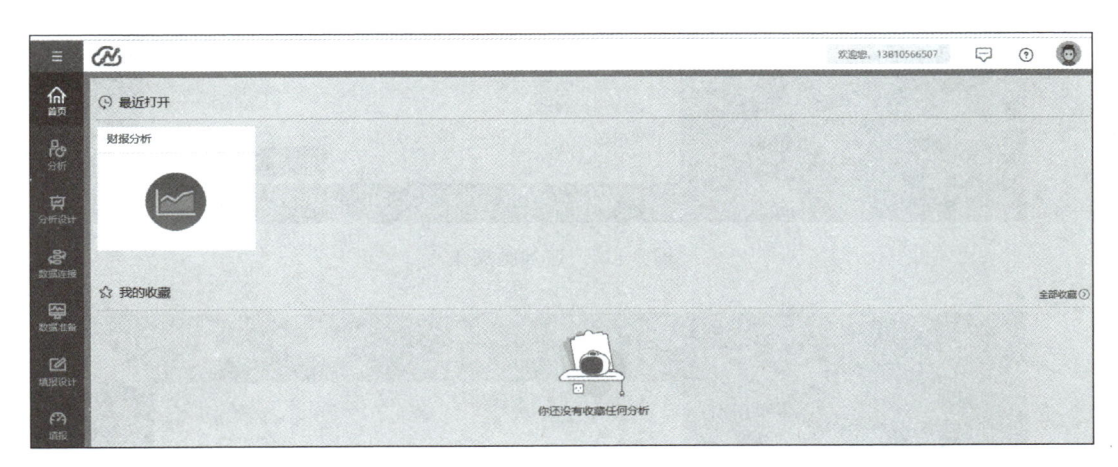

图 3-30　分析云界面

（2）单击【数据准备】—【数据集】—【财务大数据】—【财务分析】，选择 AJHXJL 公司和金岭矿业的利润表，在数据预览处查看是否有"公司名称"列，如果没有，需要单击【新增字段】，添加公司名称，如图 3-31 所示。

（3）单击【新建】，在弹出的窗口中选择"追加数据集"，输入数据集的名称"AJ 和金岭利润表合并"，单击【确定】，如图 3-32 所示。

（4）选择【数据集】—【金岭矿业利润表】，拖入数据编辑区，弹出"选择所需字段"窗口，选择合并表中要使用的指标，可以将指标全选，也可以仅选择要分析的指标，比如本次就是对比分析营业收入、营业成本、三大费用、投资收益和营业利润，那么只选择这些指标即可，如图 3-33 所示。

图 3-31 查看利润表

图 3-32 追加数据集

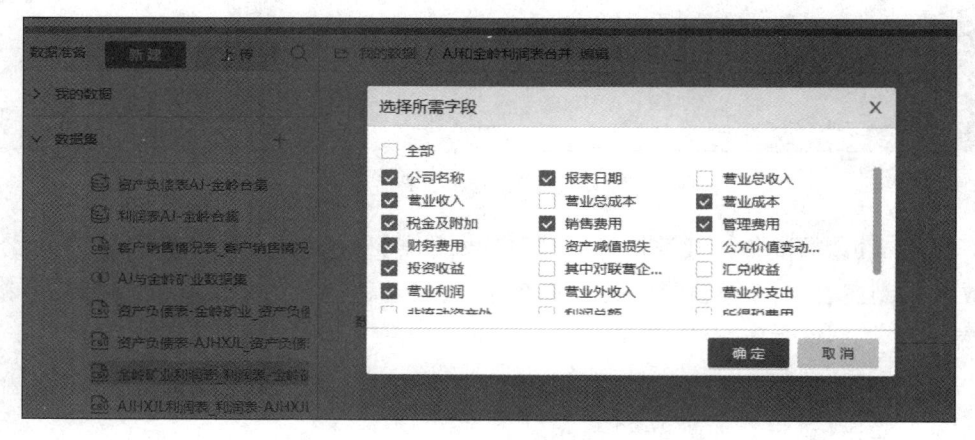

图 3-33 选择所需字段

（5）单击【确定】，页面右侧空白区显示出金岭矿业所选的指标字段，如图 3-34 所示。

（6）选择【数据集】—【AJHXJL 利润表】，拖入数据编辑区，弹出"选择所需字段"窗口，选择合并表中要使用的指标，指标选择和金岭矿业所选字段一致，如图 3-35 所示。

图 3-34　字段显示

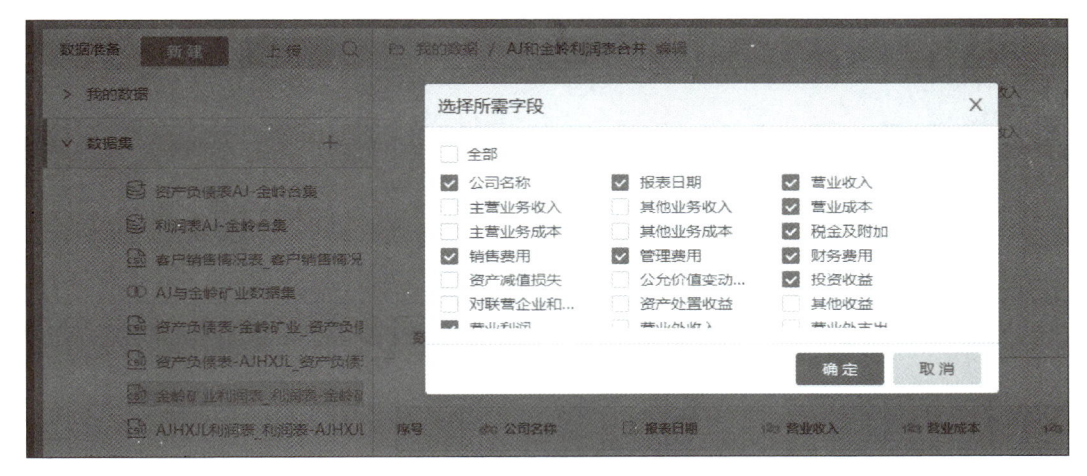

图 3-35　选择所需字段

（7）单击【确定】，所选字段显示在数据编辑区。检查两个表的项目对应情况，可以看到金岭矿业的"投资收益"对应了 AJHXJL 公司的"营业利润"，"营业利润"对应了"投资收益"。点击 AJHXJL 公司"营业利润"向下的箭头，选择"投资收益"，点击 AJHXJL 公司"投资收益"向下的箭头，选择"营业利润"，如图 3-36 所示。

图 3-36　字段匹配

(8)设置对应完毕,单击【执行】按钮,两张表合并成了一张表,可以在数据预览区看到合并后的表中既有金岭矿业的数据,也有 AJHXJL 公司的数据,如图 3-37 所示。单击【保存】,将以上合并结果保存成功。

图 3-37 利润表合并

五、数据可视化实战演练

(一)案例背景

2019 年 10 月 8 日,AJHXJL 矿业科技有限公司的管理层计划召开公司月度经营分析会议,财务总监将在会上做经营分析报告。现要求财务分析师设计一个决策看板,以便财务总监进行汇报。

决策看板包括六个可视化图表,分别反映公司的资产状况、客户金额 TOP5、客户销售区域分布、公司营业收入、公司净利润及公司收入结构。

(1)公司的资产状况:展示指定年份的总资产变动趋势和资产负债率的变动趋势。

(2)客户金额 TOP5:展示公司销售额最大的五名客户的销售金额。

(3)客户销售区域分布:展示公司有销售额发生的地区。

(4)公司营业收入:展示 2015—2019 年连续 5 年的收入变动趋势,增加预警线(预警线为收入 1 800 000 000 元),辅助线(辅助线为收入平均值)。

(5)公司净利润:展示 2015—2019 年连续 5 年的净利润变动趋势。

(6)公司收入结构:展示公司主营业务收入、其他业务收入、投资收益、营业外收入的比例。

(二) 任务目标

按要求作出可视化决策看板,图形颜色可以自行选择,只要做到明确直观即可。

(三) 任务实现

登录新道大数据教学平台,进入"可视化设计实战演练"项目,如图 3-38 所示,根据平台中的任务指南完成操作。

图 3-38 可视化设计

以"任务 1:创建公司资产状况可视化"为例,操作步骤如下:

(1) 选择"任务 1:创建公司资产状况可视化",单击【开始任务】,进入分析云页面,单击左侧【分析设计】—【新建】,进入"新建故事板"页面,将故事板名称命名为"分析云初体验",选择保存目录为"我的故事板",单击【确认】。

(2) 进入故事板设计页面,单击【可视化】—【新建】,系统弹出"选择数据集"对话框,选择数据集为"我的数据"—"资产与利润关联表",单击【确定】。

(3) 设置维度与指标。进入可视化看板设计页面,将左侧"年_年份"拖拽到右侧的"维度"处,将左侧的"资产总计"指标拖拽到右侧的"指标"处,此时以系统默认的柱状图展示数据。如图 3-39 所示。

(4) 调整横轴排序方式。单击维度"年份"下的向下箭头,选择"升序"—"年_年份",如图 3-40 所示。排序之后的图形如图 3-41 所示。

(5) 新建指标。原有的报表项目中没有资产负债率指标,因此,需要新增该指标。单击左侧【指标】右边的+号,出现【计算字段】,继续单击【计算字段】,出现"添加字段"对话框,

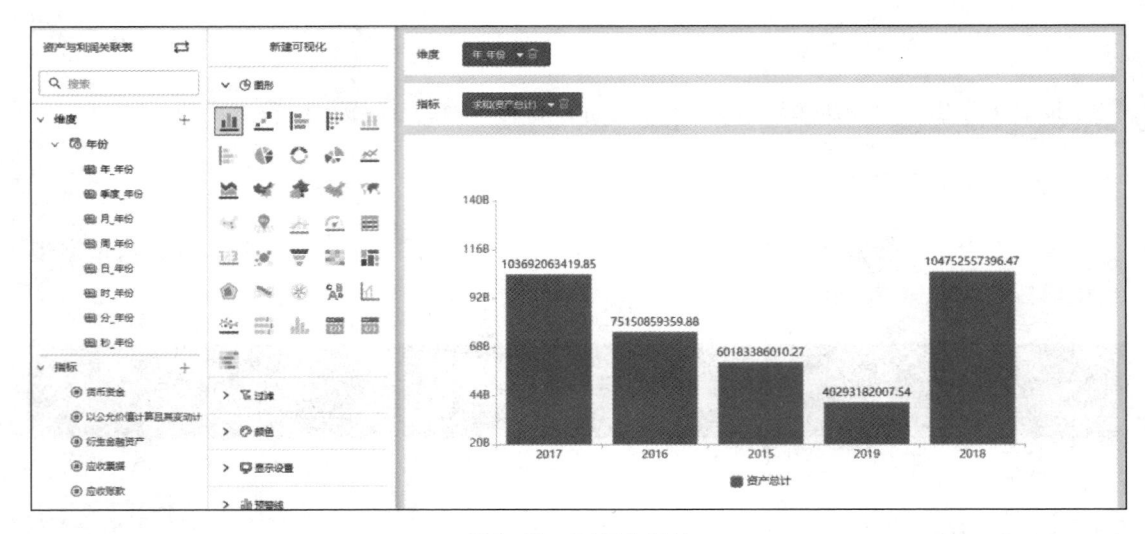

图 3-39 可视化设计

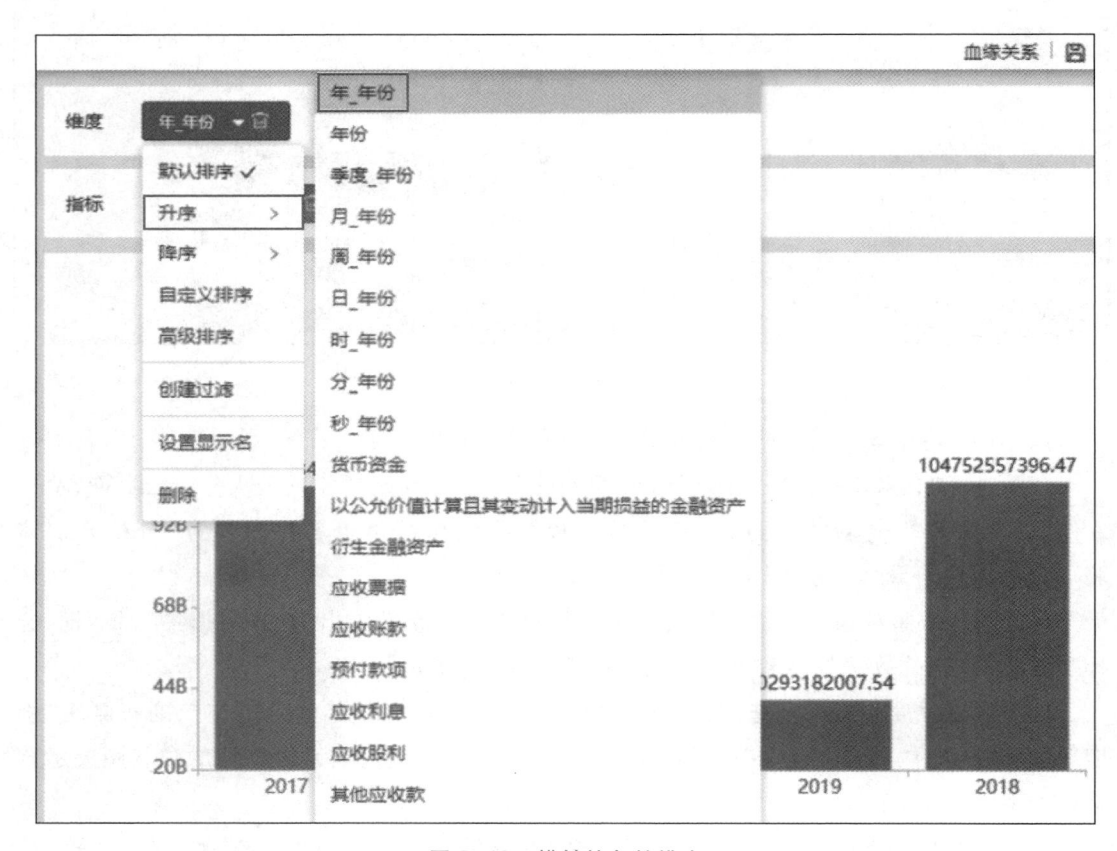

图 3-40 横轴按年份排序

如图 3-42 所示。设置名称为"资产负债率",字段类型为"数字",公式为 avg(负债合计)/avg(资产总计),如图 3-43 所示,继续单击【确定】按钮,完成新增字段设置。

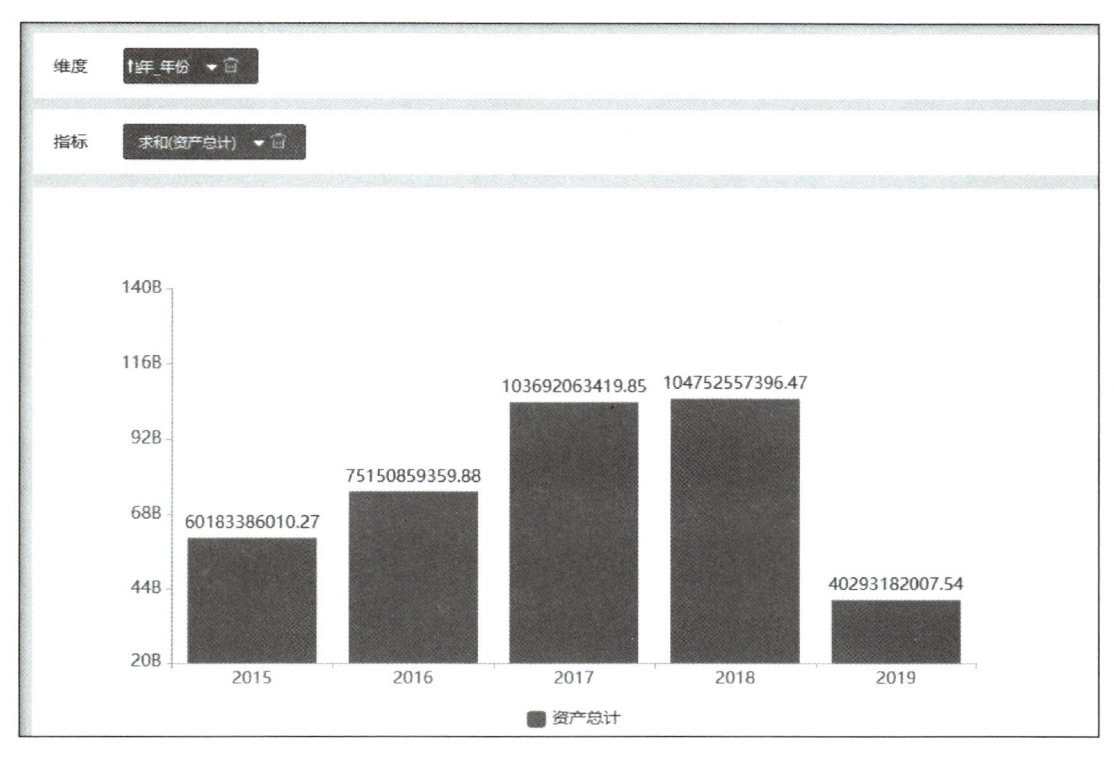

图 3-41　排序之后的资产统计图

图 3-42　新增计算字段

图 3-43　字段设置

（6）将新建的"资产负债率"拖拽到指标处，如图 3-44 所示。

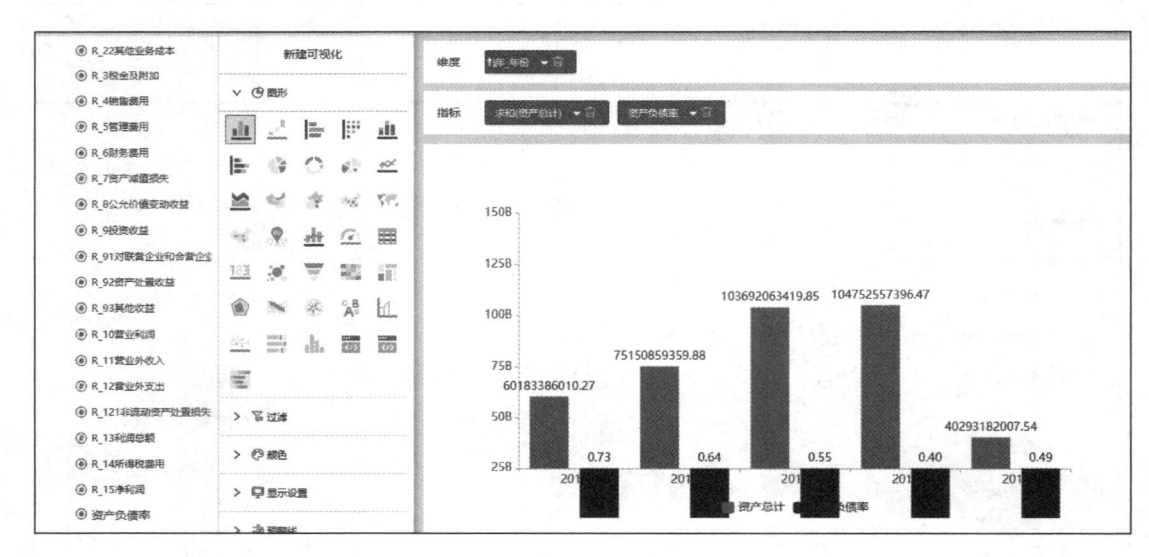

图 3-44　添加指标

（7）调整图形显示。当两个指标的数据相差很大时，就不再适合用传统的柱状图展示。此时，可以选用"双轴图"进行数据展示。双轴图是指有多个（≥2）Y 轴的数据图表，双轴图外观多表现为柱状图与折线图相结合的形式，这种图表显示比单一的柱状图或折线图更为直观，比较适合用于分析两组相差较大的数据。在图形区选择"双轴图"图标，图形自动变更为双轴图显示，如图 3-45 所示。

（8）设置过滤条件。给图表添加过滤条件，只显示指定三年（2017、2018、2019）的数据。

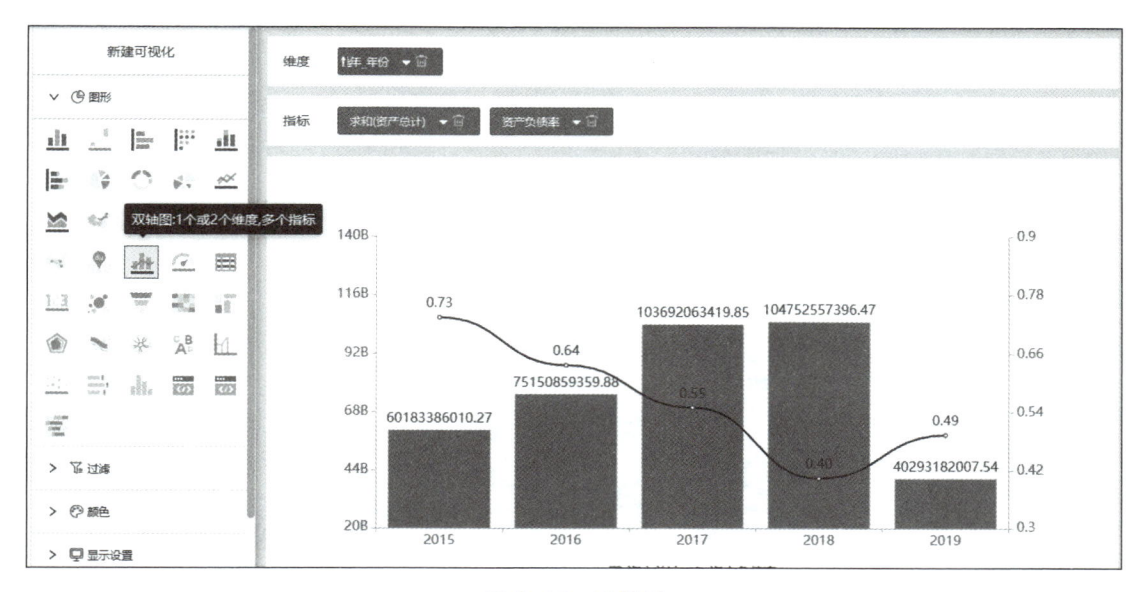

图 3-45 双轴图

单击【过滤】,弹出"添加过滤条件"对话框,单击其中的【按条件添加】,选择"年_年份",包含 2017、2018、2019,如图 3-46 所示,单击【确定】。

图 3-46 添加过滤条件

(9)确定可视化图形的变更。此时,图表中只显示 2017、2018、2019 年的数据值,如图 3-47 所示。

(10)修改可视化看板名称。将该看板的名称修改为"公司资产状况"。单击【保存】,将该看板的设置保存起来。最后,单击【退出】,回到故事板设置页面,第一个可视化看板设计完成。

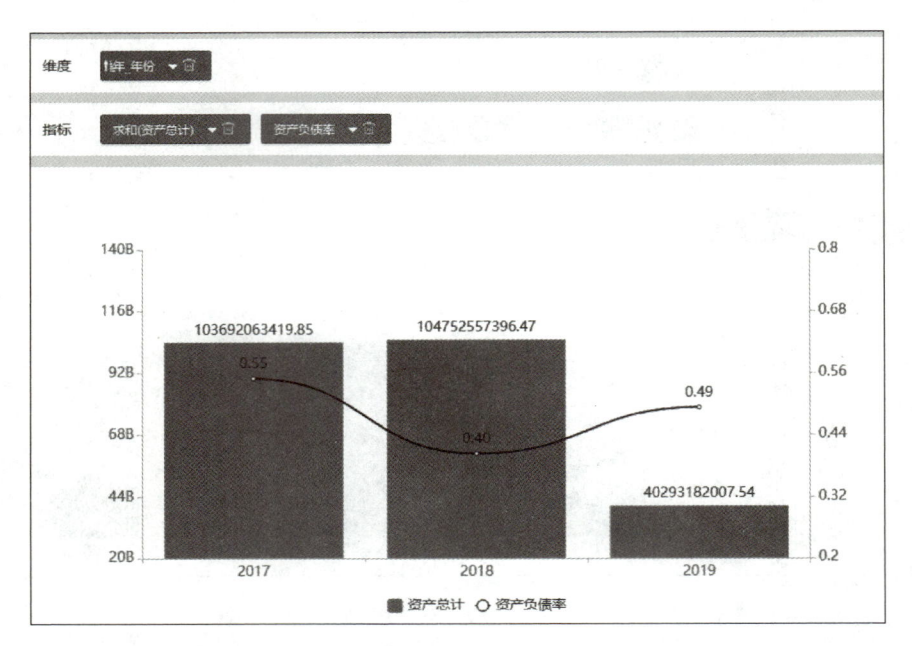

图 3-47　添加条件过滤后的图表

其他看板的设计,请学生参照任务指南自行设计完成。

思考题

1. 数据采集的三大要点什么?
2. 什么是数据清洗,其常见流程是什么?
3. 什么是数据关联,其关联方式有哪些?
4. 数据可视化的方法和步骤有哪些?

第四章 基于大数据的战略分析与管理

第一节 大数据时代下企业战略分析思维及管理变革

一、企业战略分析思维的变革

企业战略分析离不开数据的支持,大数据时代的到来颠覆了我们对数据分析的认知,传统的战略管理分析思维已经无法应对快速变化的外部环境。要想很好地利用大数据,首先必须进行战略分析思维上的变革,传统数据分析与大数据时代下的数据分析对比如表4-1所示。

表4-1 传统数据分析与大数据分析的比较

类型	分析对象	算法特征	数据处理方式	数据分析技术	源数据	寻找关系
传统数据分析	业务全过程	复杂算法	报表、抽样	基于关系型数据库	精确数据	因果关系
大数据分析	若干数据要素不涉及原业务	简单算法	全样本	基于NoSQL数据管理技术	混杂数据	相关关系

二、企业战略管理的变革

1. 决策主体的转变

在企业传统的战略管理模式里,决策主体一直是有经验的管理者或者商业精英,在大数据时代下,企业决策的主体由企业高管向一线员工转变,由"精英式"向"大众化"转变。一些新兴社会媒体和社交网络的出现,加速了信息的传播速度和范围,使社会公众的意见和建议成了企业决策的重要依据。基层员工对一线比较熟悉,通过对来自二线数据的分析,能够及时发现问题,给出合理的建议或决策。同时,这样的决策模式也会增强员工的积极性和企业凝聚力,从而更能发挥集体的效力。

2. 决策方式的转变

大数据环境下决策的对象是相关的全部数据,而不是样本数据,通过对全部数据的整理、分析,只需要找到一个现象的良好关联物即可,通过对关联物的监控、追踪,就可以帮助我们捕捉到现在和未来,从而做出决策,而不需要非要搞清楚事物内在的运行机制,也就是从追寻因果关系向相关关系的转变。同时,大数据也促使企业管理者从单纯的依靠自己的经验和直觉进行决策,转变为经过数据的收集、分析进行决策。摒弃老旧的"经验至上"的思维方式,使决策的结果更加科学和准确,降低决策给企业带来的风险。

3. 注重数据预测,把握机遇

传统了解市场的方法主要是进行市场调查,但这种方法往往跟不上市场的变化,具有滞后性。而大数据的核心是预测,通过实时关注市场动向,对消费者的消费行为及社交媒体上对产品评价进行整合及分析,及时获知顾客对于产品的偏好及需求,并以此对产品进行实时改进与创新,使其更具竞争力。同时,还可根据竞争对手的营销活动、价格等重要信息,分析其下一步走向,制定最优的应对策略,以占有更多的市场份额。

4. 运用大数据降低运营成本

通过对所获数据的分析和研究,可以发现企业管理上存在的一些问题,让企业管理者及时了解企业内部各个部门的工作状态和运营状况,对资源配置不合理的地方及时地加以调整,使有限的资源能够发挥出最大的价值。这不仅可以提高资源的利用率和企业整个流程的运转效率,而且可以使企业的管理和决策更加科学,做到有据可依,以此来降低企业在生产经营管理中的运营成本。

5. 创新信息的渠道来源

大数据时代,除了传统的数据企业平台以外,企业还可以与社交网络、移动互联等平台积极合作,通过与大数据价值链中的上游数据拥有者合作,利用他们所收集的有关社会公众的建议和意见等信息,实时关注社会动向及消费倾向,从中挖掘出有用的商业价值。或者与有优势的第三方数据收集机构合作,利用其广阔的数据来源渠道,获得所需要的数据,均摊收集数据的成本,实现共赢。

第二节 大数据时代下企业战略管理的创新

一、传统时代与大数据时代企业战略管理创新的对比

传统战略管理创新,是从特定的企业实践管理问题出发,以问题为驱动的探索式创新。

从制度管理及人性化管理出发,利用组织知识和专家智慧,在定性与定量分析结合的基础上,探索出问题的解决途径,从而实现企业管理创新。大数据环境下,不仅创新环境与条件复杂、多样,而且企业所面临的创新选择以及实现企业战略管理创新的方法和路径也更多。企业外界大环境和条件的变化,对企业战略管理方法路径的选择及最终可能结果实现的影响是毋庸置疑的,就好比以前是"池塘捕鱼",现在是"大海捕鱼"。因此,随着企业外界环境的变化,企业战略管理创新在大数据环境下与传统模式下有着诸多本质性的区别,如表 4-2 所示。

表 4-2 传统时代与大数据时代企业战略管理创新比较

创新模式	驱动因素	环境与条件	创新途径	创新方法	成功关键因素
传统企业战略管理创新	问题驱动	组织内资源	自上而下	德尔菲法、决策树法	专家经验知识
基于大数据的企业战略管理	创新问题数据驱动	组织生态内的大数据	自上而下、自下而上、网络式协同	云计算、数据挖掘、统计分析等	数据的可得性、数据分析结果及解读的准确

二、基于大数据背景下的企业战略管理创新

大数据是企业战略管理创新的核心要素,而数据处理、分析过程则是大数据解决问题的关键。相关领域的研究表明,数据处理、分析过程与创新过程存在一种耦合关系。因此,大数据环境下的企业战略管理创新模式主要体现在以下几方面。

(一)数据获取与数据平台的形成

大数据时代下,数据平台在企业中扮演着重要的角色,在企业的生产经营中承担着数据的收集、处理、分析、监测及预测的功能。企业的创新管理活动往往是从问题驱动或数据驱动开始的(或是在平时的数据监测及预测的过程中发现的问题)。

(二)创新问题界定与方案决策

在发现问题后,企业首先要确定是否需要进行企业战略管理创新,这一决策涉及的关键问题是数据的收集和获取。利用先进的计算机及信息技术,企业可以收集到需要的相关数据并评估是否要进行创新以及能否创新。如果有必要,首先必须界定创新问题;一是大致确定目前企业需要创新的领域和范围;二是借助初步的定性数据分析,对创新问题进行一个具体的阐述。在创新问题界定基础上,利用各种数据分析技术,挖掘出数据隐藏的深层次信息。将半结构、非结构化数据进行数据预处理与清洗,使其转化为可被数据库识别分析的结构化数据,以此作为数据平台处理的"数据源"。以数据分析结果作为决策依据,对所报定备选方案的可行性及预期效果进行再验证,以便选择满意的创新方案。

（三）动态数据与创新方案实施

创新方案实施过程中，也在不断积累实施数据和绩效数据，收集、整理、分析这些实时数据，并将其作为数据共享平台处理的"数据源"，通过对实时数据的反馈分析，以纠正企业创新实施方案在实施过程中出现的偏差，做到对创新方案不间断监控、实时优化，以此来保证创新目标顺利地达成。这样就能保证从创新方案的实施到结束的整个过程都处在一个实时反馈、持续改进的过程之中，而不是传统的一个静态过程，从而大大提高创新方案成功的概率。

（四）实时数据与创新方案的提升

在大数据环境下，创新方案实施的整个过程中，始终有数据分析结果对其进行实时的检验，从而根据企业所面临实时内外部环境做出相应的调整与修正，以期创新方案的顺利实施。这样不仅可以避免在引入其他借鉴式的创新方案时，由于企业内外部环境不同，带来的一系列水土不服现象，而且可以在对创新方案实施过程中进行实时数据的收集、分析，通过运行数据的反馈，以此来修正原有创新管理方案，并达到提升创新方案的效果。

三、大数据背景下企业战略管理模式的创新

大数据蕴藏着巨大价值，它将掀起一场商业模式和战略管理决策模式上的重大变革，企业的每个细节都将受到这场变革的影响，企业管理者应及时转变管理思维，创新企业战略管理模式。企业在大数据时代的背景下，不仅需要掌握更多更优质的数据，还要有高超的领导能力、先进的管理模式，才能在竞争中获得优势。大数据时代，创新的企业战略管理模式将从以下几个方面体现。

（一）基于数据的运营与决策

大数据时代，除了传统的数据企业平台以外，可建立一个非结构化的集影像、文本、社交网络、微博数据为一体的数据平台，通过做内容挖掘或者企业搜索，开展声誉度分析、舆情化分析以及精准营销等，企业可随时监控、监测变化的数据，提供实时的产品与服务，即实时的最佳行动推荐。企业的创新、发展、改革，除了传统的数据之外，还要把非结构化数据、流数据用在日常企业业务当中，对产品、流程、客户体验进行实时记录和处理。企业可融合不同类型数据，配合定性分析，以突破传统的商业分析模式，带来业务创新和变革。企业可把微博等社交媒体中需要的文档、文章放进非结构化数据平台中，对其中的内容进行字、词、句法分析和情感分析，同时还有一些关系实体的识别。通过这些内容，可以实现企业声誉的关系分析，对服务质量、品牌、产品和服务进行评价，监测舆论。可将客户在社交网络上、交互、媒体上的一些数据与传统的数据结合在一起，查看完整的客户观点，全面了解客户，以实

现营销活动管理、客户细分、风险的信誉评估以及竞争对手的分析。可将客户对企业、对产品的言论进行语意分析,提取关键词,建立模型,制定规则,自动识别客户反映的问题或需求。

(二) 首席数据官的培养

大数据时代,数据技术人员的价值将不断凸显出来。对数据的分析和处理需要同时具有市场营销知识、信息技术知识、运营管理知识等综合素质的人才来调配,首席数据官(chief data officer,CDO)应运而生。应用归信息部门,数据归业务部门,这概念已被人们广泛接受,但挑战这一想法的同时,在大多数组织中,业务部门并不想拥有数据,它们也不是为管理数据而存在的。通过数据推进企业与社会的对话,挖掘信息化过程中更为潜在的价值是首席数据官的主要职能。他们视数据为资产,负责运营数据,通过分析来自网络、传感器、社会网络评论等多方面的数据,为企业的战略决策提供多方面参考。首席数据官必须能够理解"商业语言",从数据的角度分析企业所面临的挑战从而帮助管理者决策。另外从组织结构方面来说,企业应该重视 CDO 人才的培养与引进,CDO 在企业未来发展过程中起着重要作用,企业高层应及时意识到并给予其更多的话语权。

(三) 树立以社会公众为决策主体的观念

传统战略管理模式中,一些著名的商业精英和咨询公司以及企业的中高层管理者一直被认为是战略决策的主体,然而随着社交网络的普及以及社会化媒体的出现,削弱传统的战略决策模式具有合理性和正确性。社会公众作为战略决策主体的观念应及时树立,将战略决策的理念由企业高层转移到广泛的社会公众,通过社交网络、移动互联网等收集社会公众的建议和意见。大量的非结构化数据,使得原材料、市场、生产设备等因素越来越没有明确的定义,产业边界也变得模糊不清,因此"大数据"增加了企业战略决策的不确定性、不合理性和不可预测性,企业应注重以社会公众为主体的战略管理决策模型的发展。

(四) 建立生态系统的企业网络

企业可以将生态产业链资源化、产业化、创新化;重新建立供应商、客户、合作伙伴、企业与员工之间的关系,创新企业战略管理模式;整合资源,协同创新价值,提供新的产品与服务,创造一个新的商业模式。这都是建立在大数据基础上的,可为现代企业的运营管理模式带来深度的变革。事实上,基于企业大数据的新型企业决策模式和战略管理理念正在企业管理发展中迅速涌现。现代企业应逐渐抛弃"以产品为中心"的注重微观方面的产品、成本、营销和竞争等要素的传统管理模式,转变为"以服务为中心"的管理模式,注重宏观层面的创造价值的能力,发展与产业联合有关的其他元素。新的战略管理模式是基于企业网络生态系统可持续发展的战略管理模式,对于企业战略管理与决策具有非常重要的意义。

第三节
基于用户的舆情分析——以李子柒螺蛳粉战略选择为例

一、案例背景

2012年,《舌尖上的中国》一经播出,便燃爆了整个夏天,而螺蛳粉作为广西柳州名小吃的代表在第一集里"C"位出道。2014年,螺蛳粉袋装产品的推出,成为它从街头小吃走向全国的标志。2015年,螺蛳粉的线上销量仅为5亿元,但是到了2018年,这个数字猛增至40亿元。也就是说,这几年年均保持200%的市场增长率。数据显示,2019年全产业链已经突破了135亿元,其中预包装螺蛳粉62.5亿元。2020年上半年预包装螺蛳粉已经达到49.8亿元,2020年全年突破100亿元。柳州螺蛳粉产业实现"双百亿"(袋装螺蛳粉产值超百亿元、原材料等附属产业产值超百亿元)的全产业链规模。

这碗"臭臭的"米粉一下子成为让全国人民猎奇的"香饽饽"。越来越多的明星、美食达人开始在微博和B站上"安利"螺蛳粉,各种"吃播"视频接踵而至,激发了许多网友的感官好奇和体验诉求,让螺蛳粉一跃成为美食界的新晋"网红"。一提到螺蛳粉,就不得不说李子柒,作为直播间的抢手货,刚上链接就被秒空!

数据显示,2020年李子柒旗舰店螺蛳粉月销量超100万单。同年,为了扩展商业版图,李子柒团队成立食品企业,自产自销旗下产品。从品牌上看,除了好欢螺、螺霸王、嘻螺会之外,李子柒已后来者居上,并且自嗨锅、良品铺子等多个品牌均已入局,行业竞争日趋激烈。目前,即时零售平台等电商渠道已有部分螺蛳粉新兴品牌相继布局,与淘宝、天猫等大型传统电商相比竞争相对较小,入驻更多电商渠道有助于新兴品牌抓住机会点,进一步开拓市场。

面对逐渐白热化的市场环境和日趋激烈的行业竞争,李子柒品牌也需要及时调整企业战略,适应市场环境,改变企业格局。

企业战略是指企业根据环境变化,依据本身资源和实力选择适合的经营领域和产品,形成自己的核心竞争力,并通过差异化在竞争中取胜。现代管理学认为企业战略是一个自上而下的整体性规划过程,并将其分为公司战略、职能战略、业务战略及产品战略等几个层面的内容。

基于此,为了改善行业地位,提升市场竞争力,及时抓住用户需求,提升客户满意度,为制定企业战略提供指导建议。本文利用文本挖掘法中的词频统计和语义网络结构分析对用户评论进行分析,在此基础上,梳理了李子柒螺蛳粉用户的观点、意见和态度,通过对用户需求的分析为李子柒品牌提供改进服务,提升顾客满意度,增强企业竞争力的战略建议。

二、研究设计

(一)文本分析法

文本分析法是指对文本的表示及其特征项的选取;文本分析是文本挖掘、信息检索的一个基本问题,它把从文本中抽取出的特征词进行量化来表示文本信息。文本(text)与信息(message)的意义大致相同,指的是由一定的符号或符码组成的信息结构体,这种结构体可采用不同的表现形态,如语言的、文字的、影像的等。文本是由特定的人制作的,文本的语义不可避免地会反映人的特定立场、观点、价值和利益。因此,由文本内容分析,可以推断文本提供者的意图和目的。

本文将采用网络文本分析方法分析用户在公开网络发表的用户舆情数据,从而推断出用户对特定企业的观点、意见和态度,进而为公司发展战略提出一定的建议举措。接下来的部分将详细介绍用户舆情数据的价值以及如何对文本用户舆情数据开展分析。

(二)文本舆情数据分析

1. 用户舆情及其价值

用户舆情信息包括文本、音频、图片等各种各样的形式,在实际工作中,我们应用较多的还是文本类的用户舆情。综合考虑数量、丰富性、易获得性、信息匹配度等方面因素,文本相比音视频、图片而言的信息价值、性价比都是比较高的。

当我们从电商、论坛、应用市场、新闻媒介等渠道平台取得大量和调研目标相匹配的用户舆情文本后,具体应该如何应用?其中可能包含哪些有价值的内容?可以通过什么方法提炼分析?能实现什么预期效果?根据以往项目经验,文本舆情分析的价值和具体应用如图4-1所示。

这些信息既说明了"是什么"的问题,表明了用户的属性、关系、喜好,还能在一定程度上分析表象背后的原因,挖掘出其中的焦点、趋势、关联,帮助我们了解产品的市场反馈和用户需求,为企业战略规划提供依据。

2. 文本舆情数据分析步骤

分析文本舆情数据,主要用到的是文本分析方法。因为文本数据是非结构化的,拿到文本舆情之后的一个关键问题是要把数据转化为能被计算机理解和处理的结构化数据,然后才能进一步对用户舆情数据进行完整系统的处理分析,从无关冗余的数据中提炼出有意义的部分。

分析过程中需要用到的工具有:①数据爬虫工具,可以根据我们的需要免费从网站上爬取数据(在设有反爬虫机制的网站,获取舆情数据的难度会增加)。②文本分析工具,通过文本分词、词频分析、语义网络分析等,挖掘潜藏其中的关键信息,把握深层的关系和结构。根据笔者的实际使用经验,文本分析工具ROST的功能完善,在文本数据量不太大的情况下基

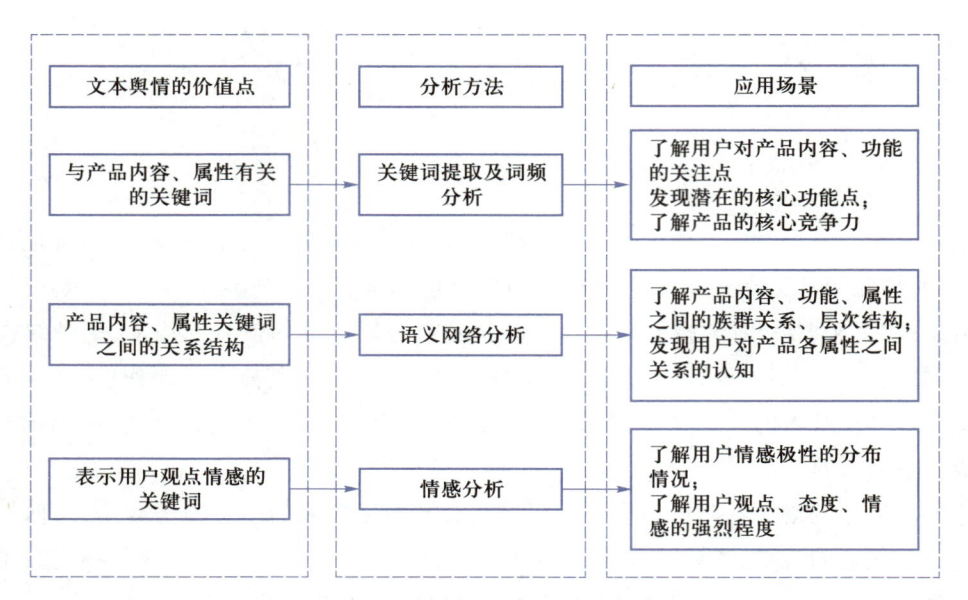

图 4-1 文本舆情分析的价值和应用

文本舆情的价值点	分析方法	应用场景
与产品内容、属性有关的关键词	关键词提取及词频分析	了解用户对产品内容、功能的关注点；发现潜在的核心功能点；了解产品的核心竞争力
产品内容、属性关键词之间的关系结构	语义网络分析	了解产品内容、功能、属性之间的族群关系、层次结构；发现用户对产品各属性之间关系的认知
表示用户观点情感的关键词	情感分析	了解用户情感极性的分布情况；了解用户观点、态度、情感的强烈程度

本能满足中文舆情分析的需要。如果对于文本分析结果有更高的要求，可使用 Python、R 等编程语言进行处理。③文本数据可视化工具，使用该工具将文本分析结果以可视化的形式（如词云图、语义网络图）呈现出来，便于从中直观地发现价值点。

文本舆情数据分析的具体步骤如图 4-2 所示，下面介绍比较重要的几个步骤。

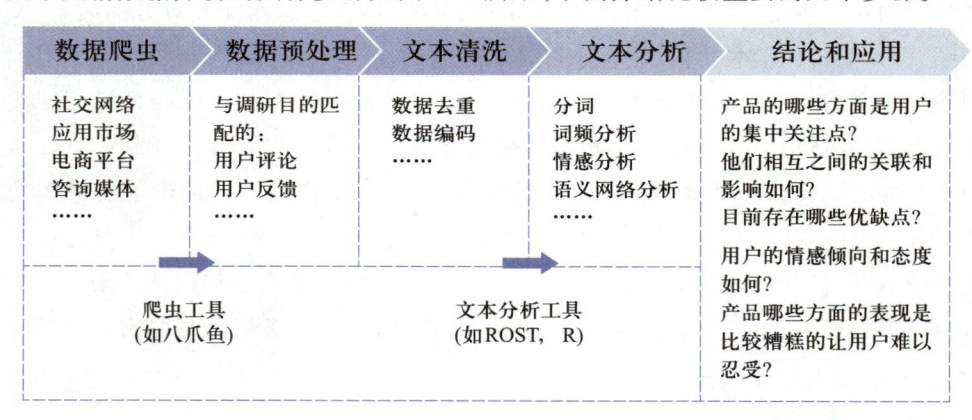

图 4-2 文本舆情数据分析步骤

数据爬虫	数据预处理	文本清洗	文本分析	结论和应用
社交网络 应用市场 电商平台 咨询媒体 ……	与调研目的匹配的：用户评论 用户反馈 ……	数据去重 数据编码 ……	分词 词频分析 情感分析 语义网络分析 ……	产品的哪些方面是用户的集中关注点？他们相互之间的关联和影响如何？目前存在哪些优缺点？用户的情感倾向和态度如何？产品哪些方面的表现是比较糟糕的让用户难以忍受？
爬虫工具（如八爪鱼）		文本分析工具（如ROST，R）		

（1）数据爬虫。明确舆情分析的目的和需求后，筛选数据来源渠道获取用户舆情数据。网络上例如论坛发帖、微博评论、淘宝京东的买家评价等文本舆情信息都是可以用爬虫工具直接爬取的。

（2）文本清洗和预处理。用户在网络上的表达非常随意，汉字中夹杂数字、字母、符号；语句段落的表达间断不完整，还会出现大量重复的短语短句，比如有的人会评论"棒棒棒棒""太太太太差了"。文本清洗首要是把这些噪声数据清洗掉。

（3）分词。分词就是把一段中文文本切割成一个个单独的词。中文分词的难点在于书写中文时字词之间并没有明显的间隔或划分,不像英文那样可以根据自然书写的间隔实现基本的分词,如"we are family"可以直接拆分出"we""are""family"。

汉字书写表达时没有明显的分隔符,再加上汉语博大精深,大大增加了中文分词的难度。这里举一个经典的例子:短语"南京市长江大桥"中由于有些词语存在歧义,计算机的分词结果可能是"南京市/长江/大桥",也可能是"南京/市长/江大桥"。我们显然知道第一种情况是正确的,但如果算法还不够完善计算机就可能出错,毕竟两种结果基于汉语构词和语法规则都是说得通的。可见在实际进行分词的时候,结果可能存在一些不合理的情况。基于算法和中文词库建成分词系统后,还需要通过不断的训练来提高分词的准确性,如果不能考虑到各种复杂的汉语语法情况,算法中存在的缺陷很容易影响分词的准确性。

(4)词频分析。词频就是某个词在文本中出现的频次。简单来说,如果一个词在文本中出现的频次越多,这个词在文本中就越重要,就越有可能是该文本的关键词。这个逻辑本身没有问题,但其中有一些特殊情况需要留意。

最关键的一点就是在关于自然语言的语料库里,一个单词出现的频率与它在频率表里的排名并不一致。根据经典"齐夫定律"的定义,假设对文本进行分词处理并统计了词频,发现词频排名前三的词分别为"的""是""它","的"出现频率约为"是"的 2 倍,约为"它"的 3 倍。结果就可能会是词频排名靠前的高频词占去了整个语料的大半,其余多数词的出现频率却很少。所以不能完全直接基于词频来判断舆情文本中哪些是关键词,词频最高的其实是中文中的常用字,而非是对当前文本最有代表性的关键词。如图 4-3 所示的词频曲线,只有出现在曲线中间区域的词才是真正在当前文本中出现频率高,并且在其他文本中很少出现的,这些词语就是当前文本的关键词,对当前文本具有重要性和代表性。前端的高频词和靠后的长尾低频词都可排除在考虑范围之外。

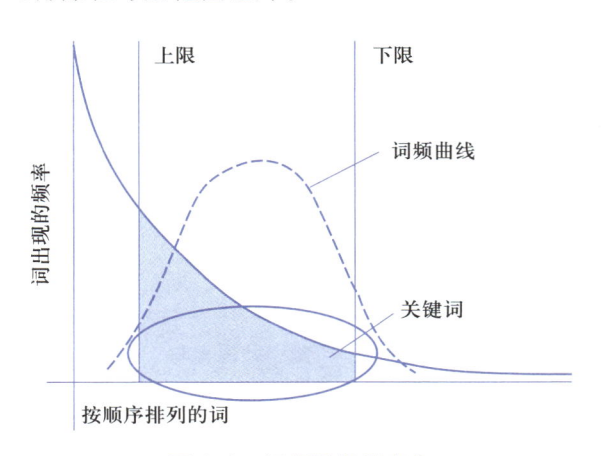

图 4-3 词频及标引意义

基于这个原理,在词频统计之前需要过滤掉文本中的停用词(stop word)。出现在词频曲线头部的那些高频词,就多数是停用词。停用词还包括实际意义不大但使用频率高的功能性词汇,比如"啊""的""在""而且"这样的语气词、介词、连词等。过滤停用词是为了减少信息冗余,提高分析的效率和准确性。过滤停用词需要的停用词表、词库都可以在网上下载。实际应用的过程中我们还可以在停用词表中添加或删减特定的词汇,使之更加完善或具有针对性,符合当前研究的实际需要。

这些被提取出的关键词浓缩了用户舆情中的精华信息,能反映出用户的关注点、情绪和认知,产品的潜在竞争力等信息。在此基础上,我们就可以获得分词文档、关键词及其词频列表,进而直接生成词云图。

但如果想要进一步知道具体内容之间的关系,就还要继续挖掘分析这些关键词之间的结构关系。

(5)语义网络分析。语义网络分析是指筛选统计出高频词以后,以高频词两两之间的共现关系为基础,将词与词之间的关系进行数值化处理,再以图形化的方式揭示词与词之间的结构关系。基于这样一个语义网络结构图,可以直观地对高频词的层级关系、亲疏程度进行分析。其基本原理是统计出文本中词汇、短语两两之间共同出现的次数,再经聚类分析,梳理出这些词之间关系的紧密程度。一对词语出现的次数越多,就表示这两个词之间的关系越密切。每个词都有可能和多个词构成对子,也会有些词之间不会存在任何共现关系。关键词共现矩阵就是统计出共现词出现的频率并将结果构建为二维共现词的矩阵,如图4-4所示。

项目	课程	购买	支付	付款	云课堂	订单	账号	网易	微信	苹果	使用
课程		1272	450	288	264	180	240	234	192	180	174
购买	1060		320	165	245	155	180	210	170	165	140
支付	375	320			90	115	75	105	85	80	110
付款	336	231			140						
订单	150	155	115	100				70			80
账号	200	180	75		85						
网易	195	210	105			175	70				
微信	160	170	85		60						
苹果	150	165	80		80						
使用	145	140	110			80					
学习	210	198	102								
优惠券	102	78	102	78							102
手机	174	170	85	75			70			65	
秋叶	162	155	70								
重新	90	70	85								
我的	116	116				56		60			
支付宝	66	54	57	42							
发票	78	78									
提示	63	57	42								

图4-4 关键词共现矩阵

经过聚类分析处理,将关键词共现矩阵转化为语义关系网络,揭示出各节点之间的层级关系、远近关系。需要特别强调的是,语义网络分析只是根据节点的分布情况来揭示它们之间关系的紧密程度,并不能表示节点之间存在因果关系。语义网络图能清楚展示次级节点与核心节点之间的关系分布,揭示出主要问题之间的潜在关系。

(6)情感分析。对用户舆情进行情感分析,主要是分析具有情感成分的词汇的情感极性(即情感的正性、中性、负性)和情感强烈程度,然后计算出每个语句的总值,判定其情感类别。还可以综合全文本中所有语句,判定总舆情数据样本的整体态度和情感倾向。

但目前不少文献、研究认为中文情感分析的准确性不够高,因为中文除了有直接表达各种极性情感的形容词(高兴、生气),还有用于修饰情感程度的副词(如很好、非常、太),有时候其中还会夹杂表示否定的词(如非常不好用、很不方便)。分词处理文本时,要对形容词、副词、否定词都有正确的分词;分词后,要基于情感词库、否定词库、程度副词库对这些情感词汇进行正确的赋值;最后进行情感值加权计算,才能最终分析出总的情感类别。

另外需要注意的是,我们的舆情数据可能来自电商、应用市场、社区论坛等,这些来源渠道本身就对整体数据的情感倾向有筛选,可能具有某些属性的情感表达直接就被该渠道过滤掉了。

三、案例分析实训

(一)案例数据爬取

1. 网页分析

如图 4-5、图 4-6、图 4-7 所示,通过对李子柒旗舰店网页进行解析,发现每种产品的不同包装都有一个 product Id,不同评分也有一个分数(score)。product Id 和 score 可以通过抓包获取。表 4-3 展示的是不同产品及包装规格的 product Id。

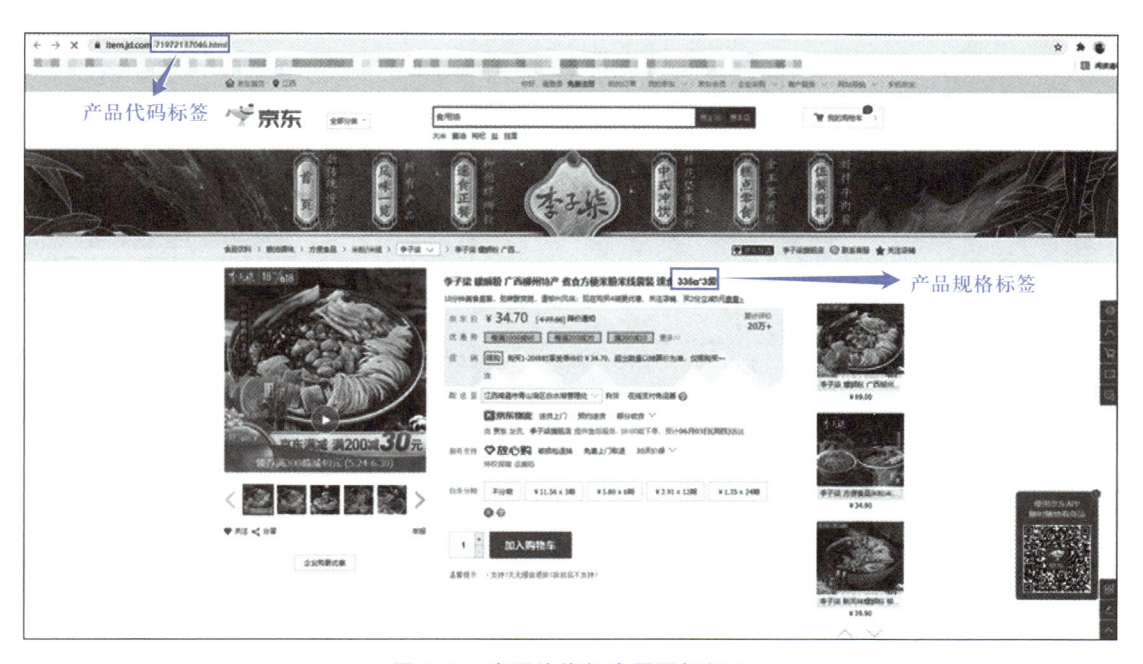

图 4-5 李子柒旗舰店网页解析 1

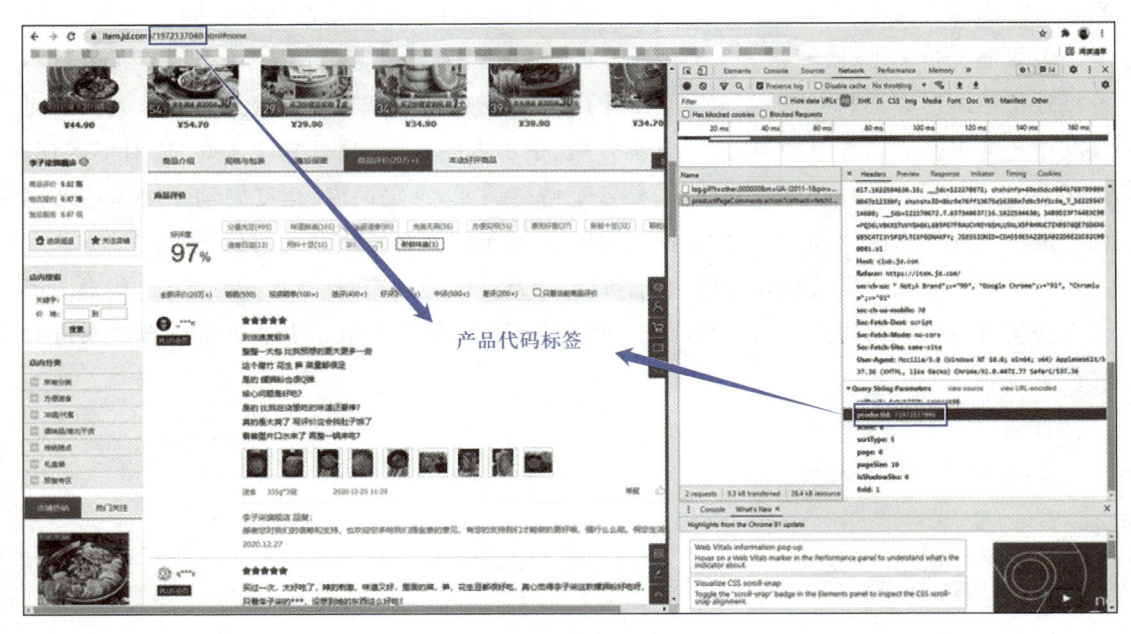

图 4-6　李子柒旗舰店网页解析 2

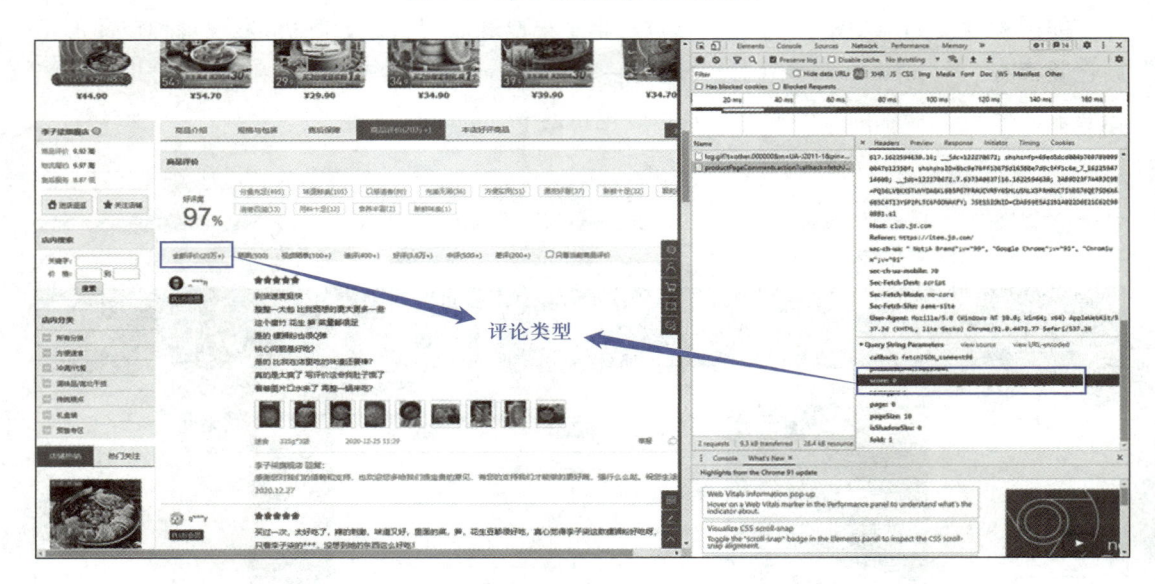

图 4-7　李子柒旗舰店网页解析 3

表 4-3　商品参数信息表

产品名称	product Id	规格
李子柒螺狮粉	71972137046	335g * 3
	71968498352	335g * 6
	10020310827216	335g * 11（箱）
紫米糕	71967775734	540g
桂花坚果	71972959302	350g * 1
	71966499237	350g * 2

score 有五种,其中 0 表示全部,1 表示差评,2 表示中评,3 表示好评,5 表示追评。

通过抓包发现,每种评论展示总页码均不超过 100 页,每页有 10 条评论信息。其中全部评论 100 页,其他四种评论都不足 100 页,如图 4-8 所示。其他几种评论与全部评论是否存在差集,目前无法下定结论。为了保证爬取的评论包括上述五种,又不存在完全相同的内容,在全部爬取完成之后,需要做去重处理,如图 4-9 所示。

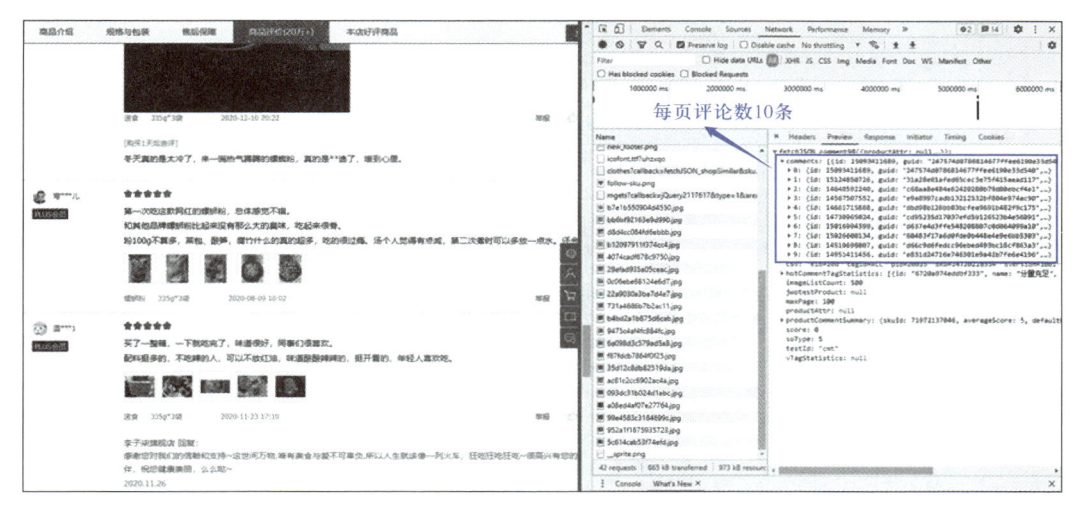

图 4-8　李子柒旗舰店网页解析 4

图 4-9　李子柒旗舰店网页解析 5

2. 代码解析

扫码获取抓包的代码。

(二) 数据预处理

1. 数据分类整理

接下来要对爬取的数据进行分类整理。

如图4-10所示,共爬取文件15个,其中文件名带"6""箱"表示6包装,一箱包装,剩下的就是3包装。

图 4-10 爬取的文件

李子柒螺蛳粉_全部评论可能会包含李子柒螺蛳粉的差评、好评、中评、追评的内容。比如6包装的全部评论可能会包含6包装的差评、好评、中评、追评。

考虑到我们的分析主体是用户的评论数据,因此,我们只对评论类型进行分类,而不考虑产品规格之间的不同。首先,汇总所有文件数据,形成一个包含3包装、6包装、一箱装的所有评论汇总文件,并从中筛选出好评、中评、差评的数据;其次,为了单独对追评数据进行分析,筛选追评文件数据,将含有追评的样本合并保存,形成追评文件数据。

> 扫码获取对数据进行分类整理的代码。

2. 数据清洗

一些电商平台为了避免某些客户长时间不进行评论,往往会设置一道程序,如果用户超过规定的时间仍然没有做出评论,系统就会自动替客户做出评论,这类数据显然没有任何分析价值。

由语言的特点可知,在大多数情况下,不同购买者的有价值评论是不会出现完全重复的,如果不同购物者的评论完全重复,那么这些评论一般都是毫无意义的。为了存留更多的有用语料,本节针对完全重复的语料,仅删除完全重复部分,以确保保留有用的文本评论信息。

通过人工观察数据发现，评论中夹杂着许多数字、字母以及特殊符号，对于本案例的挖掘目标而言，这类数据本身并没有实质性帮助。

扫码获取数据清洗的代码。

（三）情感得分

用户在撰写评论时，同时会对该评论进行赋分，在之前爬取数据时已经说明，score 有五种，其中 0 表示全部，1 表示差评，2 表示中评，3 表示好评，5 表示追评。

然而，用户的评论内容所表达出的情感积极与消极倾向与 score 可能会不匹配。因此，需要通过计算用户评论的情感得分，用于与 score 进行匹配，如果发现不一致的，需要将此类评论剔除在外。

此处，可以利用 SnowNLP 库计算用户评论的情感得分，情感得分范围是 [0,1]，数值越大说明情感越积极，越小说明情感越消极。再用这些情感得分与用户评分进行比较，过滤掉极度不吻合的评论。首先选择好评吻合度 80%~90% 的有效评论数，其次选择中评吻合度 80%~90% 的有效评论数，再选择差评吻合度 80%~90% 的有效评论数，最后把筛选后的有效数据保存到新的 csv 文件，为后面的分析做准备。

扫码获取筛选数据的代码。

经筛选后，各类型评论吻合数据与不吻合数据如图 4-11 所示，其中中评剔除不吻合数据占比近 30%，说明在用户评论中打分为中评的数据经情感得分计算表明，具有明显的情感倾向，不应被归类为中评，因此将极度不吻合的评论进行剔除。

（四）不同分词方式下的词云图分析

1. jieba 分词分析

词是文本信息处理的基础环节，是将一个单词序列切分成单个单词的过程。准确地分词可以极大地提高计算机对文本信息的识别和理解能力。相反，不准确的分词将会产生大量的噪声，严重干扰计算机的识别理解能力，并对这些信息的后续处理工作产生较大的影响。中文分词的任务就是把中文的序列切分成有意义的词。

jieba 分词是用 Python 写成的一个分词开源库，专门用于中文分词，jieba 分词主要是基

(a) 差评情绪比重

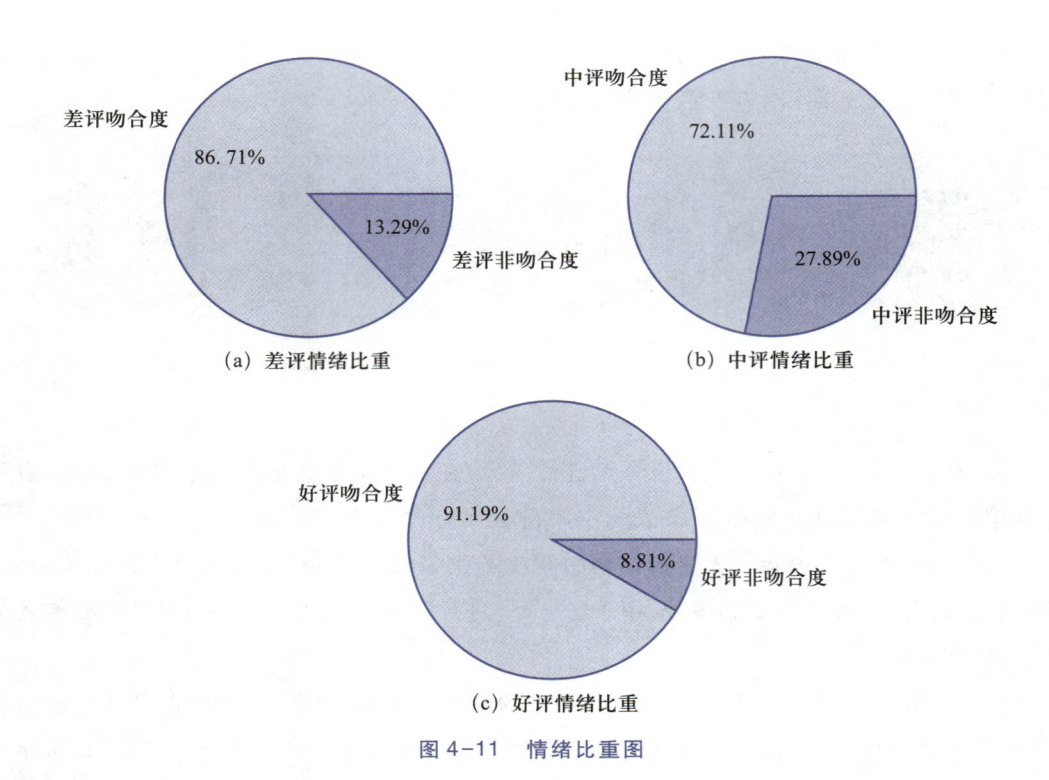

(b) 中评情绪比重

(c) 好评情绪比重

图 4-11 情绪比重图

于统计词典构造一个前缀词典;然后利用前缀词典对输入句子进行切分,得到所有的切分可能,根据切分位置,构造一个有向无环图;通过动态规划算法,计算得到最大概率路径,也就得到了最终的切分形式。

jieba 有统计好的词典,有 dict.txt.big、dict.txt.small,这里显示 dict.txt.small 词典的部分数据:词、出现的次数、词性。

同时,利用停用词文件过滤停用词,减少信息冗余,提高分析的效率和准确性。

扫码获取分词的代码。

分词结果如图 4-12 所示。

分词词云如图 4-13 所示。

2. 人工分词分析

从结果中看出,利用 jieba 词库对评论内容进行分词的效果不好。为了改进分词效果,需要构造人工词库:首先,利用 jieba 进行分词;其次,对不理想的分词结果进行人工校验,加以修改,比如:jieba 对"好吃不贵"的分词结果是"好吃"和"贵",导致词义完全相反。因此,需要利用人工词库进行分词,将分词结果更正为:"好吃""不贵"。

构造人工词库是一个非常耗时的工作。部分人工词库的数据如"大口袋、倍儿爽、不贵、

图 4-12 jieba 分词结果

图 4-13 jieba 分词词云

吃不惯、很经煮、不刺激、辣哭了"等。

扫码获取人工分词的代码。

人工分词结果如图 4-14 所示。

人工分词词云如图 4-15 所示。

3. 去除产品、店铺关键词

由于该评论文本数据主要是围绕京东商城中李子柒螺蛳粉进行评价的,其中"京东""李子柒""螺蛳粉"等词出现的频数很大,这里将这些数据清洗掉,从而得出更为准确的结论。

图 4-14　人工分词结果

图 4-15　人工分词词云

扫码获取去除关键词的代码。

去除产品、店铺关键词后的分词结果如图 4-16 所示。

去除产品、店铺关键词后的分词词云如图 4-17 所示。

（五）用户评论主题分析

从上述分词云图分析中可以总结发现，在评论中，用户较为关注的主题包括口味、包装、物流、性价比、配料五大主题。

因此，为了进一步分析用户对于各个主题的关注程度，本案例通过统计口味、包装、物流、性价比、配料的评论数，计算每个主题的比重，从中找出消费者最关注的主题。

图 4-16　去除产品、店铺关键词后分词结果

图 4-17　去除产品、店铺关键词后分词词云

扫码获取分析评论主题的代码。

五大主题环形占比图如图 4-18 所示。

从图 4-18 可以看出，用户对口味更在意，在全部样本的评论中，提到口味相关的评论占比高达 50%，其次是配料，占比约 17%，包装、物流、性价比分别占比 11% 左右。

(六) 用户评论高频词分析

统计分词结果中出现频率最高的 100 个词，并将结果保存到 csv 文件中，同时画出高频词的词云图。

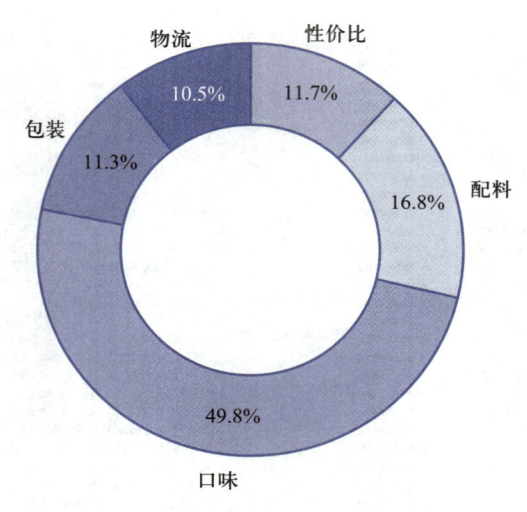

图 4-18　五大主题环形占比图

扫码获取统计出现频率高的词的代码。

高频词展示结果如图 4-19 所示。

图 4-19　高频词结果

高频词词云如图 4-20 所示。

图 4-20　高频词词云

（七）用户评论关键词分析

基于 TF-IDF 的关键词提取，如果某个词出现的频率很高（TF 越大），并且在其他文章中很少出现（IDF 越大），即 TF 与 IDF 越大，则认为这个词适合用来分类，也适合用来当作关键字。

本案例统计前 100 个关键词，并将结果保存到 csv 文件中，同时画出关键词的词云图。

扫码获取分析关键词的代码。

关键词结果如图 4-21 所示。

	关键词	权重
0	好吃	0.346473
1	味道	0.337388
2	不错	0.150896
3	喜欢	0.116294
4	包装	0.097148
..	...	...
95	日期	0.012297
96	很香	0.012265
97	客服	0.012237
98	量足	0.012219
99	差评	0.012219

图 4-21　关键词结果

关键词词云如图 4-22 所示。

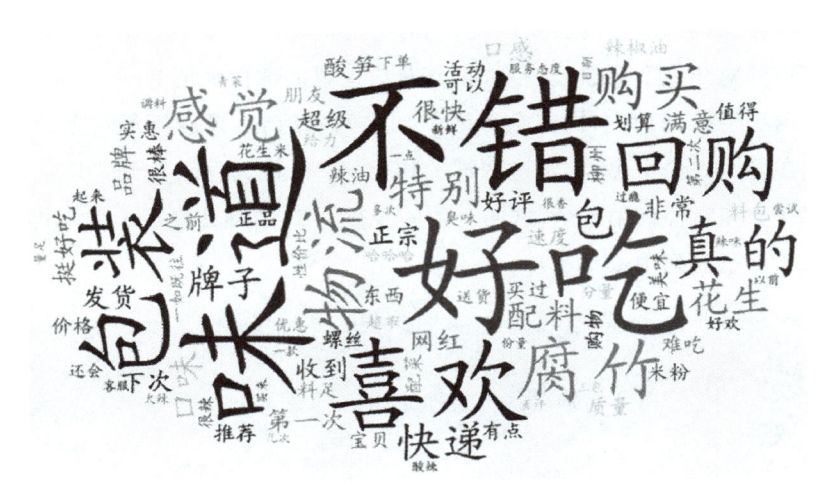

图 4-22　关键词词云

（八）语义网络分析

1. 语义网络分析概述

语义网络是一种社会网络分析的方法，由大量的常识与概念构成，用户借助微博、微信等社交媒体工具，构建联系网络，通过语义网络，识别评价主体与评论主体观点间的联系。由网络节点和有向线段组成完整的语义网络图，在图中，概念之间的从属关系用箭头的方向来表示。

当评估对象在同一评论中出现很多次时，评估对象节点越大，整个社会语义网络就没有孤立的点，并且其行为就越紧凑。

通过构建语义网络，可以将产品评论数据以网络的形式连接为一个整体，从而直观地反映出评估对象与评论之间的联系。语义网络通过一种可视化的技术来反映评价对象与评论观点之间的联系。充分挖掘评价对象与评价观点之间的联系，可以挖掘出评论主体背后潜在的、隐藏的信息。

2. 构建共词矩阵

统计高频词同时出现的次数的具体过程如下：

（1）对每篇评论作词频统计，选出排名前 10 的词，判断这些词是不是高频词。即这些词既是该条评论的高频词，同时还是整个评论的高频词。

（2）对词频统计结果求并集，结果存入一个字典中，keys( ) 为词，values( ) 为每个词的词频。再将所有特征词存入 full_feature_word 列表中，其对应的词频存入 full_feature_weight 列表中。

（3）建一个二维矩阵 fommon_matrix，其大小为：总特征词词数×总特征词词数（也就是共词矩阵）。其横竖分别对应总特征词中的每个词，例如矩阵第 3 行第 5 列的数值即代表，特征词第 3 个与特征词第 5 个的关系程度，同时它的值也等于该矩阵第 5 行第 3 列的值。

（4）共词矩阵对角线上元素是自身，把其对应位置的数值赋值为 np.nan。

（5）循环遍历特征词列表，构建全部两个词之间的组合，再遍历每一条评论分词结果，如果这两个词在同一评论中出现，则这两词的权重+1，再将其存入共词矩阵的对应位置中。例如特征词第 6 个和特征词第 8 个，这两个词的权重为 3，则将其权重 3 存入共词矩阵的第 6 行第 8 列和第 8 行第 6 列中。

扫码获取构建共词矩阵的代码。

共词矩阵变形如图 4-23 所示（部分展示）。

	A	B	C	D
1	共同出现	共同出现	共同出现次数	
2	味道	不错	254	
3	不错	味道	254	
4	味道	好吃	221	
5	好吃	味道	221	
6	好吃	很好	188	
7	很好	好吃	188	
8	很好吃	很好	164	
9	很好吃	好吃	164	
10	很好	很好吃	164	
11	好吃	很好吃	164	
12	味道	喜欢	149	
13	喜欢	味道	149	
14	味道	很好	146	
15	很好	味道	146	
16	第一次	第一	136	
17	第一	第一次	136	
18	好吃	喜欢	107	
19	喜欢	好吃	107	
20	味道	包装	106	
21	包装	味道	106	
22	好吃	不错	102	
23	不错	好吃	102	
24	感觉	味道	96	

图 4-23　共词矩阵

3. 语义网络图

语义网络图能清楚展示节点与节点之间的关系分布,揭示出主要问题之间的潜在关联。

扫码获取绘制语义网络图的代码。

语义网络图如图 4-24 所示。

（九）案例总结

1. 研究发现

以李子柒京东旗舰店螺蛳粉产品的 9 个月评论为数据爬取对象,采用文本分析法对李子柒螺蛳粉产品进行用户舆情分析,经过数据去重、清洗之后,得到用户评论的分词结果词云图、词频表、高频特征词以及语义网络等分析结果,主要得到以下结论。

（1）制作工艺精良,口味深得人心。从全评分析中的词云图、词频表可以看出,"味道"这一关键词是用户评论的核心;从全评分析中的语义网络图中可以看出,与"味道"同时出现的相关关键词主要是"喜欢""不错""特别""满意""好吃"等;进一步,通过对用户情感分析发现,在全部评论中,大部分用户对李子柒螺蛳粉的评价结果都是正面评价。综上表明,李子柒螺蛳粉味道符合大众喜好,同时与其宣扬的健康生活理念一致,其汤底用螺蛳和鲜肉大

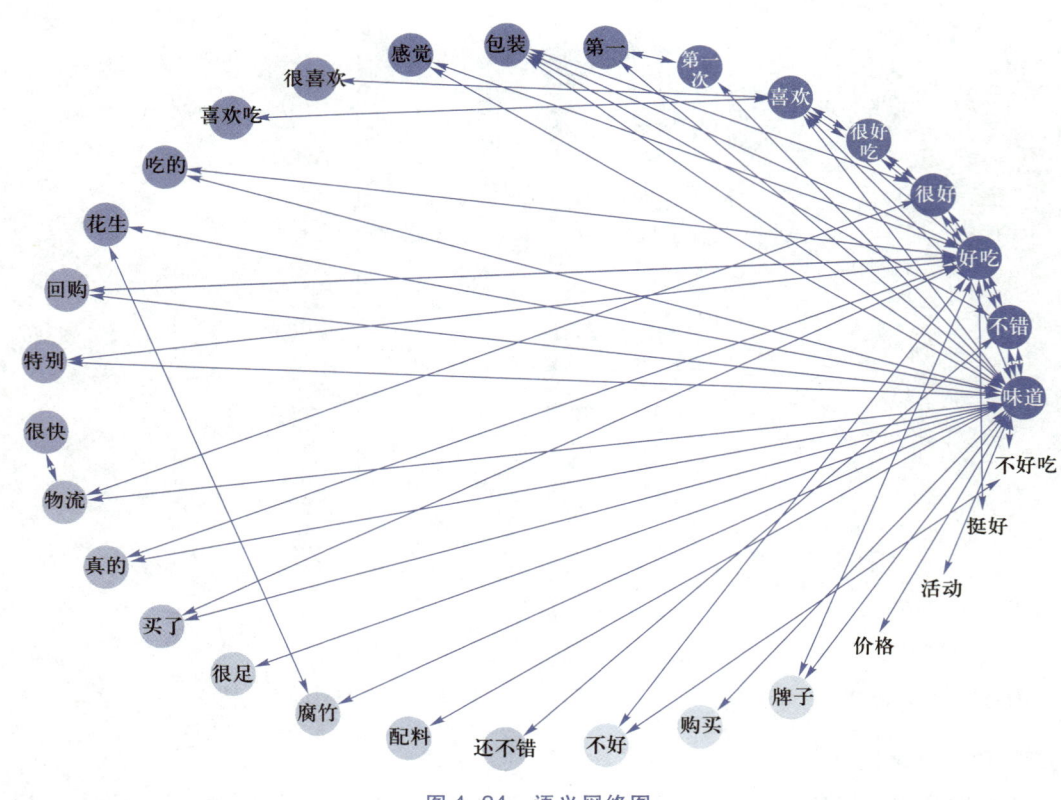

图 4-24　语义网络图

骨煮成,味道浓郁,同时在香浓的口味加入了酸笋去除油腻,口味酸爽,深受用户喜爱。

(2) 独特风味欠缺,品质有待提升。从全评分析中的词云图、词频表可以看出,组成螺蛳粉配料的相关词语构成了仅次于"味道"的关键词词组,包括"腐竹""花生""辣椒油""配料"和"酸笋",这说明除了整体口感味道,用户对于配料的在乎程度也很高;但是,在全评分析中的共词矩阵与语义网络图中,仅出现了"花生米"这一关键词,而更能代表柳州螺蛳粉独特风味的"腐竹""酸笋"等关键词并未出现,由此可见,尽管李子柒螺蛳粉配料十足,但其独特风味可能有所欠缺。

此外,从差评分析中的词云图、词频表可以看出,在不认可的用户中,也反映了"花生""腐竹""酸笋"等关键词,与上述结果一致,一定程度上表明部分用户认为李子柒螺蛳粉并没有做出柳州螺蛳粉所特有的口味。与此同时,从差评分析中的共词矩阵与语义网络可以看出,与"腐竹""花生"相关的关键词有"不脆""难吃""不酸""不新鲜"等,由此可见,李子柒螺蛳粉的配料品质还有待进一步把控、提升。

(3) 包装独具一格。从全评分析中的词云图、词频表可以看出,"包装"是用户评论中的第三大关键词词语,由此可以看出,用户之所以选择李子柒品牌的螺蛳粉,不仅满足于产品的质量,而且对产品的外在形象也十分在乎。李子柒螺蛳粉作为一款拥有网红 IP 的美食,其包装设计直接融和当下极具话题感的产品"螺蛳粉",两种风格碰撞使得产品更有韵味,与此同时,背景插画加入历史性建筑,深浅分明的配色布局抓住了李子柒品牌螺蛳粉亮点,优美悠长的米粉线条设计增加了画面延展性,使得整体视觉充满了老城的烟火气息。独具一格的包装设计可能也是用户选择的关键所在。

(4)物流高效快速。从全评分析中的词云图、词频表可以看出,"快递""物流"是用户评论中的第四大关键词,结合全评分析中的共词矩阵与语义网络分析可以发现,用户对于物流的评价是"很好""很快",这说明用户在李子柒京东旗舰店购买螺蛳粉的配送体验感很好。

(5)定价实惠公道。从全评分析中的词云图、词频表可以看出,虽然"实惠"一词未出现在用户评论关键词前20位,但在词云图中也能看到"很划算""实惠"等代表产品定价受顾客喜爱的关键词。与此同时,在共词矩阵中,与"实惠""便宜""优惠"等共同出现的主要关键词是"味道",说明用户在享受良好口感的同时,对产品的定价也十分满意。

2. 企业战略建议

(1)产品定位战略。柳州螺蛳粉以"鲜、酸、爽、烫、辣"而闻名,也是它的独特之处。它由柳州特有的软韧爽口的米粉,加上酸笋、花生、油炸腐竹、黄花菜、萝卜干、鲜嫩青菜等配料及浓郁适度的酸辣味和煮烂螺蛳的汤水调和而成,因有奇特鲜美的螺蛳汤,使人口齿留香。

面对日益激烈的市场竞争环境,为了长久地保持市场竞争地位,李子柒螺蛳粉必须重新审视产品定位,不能只是简单的提升整体口感,还需深入剖析螺蛳粉产品的独特口味,严格把控生产各环节,从米粉选料生产、配料选料生产到组合包装的整个过程都需要做好高品质把控。不但要讲究单独配料的品控、口味、保质期等,还要讲究产品组合后的整体口感,将产品定位与柳州螺蛳粉的独特之处融合。

(2)品牌定位战略。据报道,2019年,"李子柒"与"柳州螺蛳粉"两大"网红"的合体成果显著,李子柒发布螺蛳粉制作视频全网播放量超过1.5亿、外网播放量超过5500万。巨大的宣传效果让李子柒牌螺蛳粉刚刚上线就非常火爆,之后销量更是迅速蹿升,2019年,月销量稳定在60万单以上,位居全行业排名第一。据不完全统计,李子柒品牌的销量远超其后几个品牌的销量总和,占据行业市场一半以上份额。

然而,销售的急剧增加也容易将许多原本不那么容易被察觉的小问题被放大,正如上文所分析的,李子柒螺蛳粉的配料虽然十分丰富,但配料的品控却令人担忧。这可能是因为不断增加的订单让代加工厂商在短时间内完成了工人扩招,于是产品的质量问题就出来了,接连被曝出花生、腐竹等配料出现问题。

因此,为了解决以上质量危机,对螺蛳粉品质的把控是必须立刻解决的一大问题,毕竟质量才是企业长久立足之本,特别是对于网红品牌来说。李子柒需要深入柳州,进一步深入推进螺蛳粉口味研发、品质溯源、原料品控,将网红品牌与柳州品牌联合起来,让李子柒螺蛳粉打响柳州螺蛳粉品牌,同时让柳州螺蛳粉产业借助李子柒网红效应走向全国乃至全世界。

(3)产品包装多元化战略。快消品行业中,各类食品饮料品牌和产品像雨后春笋般崛地而起,在众多产品中能够增加辨识度,快速抓住消费者的眼球,就成为抢占市场的必要法宝之一。有创意的包装设计会成为客户对产品"一见钟情"的一大武器。通过分析发现,用户对李子柒螺蛳粉的选择在一定程度上取决于螺蛳粉的包装设计。因此，为了更好地抢占市场，抓住消费者需求，李子柒需要紧紧把握市场对于产品外包装的喜好和潮流变化，以大数据为依据，在一定程度上，设计出既符合大众喜好、又不失螺蛳粉独特风味的包装设计，以此来获得更好的口碑和市场反应。

（4）全面售后服务战略。从词云分析来看，除了螺蛳粉的味道和配料以外，顾客还在意李子柒旗舰店的客服服务质量与下单后产品的物流速度。随着网络购物的兴起，网店的经营也日渐火爆，竞争也非常激烈。而在一个快速发展的时代，人们的生活节奏、购物节奏都比较快，随之而来的就是对网店客服的要求也越来越高，对客户问题的回复，不仅要反应迅速，还需要训练有素、统一答案。这样会提高客户浏览产品的满意度，提高成交率，也会提高客户的回头率。

下单后的物流配送速度快，也会提升客户的购物体验。客户在李子柒京东旗舰店螺蛳粉下单后，基本上1~2日内会送达，这会大大提高客户的满意度。而保证物流速度的同时，就是保证一定量的库存，螺蛳粉有保质期，为了让客户吃到新鲜的螺蛳粉，旗舰店在库存方面也要加强管理，避免库存积压过多而导致的企业资金周转困难，或库房面积的紧张，同时也要避免库存不够导致的发货速度慢，客户满意度下降。

思考题

1. 大数据时代下企业商业模式的变革表现在哪些方面？
2. 企业战略管理如何应对大数据时代的冲击？
3. 企业如何利用舆情分析开展战略管理工作？

第五章

基于大数据的企业全面预算管理

第一节 大数据背景下企业全面预算管理体系的构建

大数据的出现为企业实施更为有效的全面预算管理提供了坚实的物质基础，而云计算则进一步为企业全面预算管理提供了更为高效的工具，为企业提升预算执行效率赋能。

目前，社会各界对云计算的概念还未达成共识，不同主体针对云计算存在不同理解，定义也有所差异。美国国家标准与技术研究院认为，云计算是一种由需求决定，通过网络访问云系统中的计算资源共享池，从而能够获取网络、服务器、应用和服务等资源的共享交互使用模式。中国云计算网认为，云计算是一种将计算任务分布在大量计算机构成的资源集上并以统一界面同时向大量用户提供服务的新兴商业计算模式。无论云计算如何被定义，有一点是各界能达成共识的，即云计算是虚拟化技术与计算模式的综合体。可以这么认为，云计算等新兴技术是解决大数据问题的核心。

全面预算管理是利用预算工具对企业内部各部门、各单位的各种财务及非财务资源进行分配、考核、控制，以便有效地组织和协调企业的生产经营活动，完成既定的经营目标。融入大数据和云计算后，并不会改变全面预算管理所要达成的目的，但会改进为达到目的所采用的方式方法，进一步对全面预算管理体系的构建产生影响。表5-1展示了大数据背景下基于云计算的企业全面预算管理体系的构建。

表 5-1　大数据背景下基于云计算的企业全面预算管理体系的构建

环节	传统内容	大数据和云计算的赋能
经营计划管理	该环节能够驱动业务部门在预算编制之前先进行经营计划编制,对经营计划进行审视和评价,并推动业务部门进行经营计划优化和完善	(1) 大数据和云计算能够帮助验证业务部门在资源投资上的交易及事项的真实性,能够开展更为清晰的资源投向和业绩达成的相关性分析,从而使得财务部门有能力对资源配置投向进行评价。 (2) 大数据和云计算能够为建立复杂、完善的分析预测模型提供物质保障,能够开展大量复杂场景下的敏感性分析。这将使得预算预测的可靠性和对未来复杂不确定性的预判能力都得到大幅提升。 (3) 基于大数据和云计算的全面预算管理将存在更为丰富的控制逻辑,在不同的场景下选择差异化且更合适的控制机制,实现预算的柔性管控
预算编制管理	设定完经营计划后,财务部门会同业务部门进行预算编制,根据企业的实际情况选择不同的预算编制方法和预算编制周期,需要采用多维度、系统化的预算编制,同时根据实际情况对预算进行灵活高效的调整	
预算预测管理	该环节能够对未来的经营情况进行预测模拟,基于拟配置的预算资源,对未来的资产负债、损益情况进行预测,并能够基于不同的资源配置进行敏感性分析。能够支持对管理口径和法人口径的预算预测	
预算执行管理	该环节能够对预算的执行情况进行有效的过程管理,针对不同的预算维度实施执行控制,将预算执行结果及时地反映给预算账户管理人,并能够进行及时的预算过程执行分析。针对特定类型的预算能够提供更为复杂的执行和控制管理	
预算分析管理	该环节能够进行多层次的预算分析,预算分析能够覆盖多维度、多时间周期。能够针对不同周期,提供事后分析和实时分析的支持,形成预算分析报告,并对预算分析异常事项展开专项分析	
预算组织管理	该环节能够建立健全预算管理组织,预算组织应该涵盖管理层与执行层、财务与业务,预算组织应当根据需要灵活地构建实体组织与虚拟组织。能够有完善的预算组织机制,涵盖职责、管控关系、架构和岗位、运作机制等	
预算流程管理	该环节能够建立完善的预算管理流程,在预算管理生命周期的不同阶段针对各项预算的相关工作建立标准业务流程,推动流程有效执行,并实施监控	
预算系统管理	该环节能够建立有效支持预算编制、预算执行控制、预算分析等预算管理工作的信息系统,实现预算编制所需要的参考数据的系统对接,实现预算执行数据的有效对接。能够建立完善、有效的预算系统管理和维护机制	

第二节　大数据背景下的企业全面预算管理

一、大数据背景下的预算编制

目前,企业中的预算编制水平可以通过大数据来进行提升。在传统的企业中,不管是预算计划的制定还是预算审批的展开,都是通过人工来管理的,使用人工方法不仅增加了企业预算编制上所耗费的时间,还会造成预算编制的准确性和时效性降低。由于大数据时代的不断推进,企业可以通过互联网来实现信息资源共享与集成,这无疑奠定了企业应用上下相结合预算制定方法的基础,其不仅可以利用互联网平台来进行企业年度财务预算目标,还可以和诸多数据资源相结合,以此来保证在预算编制过程中所需的参考依据。除此之外,通过对不同信息平台的使用,企业内部各个部门可以从中获得更加复杂多样的预算政策与规定,在结合企业需求的前提下,制定出新的企业预算方案,同时把预算方案传到企业内部的信息平台上,并最终达到减少预算时间的目的,从而让编制效率也有所提升。

当前,大数据在数据范畴中所能掌握的数据较以往的要更多且更加准确,因此在进行预算编制的时候也会更加精确;然而由于数据的多样性,大数据除了依赖于传统预算中的财务数据之外,还包含音频、视频、地理位置、实践范围、温度与湿度等各种数据信息,与此同时,还可以实时更新数据,从而第一时间掌握行业内的资料。当进行数据提取的时候,数据表面的现象显而易见,因此,可以通过对各种数据关系的探究,从而获得潜在数据表中的重要信息,以此来提供一个新的思维方式给企业全面预算使用。

一般情况下,传统的企业预算可以利用预算执行的反馈结果来进行编制,然后再进一步由上至下传达与执行,但是这样一来,不单在预算准确性上受到一定程度的影响,还会导致预算执行效率大大降低。在大数据时代背景下,通常都可以从数据平台中获取财务或资金数据,以及业务与管理数据,然后再进行编制预算,当将下一年度的预算信息合理预测之后,就可以通过大数据平台中的各种信息在预算编制过程中做出实时调整,因此,在企业运营过程中,可将全面预算管理体系的作用发挥到最大值。

(一) 构建预算目标

在企业预算编制中,预算目标的制定起着十分重要的作用,是企业预算编制的关键所在。制定全面预算,就是为了让企业资源都获得最大化利用,以此来实现企业的战略目标。通过预算目标将战略目标进行具体化的分解,同时使其形成更加有效的预算管理。如今可以通过信息化平台从多个角度来分析企业内外部环境,从而保证其预算目标更加精确完整,同时利用预算目标的编制与执行,以此来对企业预算管理过程进行规范。

(二) 规范预算编制流程

在以信息化为基础的条件下,全面预算管理模型可以凭借互联网技术对预算组织结构进行调整,然后根据企业内部不同的部门需求编制预算方法。传统企业中的预算编制通常都是采用由上而下再由下而上的方式,但在大数据背景下,一般会利用信息化平台,重新构建并完善预算编制,这一方式基本上都是针对其过程中不同的预算方案,或者预算项目等诸多方面来进行的。

与此同时,在制定下一阶段预算目标时,可利用预算数据的反馈信息进行相应的调整,从而尽可能减少不必要出现的环节,让预算流程更加完善。不仅如此,还将预算流程编制的运行质量大大提升。这样一来不仅让预算编制能够在有效的推进下成为现实,还可以无形当中使预算编制流程更加严密,最终使企业经济效益能够获得保障。

二、大数据背景下的预算执行

传统的预算过程在某种程度上造成企业信息技术在相互联系方面效率低下,从而造成规范化管理的短缺、预算流程的烦琐以及后续审核缓慢等诸多方面的问题。当企业应用大数据之后就依附于计算机平台,从一个层面上很好地利用了数据的内部环境,还有对创建战略分析模型与优化内部管理的利用,并且在信息系统治理的过程中实现高效的管理预算;而从另一个层面上必须要在预算执行与调整的过程中,不断提升企业自身的数据管理能力,只有这样才能尽可能地降低人为因素在企业预算过程中产生的影响,最终让企业降低风险,从而精确地掌控预算的下达与执行,以此来确保预算执行效率的提升。

针对预算执行体系而言,目前的大数据环境实时地为企业提供了更加便捷的有利条件。当企业开始进行各部门预算执行工作的时候,大数据的管理中心也与此同时对所有预算执行的数据开始进行数据采集,并实时对其进行监控与分析,如此一来,只要有与原本预算不一致的差异现象出现,就可以及时将差异的原因进行相应的分析,并进行及时的反馈,然后各个部门通过反馈回来的数据,再同实际的情况相结合,第一时间进行相应的调整,最终将这部分反馈数据传达至关联部门,以避免各部门之间出现信息不对称的情况。

在全面预算管理模式中,一般利用 ERP 管理系统进行创建,当对预算管理制定企业战略目标时,就可以实现实时监控。在凭借互联网形成的闭环管理系统中,通常在各个主要部门会形成一个有效集成,其主要包括采购部门、财务部门、销售部门和人力资源部门等,这样就能在不同的预算执行部门中充分实现全面监督控制与信息的及时反馈。

一旦市场环境或政策出现变动,大数据管理中心就会根据实际的变动现状,向预算管理部门与预算执行部门进行及时的反馈,促使他们及时做出适当的调整;倘若遇到数据的差异性较大,或者发生突发情况,大数据管理中心也会及时地做出预警提示,以便可以更加及时地进行相应的调整。

(一)预算审批

对于预算审批而言,第一,必须针对风险的节点进行严格控制,并明确划分好责任;第二,必须要及时应对一些重复审批或越权审批状况的发生。不仅如此,还要在充分利用大数据的同时,让企业在整体预算审批过程中增加公开透明度,与此同时,实时监控预算审批的全部流程,以此来应对极有可能会发生的突发情况,然后利用审批权限中转移的方式将意外状况的发生尽可能降至最低,并保证可以顺利进行预算审批的全部过程。

(二)预算控制

在预算管理工作中,预算控制是必不可少的一项,其可以直接影响预算执行的最终效果。而全面预算管理在如今大数据环境中无疑对企业项目管理的环节起着预算控制的作用,不仅如此,还可以将预算分析工作在整体流程中展开。但是由于全面预算控制的开展在一定程度上与全面控制细节的定义存在着差异,必须凭借重点监控的方式才能实现预算目标并应对较高的风险环节,而会选择监控简化的方式来应对风险较低且相对简单环节中成本的控制问题。

(三)调整预算

在大数据时代的推进下,企业财务预算的准确性和及时性等诸多方面都有着不同程度的改善,但这其中也不乏包括了许多需要改进的方面。由于企业在大数据环境中还不具备完全掌握数据信息的条件,再加上从主观意识上其相关预算人员素质还有待提升,当遇到一些无法避免的情况时,就会导致预算编制受到影响。因此,必须要根据出现的问题来进行调整,并及时提出反馈建议,以尽可能地将风险降至最低。

在进行预算编制的实际过程中,通常都会将预算目标作为制定基础从而编制预算方案,并及时采取措施对其产生的风险或存在的问题等各个方面进行调整,保证企业可以进一步将编制预算的目标方案实现。不仅如此,还必须要找出导致差异出现的因素,及时调整那些不合理的预算指标,并在一定的时间内借助计算机平台将其传达到相关部门当中,最后监督其开展进程。至于那些可能产生预算差异性的节点,就必须对其数据及时进行跟踪并定位负责人,以此来为企业提供有效依据、进行绩效评价和优化监督措施。

三、大数据背景下的预算评价

将企业中日常业务与预算管理相结合,是全面预算管理当中最为突出的一个特点,继而形成一套预算管理体系,其主要包括了战略目标、全面预算和绩效管理。在这其中用以确保预算编制与执行能够顺利展开的前提条件为预算考评体系,拥有一套好的预算考评体系,不仅可以让各部门都能将积极性发挥到最大限度,同时还可以使预算流程控制得当,并保证企业总体战略目标的实现。

在企业预算评价体系中,最为关键的一项是对预算考评体系的创建,其可以借助平衡计分法这一考评指标,从财务、客户、内部流程与学习和成长这四个层面对全面预算管理考评进行考核。而在这其中对于企业所有部门中全体员工的考核,则是考评体系中尤为重要的一点。在当下由于大数据平台的不断普及,其动态数据可以及时进行更新并实时进行监控,再加上将其与平衡计分卡中多个维度相结合,在预算评价体系前提下的企业员工考评将会更加客观且全面,同时还能根据不同部门的不同需求,然后及时调整指标的数量与权重,促使预算评价体系可以更加合理有效,并将员工的积极性激发出来。通常在预算期末进行预算评价考核都会从两个部分将其划分,其主要包括预算执行结果评价和预算执行过程评价。

(一)预算执行结果评价

一般情况下会从平衡积分卡的四个维度来对预算执行结果进行考核与评价,即财务、客户、运营、成长四个方面,同时将其与行业平均数据和企业竞争数据进行比较分析,从而获得预算执行效果的最终评价。

(二)预算执行过程评价

在执行预算的过程中,由于大数据管理中心会对每一项活动过程的数据进行实时采集,因此,可以通过预算执行过程,把预算执行效果与执行效率结合起来进行评价。例如,利用预算的实施情况来分析预算完成周期或预算可信性,以及各部门预算执行能力等诸多方面;还可以利用预算执行期间的各项调整记录,或者突发事件的处理数据,来分析企业的预算执行调整能力和危机应变处理能力,以及其预算预警机制与适时调整机制是不是较为完善等,进而为接下来的全面预算编制调整提供更多的数据依据。

大数据平衡计分卡模型提供了更加可靠的数据,以使全面预算体系更加有效地运转,继而让全面预算管理的效率有所提升,同时获得更加准确且完整的评价结果。但也会导致数据的使用者和数据管理系统受到更加强大的挑战。尽管大数据时代背景下的数据已经将其潜在的价值最大化地挖掘出来,但是面对这庞大的数据规模,致使其数据价值的密度相对较低,此时就必须要求数据使用者自身具备十分强大的数据挖掘与分析能力,从而获得真正对企业本身具有价值意义的数据。显而易见的是,数据管理者面对这样的形式必须具备极强的逻辑思维,并从海量的数据当中深入挖掘,获得更多来自不同类型数据之间的复杂联系,以此提供更有价值的信息为企业所用。不仅如此,还必须要使数据管理系统具备更加强大的实时更新能力,第一时间采集数据,并将大数据的价值在全面预算体系中充分发挥出来。

第三节 大数据背景下的销售价格预测

一、全面预算体系

各种预算是一个有机联系的整体。一般将由业务预算、专门决策预算和财务预算组成的预算体系,称为全面预算体系。在业务预算中,销售预算的编制是整个预算的编制起点,其他预算的编制都是以销售预算作为基础。

销售预算是指在销售预测的基础上编制的,用于规划预算期销售活动的一种业务预算,其主要内容是销量、单价和销售收入。在大数据背景下,可以通过大数据算法来实现价格的预测,使预测结果更加精准、有效。

二、销售价格预测

(一) 价格预测的意义

价格预测是根据各种价格资料,运用科学方法,对市场价格运动状况及其变化趋势做出符合客观规律的判断和推理,为销售预测、利润预测、资金需要量预测及价格决策提供依据。价格预测从范围上,可分为宏观预测和微观预测。前者以社会全部商品价格变动情况为对象;后者则以某种或某类商品价格变动情况为对象。从时间上,价格预测可分为长期预测和短期预测。

1. 价格预测的基本环节

首先需要确定预测目标,即通过对各种因素的通盘考虑,正确选择所要了解的情况和所要解决的问题。其次,收集预测资料,即通过价格信息系统和其他各种渠道,尽可能全面、真实、系统、具体地掌握预测所需要的精确数据。再次,选择预测模型,即根据不同的预测目标和精确程度的要求,选择相应的预测方法,如时间序列、多元回归、朴素贝叶斯等。最后,做出预测结果的报告和判断,即对所预测的结果进行科学的分析、判断、论证和评价。

2. 影响价格的因素

影响价格的因素有很多,主要有国内外市场的供需状况,价格的变动趋势,所处地域对价格的影响,该产品升级换代的速度,新技术、新材料产品和新的替代产品的出现,国内外税费、利率、汇率的变化、贸易壁垒对价格的影响,生活水平和消费习惯改变,某些因素导致生产成本的变化以及经济政策的变化等。

3. 价格预测模型

传统的价格预测方法有定性预测法、因果预测法、价格指数预测法、价格弹性预测法、成本利润预测法等。在大数据时代,应用大数据技术,可以选择时间序列、回归分析、决策树以及神经网络模型来做价格预测。基于多元回归分析的原理简单,速度快,因此多选择多元回归模型来做价格预测。

(二) 回归分析

1. 概念

回归分析是研究一个变量关于另一个或者多个变量之间具体依赖关系的计算方法和理论。在大数据分析中,回归分析是一种预测性的建模技术,它研究的是因变量和自变量之间的关系。这种技术通常用于预测分析。

举个例子,如果你近期想买个房子,那么就要知道你需要准备多少钱买房。首先要考虑的是房屋面积是多少,在什么地理位置,附近有什么学区房或者便民菜站,然后还要考虑最近有什么国家政策、税收政策等。当收集这些信息后,才能去预测未来的房价趋势。这些就是自变量与因变量。自变量是解释的变量,比如房屋面积、地理位置、国家政策等;因变量是被解释的变量,比如房价等。

2. 分类

回归分析按照涉及变量的多少,可分为一元回归和多元回归分析;按照自变量和因变量之间的关系类型,可分为线性回归分析和非线性回归分析,如图5-1所示。

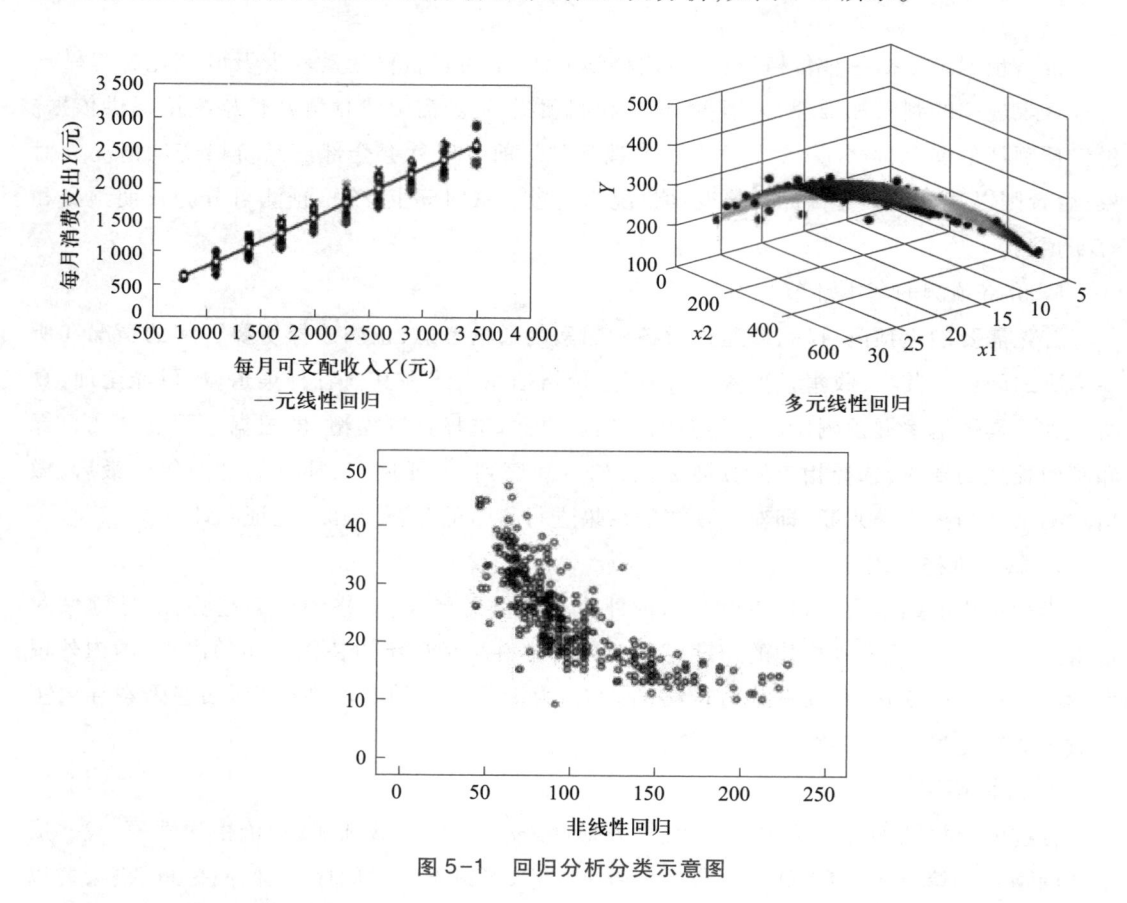

图 5-1 回归分析分类示意图

3. 一元线性回归分析

一元线性回归是描述两个变量之间相关关系的最简单的回归模型。自变量与因变量间的线性关系的数学结构通常用下面公式表达：

$$y = \beta_0 + \beta_1 x + \varepsilon$$

其中两个变量 y 与 x 之间的关系用两部分描述。一部分是由于 x 的变化引起 y 线性变化的部分,即 $\beta_0+\beta_1 x$,另一部分是由其他一切随机因素引起的,记为 ε。β_0 和 β_1 是未知参数,β_0 为回归常数(又称截距),β_1 为回归系数(又称斜率),ε 表示其他随机因素的影响。一般假定 ε 是不可观测的随机误差,它是一个随机变量。若随机误差 $\varepsilon \sim N(0,\sigma^2)$,称为一元线性正态回归模型。

若需要对模型中的参数 β_0、β_1 进行确定,可以使用最小二乘法进行求解。即找出一组对应变量的相应参数,以使因变量的实际观测值与回归方程的预测值之间的总方差最小。最理想的回归直线应该尽可能从整体来看最接近各实际观察点,即散点图中各点到回归直线的垂直距离,如图 5-2 所示。

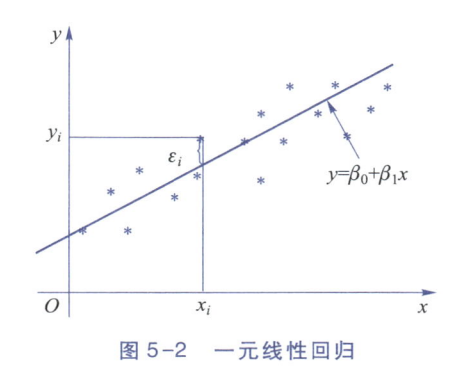

图 5-2　一元线性回归

4. 多元线性回归分析

多元线性回归是描述多个变量之间相关关系的回归模型。自变量与因变量间的线性关系的数学结构通常用下面公式表达：

$$y = \beta_0 + \beta_1 x_1 + \beta_2 x_2 + \beta_3 x_3 + \cdots + \beta_k x_k + \varepsilon$$

这里把 $\beta_0, \beta_1, \beta_2, \cdots, \beta_k$ 称为回归参数。回归分析的基本任务是：

任务 1：训练集-用来训练与拟合模型；数据量大概占总样本的 50%～70%；

任务 2：验证集-用于调整模型的参数和对模型的能力进行评估；

任务 3：测试集-用来检验最终选择模型的性能如何。

5. 线性回归应用中的注意事项

算法对于噪声和异常值比较敏感,因此,实践应用中,回归之前须尽力消除噪声和异常值,确保模型的稳定和准确度。

算法只适合处理线性关系,如果自变量和因变量之间有比较强烈的非线性关系,直接利用多元线性回归不合适的,应该对自变量进行一定的转换,如取对数、开平方、取平方根等。

除此之外,多元线性回归还应满足一些前提假设,如自变量是确定的变量,而不是随机变量,并且自变量之间没有线性相关性的,随机误差项具有均值为 0 和等方差性,随机误差呈正态分布等。

三、实战演练

(一) 案例引入

2019 年 10 月 8 日,在某公司的业务经营分析会上,管理层要求财务总监预测下一期其主营产品铁精粉的销售价格,为编制下一期的销售收入预算提供数据支持。即任务目标是利用多元回归算法预测铁精粉的销售价格。

实现以上任务目标,需要以下四步：第一步,确定销售价格的影响因素；第二步,收集影响因素的历史数据；第三步,对收集的数据进行清洗；第四步,使用多元回归算法进行价格预测。

（二）确定销售价格的影响因素

如前所述，一般影响销售价格的关键词就是成本、产量、国际贸易价格、下游需求、替代产品、产品库存变化、国家相关政策、宏观经济形势等。

本次确定的影响因素为：国内市场价格、下游钢材产量、下游钢材价格、国家政策。也可以定义其他的影响因素，但是在定义时，一定要注意这些影响因素历史数据的可获得性。

（三）收集影响因素的历史数据

收集影响因素的历史数据，比如"国内市场价格"，可以直接从网上获取（比如铁精粉的市场价格，"钢易网"上有每天的价格）。

国家政策的数据，是收集对应期间有无和铁精粉、采矿等相关的政策发布，如果有，就标注为"1"，没有就标注为"0"。如果某些期间发布了多项政策，也可以输入政策条数数据。

（四）数据清洗

在收集数据时，可能某些月份的数据收集不到，数据表中存在空值，如图5-3所示。

日期	公司销售价格	国内市场价格	下游钢材产量	下游钢材价格	政策影响
2015/01	498.58	570		2550	0
2015/02	492.40	630	8,240.20	2503	0
2015/03	491.53		10,510.10	2462	0
2015/04	445.60	620	10,409.50	2423	0
2015/05	449.92	590	11,766.20	2383	1
2015/06	447.60	530	12,848.10	2356	0
2015/07	447.47	530	12,619.00	2135	0
2015/08	426.71	535	12,381.40	2095	0
2015/09	426.47	535	13,156.40	1955	0
2015/10	424.33	427.5	12,534.80	1837	0
2015/11	394.48	420	11,753.30	1782	0
2015/12	367.93	335	11,967.20	1628	1
2016/01	345.31	305		1821	0
2016/02	333.88	325		1816	0
2016/03	397.84	365	9,815.80	1975	0
2016/04	402.30	427.5	10,256.70	2140	0
2016/05	440.08	455	10,754.10	2545	0
2016/06	406.27	385	12,106.40	1975	0
2016/07	394.19	395	11,574.30	2341	0
2016/08	423.77	430	11,506.90	2420	1

图5-3 价格影响因素表

这些空值我们可以用清洗规则中的缺失值填补，填补方式为"均值填补"（即用该列的平均值填充）。

数据清洗的具体操作步骤如下。

步骤一：上传数据。进入数据清洗界面，单击【选择数据源】，左侧会出现一个上传数据的界面，单击【上传数据】，把收集到的数据进行上传，上传完毕后，对所上传的数据进行查看。如图5-4所示。

注：如果没有收集数据的同学可以参考资源下载区的"价格预测数据-历史数据"，先将该数据表格下载到本地计算机上，然后进行上传。

步骤二：配置清洗规则。如图5-5所示，单击【配置按字段清洗规则】，左侧会出现添加

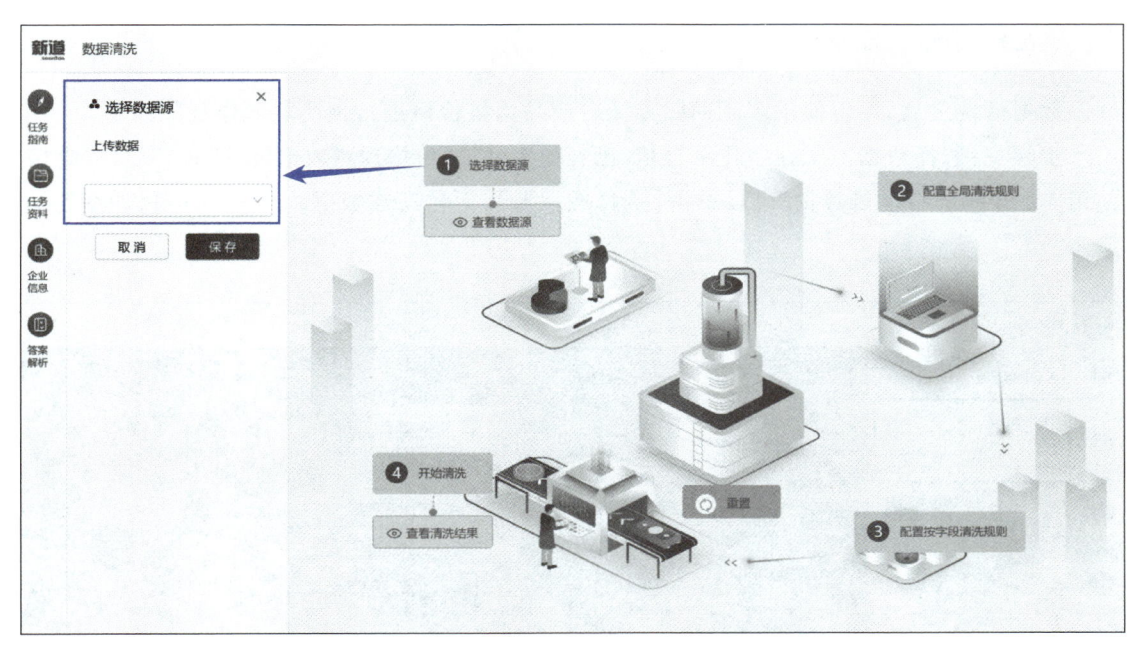

图 5-4 上传数据

规则,单击【添加规则】,选择下拉菜单中【缺失值填补】,单击【加号】,选择填补字段内容,本案例可以选择国内市场价格、下游钢材产量、下游钢材价格,填补方法为【均值填补】,设置完毕后单击【保存】。

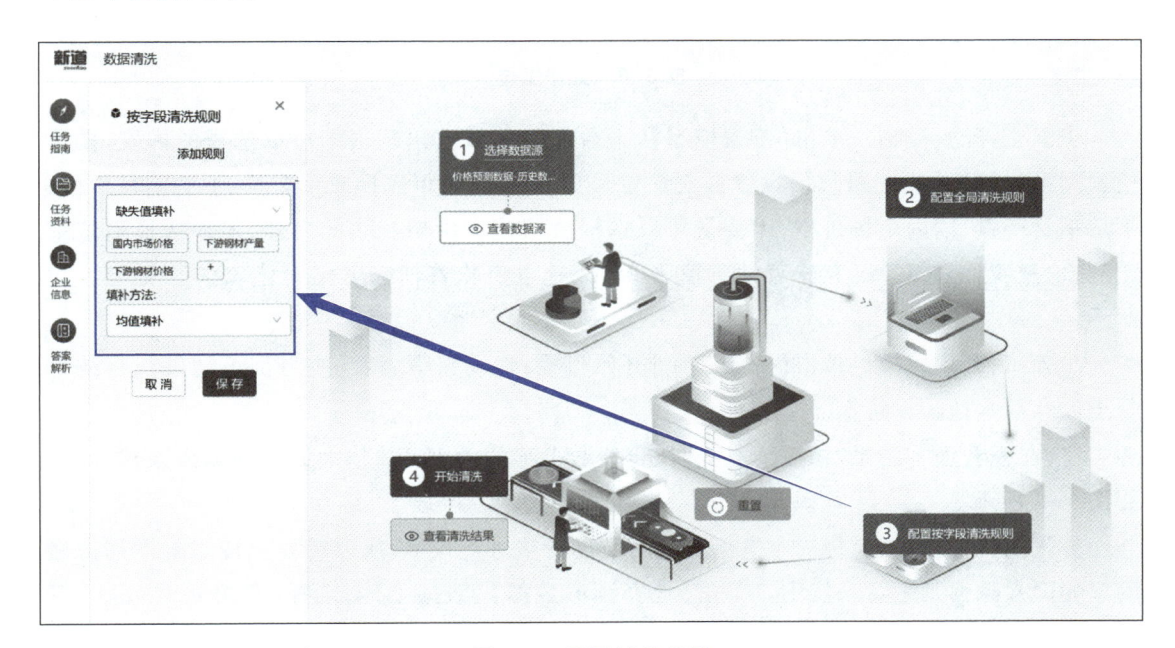

图 5-5 配置清洗规则

步骤三:数据清洗。单击【开始清洗】按钮,单击【确定】,清洗成功后,查看清洗结果并下载保存在本地计算机里,数据清洗操作完毕。

(五) 预测产品销售价格

数据清洗之后,可以使用多元回归方法对产品销售价格进行预测。操作步骤如下。

步骤一:选择数据源。在操作平台里,已经内置好了"价格预测数据(清洗后)",可以直接使用。如果想自行上传数据,可以单击【选择数据源】,上传所需数据,单击【保存】,如图5-6所示。

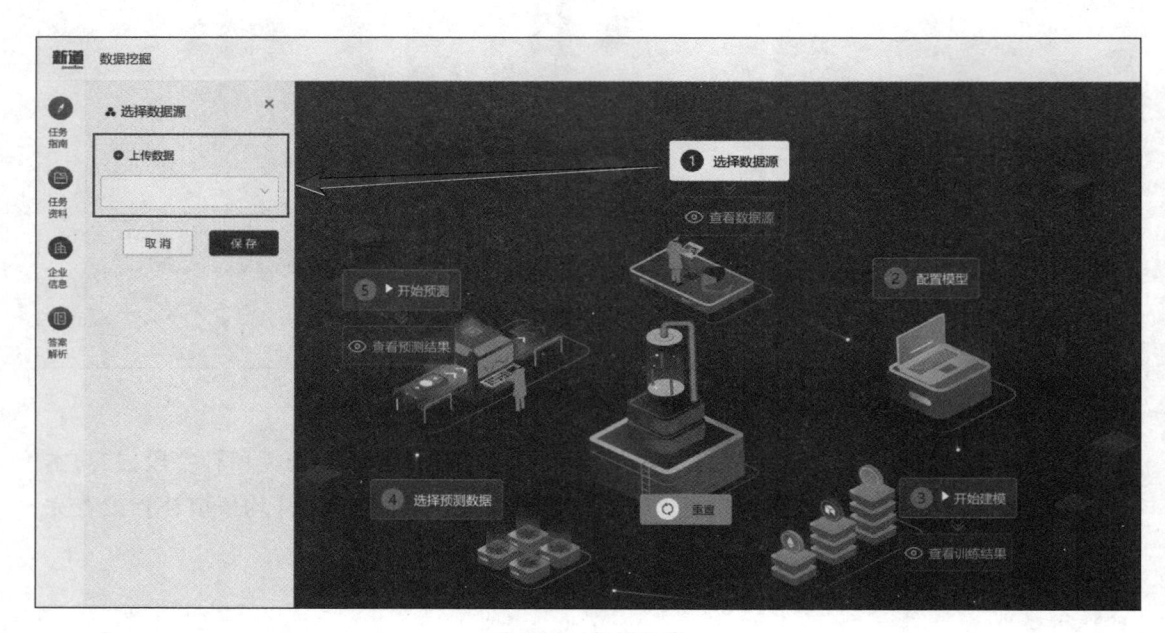

图5-6 数据上传

步骤二:配置模型。单击【配置模型】,平台左侧区域会出现很多可以选择的模型,做价格预测可以使用【线性回归】,设置自变量与因变量,自变量可选择政策影响、下游钢材价格、下游钢材产量、国内市场价格;因变量可以选择公司销售价格。除此之外,还需选择测试集比例,这里我们选0.25(意味着缺省值为25%,这也意味着训练集比例是75%),如图5-7所示。

步骤三:开始建模。单击【开始建模】开始建模,建模完毕之后【查看训练结果】,将结果导出保存在本地计算机上。

注:在查看训练结果时,需要查看"决定系数 R^2"的大小,R^2 越大说明预测结果越准确,如图5-8所示。

步骤四:预测数据上传。本案例需要对下期价格进行预测,所以需要上传影响下期价格的影响因素数据到平台系统中。单击【选择预测数据】,数据上传,选择"价格预测数据-下期因素数据"(资源下载区域内有该数据),单击【保存】,如图5-9所示。

步骤五:预测数据。下面进行最后一步的操作,单击【开始预测】,并对预测结果进行查看。如图5-10、图5-11所示。

注:第三步中 R^2 的值越大,这里的预测结果越准确。

图 5-7 配置模型

	政策影响	下游钢材价格	下游钢材产量	国内市场价格	真实值	预测值
0	0	1955	13156.4	535	426.471715342	451.0402
1	0	1816	8300.14	325	333.8809321435	350.438
2	0	3801	8300.14	530	562.0583998773	537.1205
3	0	3000	11938.6	535	544.3102728094	494.0305
4	0	3696	8300.14	575	605.7038537312	558.8758
5	0	3756	6977.6	605	594.1783446	584.3422
6	0	3341	11466.4	485	440.3303613352	480.0974
7	0	3634	10965.8	495	469.7832194454	498.5782
8	0	2545	10754.1	455	440.083559786	438.2216
9	0	4070	7399.6	675	746.968531287	633.1303

数据默认10条，若想查看全部数据，请点击表格右上角导出按钮

截距：0.0000　　　　自变量个数：4　　　　因变量个数：1

评估模型
均方误差（MSE）：1616.7969　　　　决定系数（R2）：0.8478

图 5-8 查看数据结果

注意：因为每次的训练数据是从全部数据中任选 75% 的数据，每次选择的数据都不一样，所以每次最终的预测结果的数值也不一样。当前我们的数据样本量比较小，预测的结果值差异会比较大，数据样本量越大，预测结果会越精准。

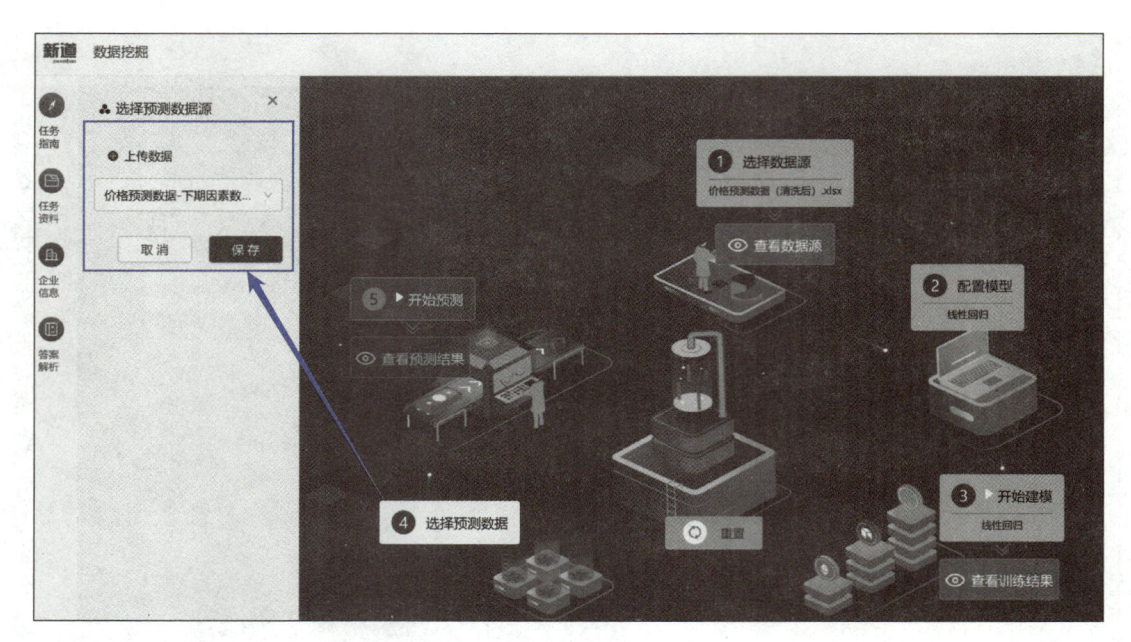

图 5-9 选择预测数据

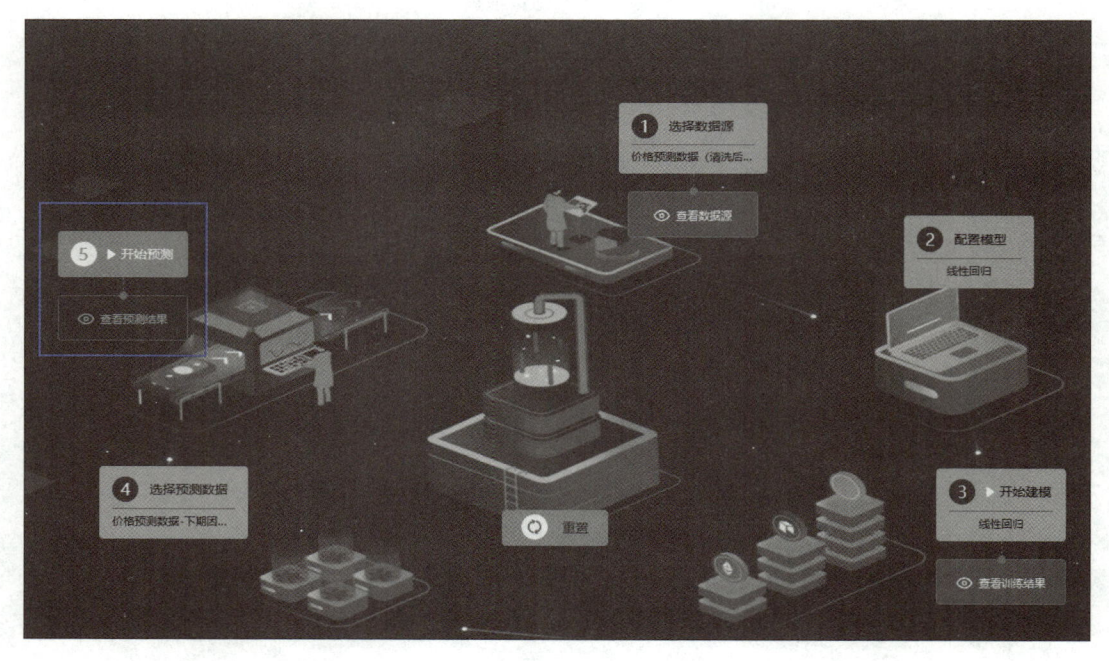

图 5-10 预测数据

图 5-11 预测结果查看

思考题

1. 如何规划大数据背景下的全面预算管理体系?
2. 如何构建大数据背景下的企业预算评价指标体系?
3. 如何利用大数据技术开展销售价格预测?

第六章

基于大数据的销售管理

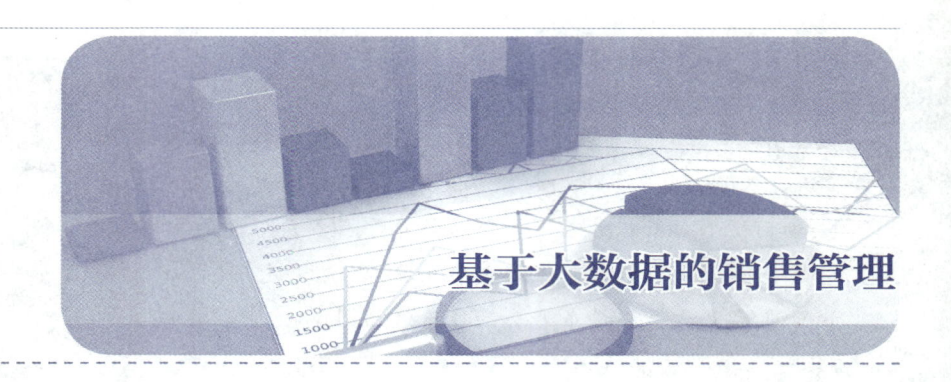

企业凭借着大数据时代的渗入,要求员工用以消费者为中心的销售理念进行市场营销。企业可以应用大数据对数据进行分析,以得到更为精准的信息,从而根据消费者的喜好来制定更为准确的营销策略。当然大量的数据也不能判定企业是否能够安全渡过难关,新旧营销模式的替换也会产生不少问题,这也是企业发展的巨大挑战。

第一节 大数据背景下销售模式的创新

一、精准销售模式

对大数据技术进行合理运用,对消费者的消费需求进行更为精准的定位,从而制定符合消费者切实需求的产品,这样的营销方式被称为精准销售模式。精准销售模式中包含了定位客户、定位市场和精准营销这三项内容。

定位客户是通过大数据分析将消费者通过消费喜好、购买能力和消费群体的特征做简单划分,通过这样的方式对目标客户进行精准定位。对市场进行分析后,将根据消费者的种类进行精准划分,这是实现精准销售模式的首要步骤。

定位市场则是指使产品在消费者心中相对于其他竞争产品更具有特殊的意义和理想的位置而进行的安排。在竞争如此激烈的市场环境下,企业最重要的是保证自身的竞争优势从而不被市场所淘汰。这时企业就可以运用大数据信息对同个市场环境中的其他产品进行分析,综合数据来优化设计产品,挖掘产品更深层次的价值,进行重新定位包装,以此在激烈的市场环境中能够占据一席之地。

最后是精准营销,当下产品的营销方式非常多,比如在微博、抖音、哔哩哔哩等视频网站或平台发布广告推送,但是这样做只是发布数量较多,实际效果较差。可以通过在大数据技术的辅助下,让广告能够精准推送到目标市场的相关客户上,这样一来企业也能够节省一部分资金,还能够制定出更为高效的目标客户销售方案。

二、交叉销售模式

交叉销售模式分为两个方面:一方面通过分析单个消费者的消费行为可以在他身上挖掘出更多潜在消费者;另一方面通过分析消费者的单个消费行为挖掘出他的消费潜力,进行更多种类商品的营销。

大数据时代消费者的网络消费,仿佛一张无形的网,将偏好同一类型商品的所有消费者以及单个消费者的不同消费偏好笼络到一起,企业集中对不同消费者、不同消费偏好进行信息获取分析。基于大数据分析时代的市场营销,需要积极建立交叉销售模式,通过分析消费者及其消费偏好,挖掘出潜在消费者以及消费者的潜在购买能力,以此为基础对销售策略进行实时调整。

交叉销售模式就是借助客户管理关系,发现顾客的多种需求,并且通过满足客户的需求向客户销售多种相关的服务或者产品的一种新型营销方式。交叉销售可以提升客户的忠诚度和对企业产品的满意程度,还能够通过这种方式不断挖掘客户的潜在消费能力,进一步提升企业的盈利水平。就一般情况而言消费者在消费过程中极大可能产生对同类型产品的喜好和购买需求,但是是否能对其他类别的产品也产生同样的喜好就不一定了。这个时候企业就可以利用大数据对消费者的消费需求和特点进行分析,根据分析结果与不同领域产品和品牌进行合作,从而创造消费者新的消费需求。大数据技术的发展为企业带来了极大的便利,企业可以通过大数据对消费者和产品的数据信息进行分析,从而在产品销售的过程中产生更有发展性的销售组合。

三、跟进式营销

在大数据时代,市场营销由传统的单向营销转变为企业和客户双方适时反馈的跟进式营销,这是大数据分析为市场营销带来的一个重要的良性转变。

单向营销,顾名思义,就是企业单向进行市场营销。传统单向营销时,企业在产品设计之前就做好市场调研等工作,进行万全准备之后才将产品投入市场,其间完全处于一种封闭式环境当中。产品从设计到投入市场期间,市场状况也会产生或大或小的波动,而企业却无法实时得到相应信息,只能在产品投入市场后再次调研、更改产品,如此循环往复,消耗企业大量人力、物力、财力,而企业的盈利也无法达到预期。

在大数据时代,企业的营销模式转变为双向跟进式营销,产品数据实时更新,可以随时接收来自市场和消费者的信息反馈,从而及时对产品的设计等方面进行调整修改,即使出现了产品定位错误的情况,也有整改时间,减少了企业不必要的人力、物力、财力的消耗,不受空间与时间的束缚。

第二节　大数据背景下销售管理的挑战

一、过度的信息广告令消费者产生厌烦情绪

在传统的市场营销过程中,因为对消费者的喜好了解程度不够,所以无法对消费者的需求做精准的分析,在进入大数据时代之后,实时的数据分析为企业进行市场营销带来了一定的便利性,但也因为大数据信息的泛滥,使企业在了解客户信息时难度增加,无法精准定位消费者的消费喜好。

自大数据技术出现并得到广泛应用之后,企业为了能够增加自身的盈利,市场营销与客户管理方式都发生了转变,企业之间尤其是同类企业对客户资源的竞争越来越激烈,有些企业为实现短期内广纳客户,定期对消费者发送产品的宣传信息,盲目采取广撒网式的广告营销,不仅存在重复推送的现象,而且在广告内容策划上缺乏针对性,甚至存在质量低下等问题。从消费者的层面来说,每天接收到过量的信息,但却并没有实际符合自身需求的产品,长时间下来会引起消费者产生反感情绪,甚至会把企业的推广信息定位成垃圾信息。企业也会因此失去大量的目标客户,对市场营销工作产生负面影响。

二、数据传输安全性未得到保障

随着互联网的迅速发展,网络信息的数量越来越多,并且获取网络信息的方式和渠道也越来越容易。这虽然为市场营销带来了一定的便利性,但由于相关法律尚未完善,导致企业在进行产品宣传的过程中,不法分子利用相应的技术手段窃取企业的客户资料,令消费者经常接收到诈骗电话、推销短信等,使消费者自身的利益受到危害,消费者自然会考虑可能是因为购物时留下的信息被泄露出去,所以在企业再次进行营销的时候,消费者会拒绝透露相关的信息,这样一来也加大了企业进行市场营销的难度。数据传输的安全性不仅为客户的信息、资金安全带来隐患,还将严重影响其登记信息的真实性,从而干扰企业应用大数据技术获取与分析信息,增加企业获取数据的难度与信息成本。

三、无法保证信息数据质量

在大数据时代背景下,企业所面对的市场环境变得多样化了,企业能从中获取的信息更是多种多样的,甚至无法保证这些信息的真实性以及对企业的有利性。所以企业应当对数据信息的真实性和准确性进行高度重视。

在数据信息如此混杂的市场中,企业想要准确地将客户信息与垃圾信息进行完全区分是十分困难的,而客户在面对众多商品信息时也会不知所措,因为无法根据信息描述去选择适合自己的产品。这就致使客户对于网络销售模式产生了一定的反感,这对于企业市场营销工作的开展是极其不利的。

四、须进一步提升市场营销人员素质

传统的市场营销模式是营销人员与客户面对面交流来进行商品的销售,又或者是利用电话一类的通信工具来进行商品销售。但是随着科技的不断进步和市场的发展,这种营销模式的劣势逐渐显现了出来,这样的营销方式不仅消耗的时间多,还要花大量的时间对营销人员培训,加大企业在人力物力方面的资金投入,令企业的营销成本增加。

与企业传统市场营销相比,大数据时代营销模式多样化,面对面营销日益减少,一定程度上降低了营销人员培训成本,但对营销人员要求提高,不仅需要营销人员具备专业的市场知识、敏锐的观察能力、娴熟的沟通技巧等,还强调其对计算机知识与设备的应用、信息检索、数据分析的能力,以及对新鲜事物的洞察与学习能力。然而,从实践来看,很多企业市场营销人员综合能力都有待加强,在很大程度上影响着企业对大数据技术的应用效果。

第三节　大数据背景下的销售收入分析

大数据时代下,内部经营管理者分析销售收入,一方面要看收入的整体增长率与增长额,另一方面要深入分析销售增长或下降的具体原因,要对客户、产品、价格进行多维度分析。

客户分析的目标是找出那些公司的重要客户,从而制定针对不同客户的服务策略。产品分析引入了波士顿矩阵模型,利用该模型找出金牛产品、明星产品、问题产品和瘦狗产品,从而为下一步公司的资金投向和产品发展战略提供数据支持。价格方面通过价格弹性的分析,确定产品是否有价格弹性,从而确定相应的价格策略。

对于数据分析的数据源,可以从企业财务报表中获取,也可以从企业内部管理报告中获取,同时,还可以从外部网站搜索分析所需的信息。

一、销售收入整体分析

销售收入也称营业收入,营业收入按比重和业务的主次情况,一般可分为主营业务收入和其他业务收入。主营业务收入包括产成品、代制品、代修品、自制半成品和工业性劳务销售收入等。其他业务收入包括除产品销售收入以外的其他销售收入,如材料销售收入、包装

物出租收入以及运输等非工业性劳务收入。

分析一个公司的销售收入,首先要了解销售收入的整体情况,如本期销售收入总额是多少,本季度销售收入总额是多少,累计销售收入总额是多少,同比去年同期或环比上月的销售收入是增加了还是减少了,这些数据相比同行业其他企业的销售收入数据是好是坏?这都是所需要分析的。

另外,还需要了解其他相关性指标,例如销售收入增长率与其他财务指标增长率的关系,如净利润增长率、应收账款增长率、预收账款增长率等。全面地了解销售收入指标,才能做出有效的经营决策,从而提高销售收入以及市场占有率。

1. 总量分析

营业收入是衡量企业经营状况和市场占有能力、预测企业经营业务拓展趋势的重要标志。不断增加的营业收入,是企业生存的基础和发展的条件。销售总额与增长速度是表明企业整体实力的重要标志,增长速度越快,企业抵御风险的能力越大。销售总额不仅仅是企业本期收入总额,还需要对各产品以及各区域的销售总额进行分析。

2. 增长性分析

要了解本期指标的好坏,需要对本期指标做同比与环比分析,同比是指本期数据与历史同期数据进行比较,环比是指本期数据与相邻两月进行比较。同比和环比的侧重点不同,同比更加侧重反映长期的大趋势,也就规避了季节的因素,而环比会突出显示数据的短期趋势,会受到季节等因素的影响。

3. 纵向对比分析

纵向对比分析反映收入的增减变化趋势,通过纵向分析可以分析出销售收入的季节因素;依据行业销售淡旺季规律,与销售数据中的销售行程进行对比,分析淡旺季发展规律。这些分析可以为客户提供渠道压货规则及生产运作规划。纵向对比可以结合行业未来发展及其他影响企业发展的潜在因素对企业下一期收入进行前瞻性预测。一般的纵向对比可以按月比较,按季度比较或按年比较。

4. 横向对比分析

了解了本企业的基本情况,还需要对本企业与行业内标杆企业或行业标准做一个比较分析。通过横向比较,了解企业在行业中的地位及与标杆企业的差距。标杆企业指的是行业内代表性企业,一般为知名度高、信誉好、有发展潜力、综合实力强的企业。行业标准是以一定时期一定范围内的同类企业为样本,采用一定的方法对相关数据进行测算而得出的平均值。

5. 相关性分析

(1)收入增长率与净利润增长率。与收入关联最紧密的是利润,本期收入与本期利润的关联性,可以反映很多问题,例如利润增长率反映了公司的利润增长速度,若高于销售收入增长速度,说明公司的盈利能力增强。而销售收入增长率明显高于利润增长率,可以反映毛利率变化的趋势或公司成本与费用的变化趋势。

可见,了解数据变化背后的原因至关重要,销售收入增长率与净利润增长率变化趋势的原因分析是必不可少的分析环节。导致利润增长率高于收入增长率的因素,可能是产品销售结构的变化,如高毛利率产品的销售占比较高等,也可能是公司对成本及费用的控制;或公司保持了持续的核心竞争力和行业景气度。

(2) 收入增长率与应收账款增长率。一般来说,应收账款与营业收入存在一定的正相关关系。在较好的经营状况下,应收账款的增长率往往小于营业收入的增长率,当应收账款增长率大于营业收入增长率时,说明营业收入中的大部分属于赊销,资金回笼较慢,企业的资金利用效率有所降低,影响了企业的资产质量,从而加大了经营风险,应收账款的变现速度仍有待加强。

在日常经营中,往往会出现应收账款增长率与营业收入增长率不配比的现象,原因往往有以下几点:企业更改赊销政策,销售额虽然有所增长,但增长幅度小于应收账款的增长幅度;关联方销售占总销售的比例较高,收款无规律;企业管理不善,原有应收账款无法收回,又盲目发展新客户;市场形势变得异常火爆,出现客户先付款后提货的局面,这个结合预收账款进行分析;企业无法适应市场变化,销售业务锐减,但应收账款收不回来。

(3) 收入增长率与预收账款增长率。预收账款是企业下游议价能力的体现,也是收入的先行指标。预收账款大幅增加的企业,收入接下来大概率也会增加,但考虑预收账款时必须区分行业,常见的采用预收账款模式的行业有:地产、白酒、软件科技类企业等。

二、客户维度分析

企业经营的目的是盈利,因此,它不会以同一标准对待所有客户。企业要将客户按客户价值分成不同的等级和层次,这样企业就能将有限的时间、精力、财力放在高价值的客户身上。根据二八法则,20%的高价值客户创造的价值往往占企业利润的80%。只有找到这些最有价值的客户,提高他们的满意度,同时剔除负价值客户,企业才会永远充满生机和活力。

1. B2B 与 B2C 客户

企业不仅仅要将客户按客户价值划分,还需要按照客户属性划分为商业客户或零售客户,也就是常说的 B2B 或 B2C。B2B 是 Business-to-Business 的缩写,指的是一个机构将产品或服务销售给另一个机构,供其自行使用或销售给其他企业使用。B2C 是 Business-to-Customer 的缩写,指的是直接面向消费者销售产品和服务,也就是通常说的商业零售。在进行数据分析时要注意客户属性不同,数据呈现的特点也不同。

2. 新客户与老客户

从客户新旧来看,可以把企业的收入来源分为三类:老客户老业务、老客户新业务、新客户新业务,也可以简单划分为老客户业务收入与新客户业务收入。对于潜在客户,企业要利用传统的市场营销组合4P策略,进行大量的广告宣传和促销活动,吸引潜在客户来购买产品,变为企业新客户;而对于企业原有的客户,他们已经购买或享受过企业的产品与服务,使用后感到满意并没有抱怨和不满,企业应加以维护,使其愿意连续购买产品或服务,或愿意采购企业的新产品。无论是新客户还是老客户,企业都需要与之保持一定的黏性。

留住老客户可使企业保持长久的竞争优势。企业的服务已经由标准化的细致入微阶段发展到个性化的顾客参与阶段。成功的企业和营销员,把留住老客户作为企业与自己发展的头等大事来抓。留住老客户比只注重市场占有率和发展规模经济对企业效益贡献要大得多。

3. 客户 ABC 分类法

ABC 分类法又称巴雷托分析法,它是根据事物在技术或经济方面的主要特征,进行分类排队,分清重点和一般,从而有区别地确定管理方式的一种分析方法。由于它把分析的对象分成 A、B、C 三类,所以又称为 ABC 分析法。其中 A 类客户约占 10%~15%,B 类客户约占 15%~25%,余下为 C 类客户,其中 A 类客户为最重要的成熟客户。

客户分类的依据可以采用客户采购额或者毛利贡献额等指标。根据分类,对不同客户做不同层级的关系维护,定制专属的销售策略方案,从而达到销售目标。

三、产品维度分析

有人认为产品是企业赖以生存的根本,而产品创新是企业的生命线,还有人认为产品质量是企业的生命线。可见,产品对于一个企业来说,是至关重要的。销售收入除了可以按照客户维度进行分析以外,还可以按照产品维度进行分析。

1. 波士顿矩阵

波士顿矩阵,又称市场增长率-相对市场份额矩阵,由美国著名的管理学家、波士顿咨询公司创始人布鲁斯·亨德森于 1970 年首创。销售增长率与市场占有率既相互影响,又互为条件,通过两个因素相互作用,会出现四种不同性质的产品类型,形成不同的产品发展前景,这四类产品分别是金牛产品、明星产品、瘦狗产品和问题产品四个类型,如图 6-1 所示。

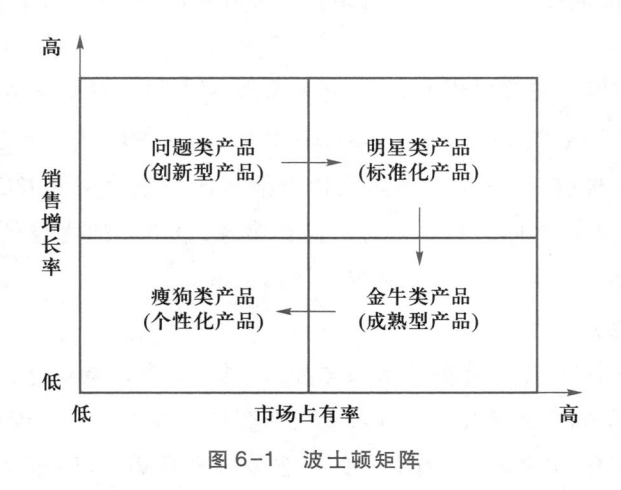

图 6-1 波士顿矩阵

（1）金牛产品。金牛产品是指处于低销售增长率、高市场占有率象限内的产品群,已进入成熟期。金牛产品能给企业带来大量的现金流,但未来的增长前景有限。由于市场已经成熟,企业不必大量投资来扩展市场规模,同时作为市场中的领导者,该类产品享有规模经济和高边际利润的优势,因而给企业带来大量现金流。企业往往用金牛产品来支付账款,并支持其他三种需大量现金的产品。金牛产品适合采用战略框架中的稳定战略,目的是保持战略事业单位(SBUs)的市场份额。常见的金牛产品如百度的搜索业务,腾讯的游戏业务,用友公司的U8产品线。

（2）明星产品。明星产品具有快速增长的销售增长率和占支配地位的市场份额,但也许不会产生正现金流量,这取决于新工厂、设备和产品开发对投资的需要量。明星产品是由问题产品继续投资发展起来的,可以视为高速成长市场中的领导者,它将成为公司未来的金牛产品。但这并不意味着明星产品一定可以给企业带来源源不断的现金流,因为市场还在高速成长,企业必须继续投资,以保持与市场同步增长,并击退竞争对手。常见的明星产品如用友公司的云系列、阿里的盒马生鲜业务线等。

（3）瘦狗产品。瘦狗产品指低销售增长率、低市场份额的产品。这个领域中的产品不能产生大量现金,没有希望改进其绩效。一般情况下,这类产品常常是微利甚至亏损。瘦狗产品存在的原因更多的是由于感情上的因素,虽然一直微利经营,但像人养了多年的狗一样恋恋不舍而不忍放弃。其实,瘦狗产品通常要占用很多资源,如资金、管理部门的时间等,多数时候是得不偿失的。瘦狗产品适合采用战略框架中的收缩战略,目的在于出售或清算业务,以便把资源转移到更有利的领域。

（4）问题产品。问题产品是指高销售增长率、低市场份额的产品。处在这个领域中的是一些投机性产品,带有较大的风险。这些产品可能利润率很高,但占有的市场份额很小,这往往是一个公司的新业务。为发展问题产品,公司必须建立工厂,增加设备和人员,以便跟上迅速发展的市场,并超过竞争对手,这意味着大量的资金投入。"问题"非常贴切地描述了公司对待这类产品的态度,因为这时公司必须谨慎回答"是否继续投资发展该产品"的问题。只有那些符合企业长远发展目标、具有资源优势、能够增强企业核心竞争力的产品才能得到肯定的回答。

2. 产品维度分析指标

常见的产品维度分析指标有产品销售收入排名、产品毛利率排名、产品收入增长率、产品成本增长率、产品市场占有率。通过这些指标的分析,找到上述四类产品,并分解价格因素与销售因素对产品收入增长的影响,从而进一步做价格维度的分析。

四、价格维度分析

增加销售收入的途径之一是提高产品价格,但如何提高、提高多少是顾客可接受的,是个大问题,价格过高,会导致客户的流失,价格过低,会导致销售收入的减少,从而降低一些财务指标,影响公司的整体运营表现。可见,价格的变化会导致产品需求量的变化。

分析产品价格的财务指标有主营产品的销售价格历史趋势、主营产品的市场价格历史趋势、主营产品的采购价格历史趋势、主营产品的进销差价对比、主营产品的厂商数量、主营产品的国内外政策影响。比较产品价格与市价的关系,从而判断该产品在其市场的地位;比较产品进销差价,判断其盈利区间;比较厂商数量,判断竞争程度;分析政策,可判断政策对价格的影响。而这些指标的分析数据来自企业内部数据以及外部数据。

五、实战演练:销售收入分析

(一)案例引入

2019 年 10 月 8 日,AJHXJL 公司召开业务经营分析会,会上要求财务总监对公司的销售情况进行专项分析,全面深入地分析公司的销售收入状况,为经营决策提供数据支撑。

(二)任务目标

财务分析师从整体收入、客户维度、产品维度、价格维度四个方面展开分析,洞察数据背后的含义,溯源分析指标增减变动的合理性与异常项,给管理层后续决策提供支持。

(三)任务实现

登录新道大数据教学平台,选择"销售分析与预测实战演练",如图 6-2 所示,根据平台中任务指南完成操作。

图 6-2 销售分析与预测实战演练

以"销售收入整体分析"为例,操作步骤如下:

(1) 根据分析目标,确定分析的指标与内容为:本期集团营业收入、各机构本期营业收入、母公司营业收入结构、母公司各项产品的收入构成、母公司历年营业收入横向对比、母公司营业收入趋势图(按季)。

(2) 以"本期集团营业收入"为例,可视化设计过程如下:

① 新建故事板,将其命名为"销售收入整体分析",保存在我的故事板文件夹里。

② 新建可视化,将其命名为"本期集团营业收入",数据表选择"销售收入汇总_销售收入总体统计",该表存放在数据集销售分析里。

③ 设置维度与指标。维度为空值,指标选择金额(汇总方式为求和)。

④ 设置图形,可以选择指标卡。

⑤ 设置过滤条件,由于是对2019年收入进行分析,所以需要添加一级子项,包含主营业务收入和其他业务收入;"年"等于"2019"。

⑥ 指标计算完毕,单击【保存】,单击【退出】。

对其他指标的分析,请扫二维码观看相应视频操作。

扫码获取销售收入整体分析的视频。

第四节 大数据背景下的客户价值分析

一、客户价值分析的含义

客户价值分析是一种面向消费者的方法,该方法被认为是客户忠诚度管理过程中的一个关键要素,其目的是通过分析,制定任何可能激励目标消费者进行消费的策略,如有吸引力的定价,以增加对价值的感知。

但是每个客户的价值是不同的,给公司带来的价值也是不同的,而企业的资源有限,不能把企业资源平均分配到每个客户身上,这既不经济也不切实际,可能造成企业资源浪费,所以需要对客户价值进行分析。

二、航空公司客户价值分析案例背景介绍

面对激烈的市场竞争,各家航空公司相继推出了更优惠的营销方式来吸引更多的客户,

国内某航空公司面临着常旅客流失、竞争力下降和航空资源未充分利用等经营危机。通过建立合理的客户价值评估模型,对客户进行分类,分析比较不同客户群体的价值,并制定相应的营销策略,对不同的客户群体提供个性化的客户服务是必须的和有效的。那么,面对海量的客户数据,如何对其进行分类呢?我们可以利用大数据算法中的聚类对客户进行智能分组。

三、聚类

(一) 聚类的概念

聚类是把数据对象集合按照相似性划分成多个子集的过程。每个子集是一个簇,使得簇中的对象彼此相似,但与其他簇中的对象不相似,如图6-3所示。

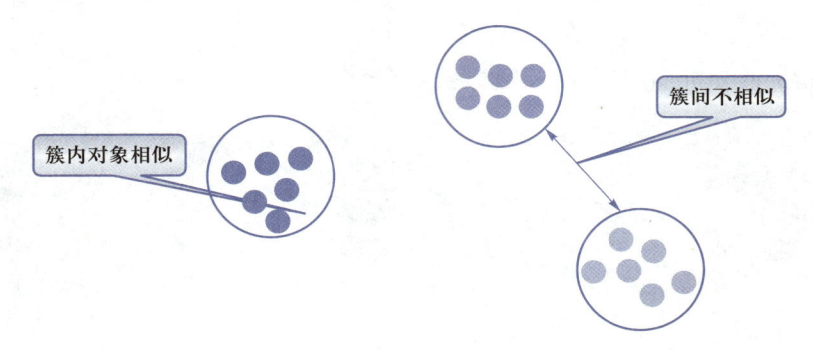

图6-3 聚类分布图

聚类是无监督学习的典型例子,因为给的数据没有类标号信息,所以最终由我们来给这些簇(组)及其特征下定义,从而在具体的业务场景中应用它们。生活中我们经常讲"物以类聚,人以群分",说的就是不同的人和事物因特征的相似而归成一类,形成了很多大大小小的分组/类。

聚类与分类最大的区别就是分类的目标事先已知,例如猫狗识别,你在分类之前已经预先知道要分为猫、狗两个种类;而你在聚类之前,你对你的目标是未知的。同样以动物为例,对于一个动物集来说,你并不清楚这个动物集内部有多少种类的动物,你能做的只是利用聚类方法将它自动按照特征分为多类,然后人为给出这个聚类结果的定义。例如,你将一个动物集分为三簇(类),然后通过观察这三类动物的特征,你为每一个簇起一个名字,如大象、狗、猫等,这就是聚类的基本思想。

聚类最常用的算法是k-means算法。

(二) k-means算法

k-means算法是将数据分成k个组(簇),并使得在每个组(簇)中所有点与该组(簇)中心(质心)距离的总和最小。这样每个组(簇)内的数据相似性高,组(簇)之间数据的相似性低,如图 6-4 所示。

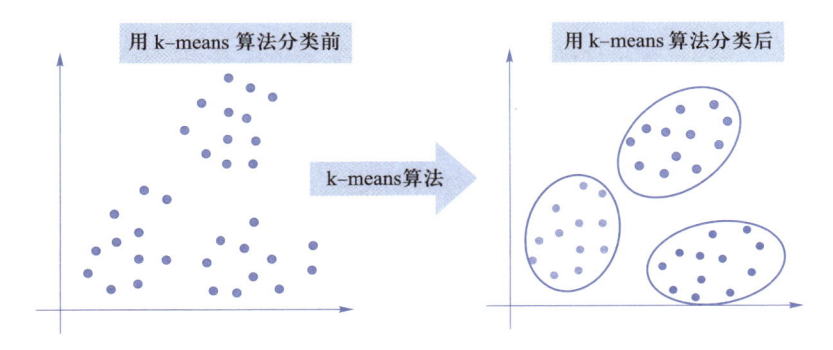

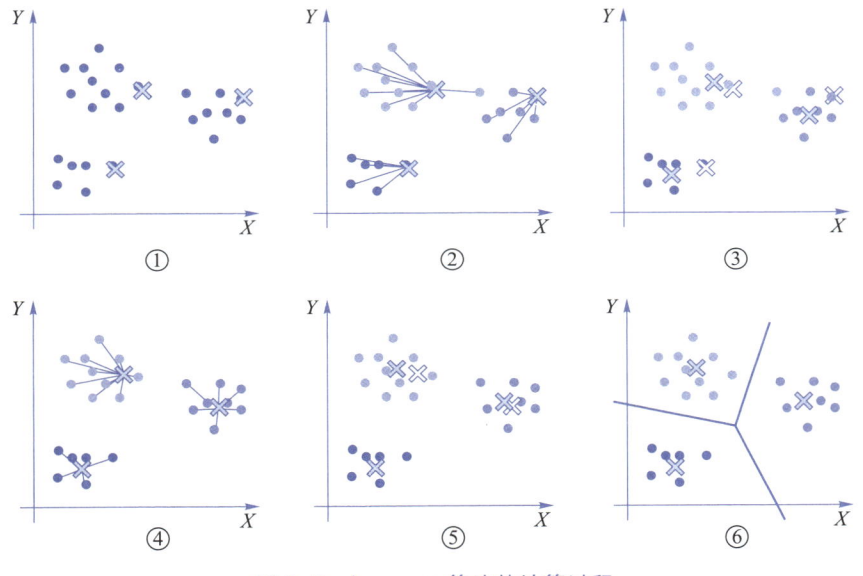

图 6-4　k-means 算法分组

k-means 算法的计算过程如图 6-5 所示。

图 6-5　k-means 算法的计算过程

假设将图 6-5 中的数据聚成 3 个簇,过程如下:

① 随机选择 3 个对象作为初始的质心。

② 对每个样本找到距离自己最近的质心,完成一次聚类。如果此次聚类前后样本点的聚类情况不同,继续下一步。

③ 根据该次聚类的结果,更新中心点。

④ 对每个样本找到距离自己最近的质心,完成一次聚类。如果与此次聚类前样本点的聚类情况不同,继续下一步。

⑤ 根据该次聚类的结果,更新中心点。

⑥ 对每个样本找到距离自己最近的中心点,完成一次聚类。如果与此次聚类前样本点的聚类情况相同,算法终止。

(三) k-means 聚类个数的确定

由于 k(簇的个数)是事先给定的,k 值的选取对于聚类效果的好坏有很大的影响。如何确定合适的 k 值呢?确定 k 值的方法有三种:误差平方和、手肘法、轮廓系统,最常用的是手肘法。

手肘法是指当选择的 k 值小于真正的 k 时,k 每增加 1,聚类误差就会大幅的减小;当选择的 k 值大于真正的 k 时,k 每增加 1,聚类误差的变化就不会那么明显。真正的 k 值就会在这个转折点,类似肘部的地方,如图 6-6 所示。

图 6-6 肘部图

运用手肘法的具体步骤是:让 k 从 1 开始取值,直到取到你认为合适的上限为止(一般来说这个上限不会太大,这里我们选取上限为 8),对每一个 k 值进行聚类并且记下对应的误差平方和,在这个误差平方和的变化过程中,会出现一个拐点,即"肘"点,下降率突然变缓时即认为是最佳的 k 值。然后画出 k 和误差平方和的关系图(毫无疑问是手肘形),最后选取肘部对应的 k 作为我们的最佳聚类数,如图 6-7 所示。

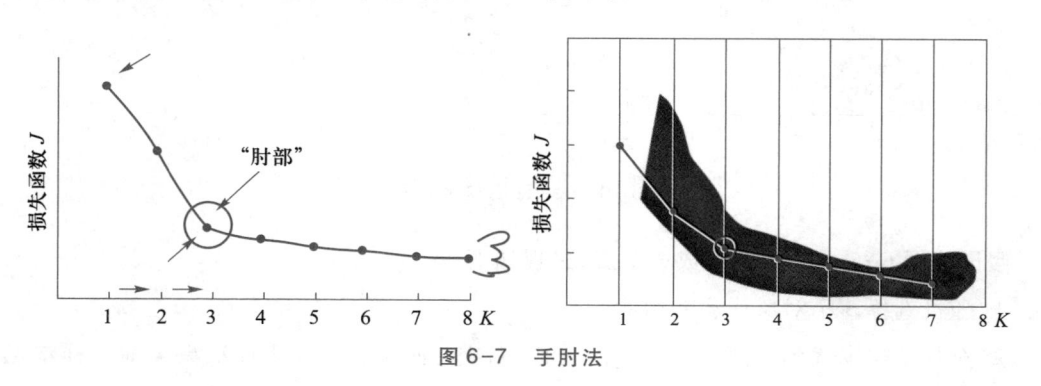

图 6-7 手肘法

(四) 聚类效果评价标准

1. 轮廓系数

轮廓系数(silhouette coefficient),是聚类效果好坏的一种评价方式,主要是指用任意样本到其他簇内点的平均距离的最小值与样本到同簇内点的平均距离做差,然后再除以这两个距离的最大值。

(1) 轮廓系数接近 1,说明样本聚类合理;

(2) 轮廓系数接近-1,说明样本更应该分类到另外的簇;

(3) 轮廓系数近似为0,则说明样本在两个簇的边界上。

2. DBI 指数

戴维森堡丁(DBI)指数,又称为分类适确性指标,是由大卫·戴维斯和唐纳德提出的一种评估聚类算法优劣的指标。它是指任意两类别(簇)的类内样本到类中心平均距离之和除以两类(簇)中心点之间的距离,取这些距离的最大值,然后求所有的最大值的平均值。

DBI 越小意味着类(簇)内距离越小,同时类(簇)间距离越大,即聚类效果较好。

四、实战演练

(一) 数据获取

数据来源于 GitHub(一个开源代码库)。

(二) 航空客户数据与待选变量指标

抽取航空公司部分乘客记录的数据。基于 k-means 对航空公司客户聚类。

根据 LRFMC 模型确定聚类数据指标。美国数据库营销研究所在客户数据分析中发现了三个重要的指标:最近一次消费(recency 近度)、消费频率(frequency 频度)、消费金额(monetary 额度),它们是衡量客户价值的重要标准。RFM 分析是一种探索性分析方法。

消费金额表示在一段时间内客户购买该企业产品的金额的总和。由于航空票价受到运输距离、舱位等级等多种因素的影响,同样消费金额的不同旅客对航空公司的价值是不同的,例如,一位购买长航线、低等级舱位票的旅客与一位购买短航线、高等级舱位票的旅客相比,后者对于航空公司而言更有价值。因此这个特征并不适用于航空公司的客户价值分析。

所以本案例选择客户在一定时间内累积的飞行里程和客户在一定时间内乘坐舱位所对应的折扣系数两个特征代替消费金额。同时在本案例中,航空公司会员入会时间的长短在一定程度上能够影响客户价值,所以在模型中增加客户关系长度,作为区分客户的另一特征。

最终本案例将消费时间间隔 R、飞行次数 F、飞行里程 M、折扣系数的平均值 C 和入会时长 L 这5个特征作为航空公司识别客户价值的特征,如图6-8所示,记为 LRFMC 模型。其特征含义如下:

(1) L:会员入会时长,反映活跃的时长。

(2) R:最近一次消费,即客户最近一次乘坐公司飞机距观测窗口结束的月数,反映当前的活跃状态。

(3) F:消费频率,即乘机次数,反映客户的忠诚度。

(4) M:客户在观测窗口内累计的飞行里程,反映客户对乘机的依赖性。

(5) C:客户在观测窗口内乘坐舱位所对于的折扣系数的平均值,反映客户价值高低。

图 6-8　航空客户价值 LRFMC 模型

(三) 数据挖掘工具实现过程

步骤一：选择数据源。在操作平台里，已经内置好了"聚类数据"，可以直接使用。如果想自行上传数据，可以单击【选择数据源】，上传所需数据，单击【保存】，如图 6-9 所示。

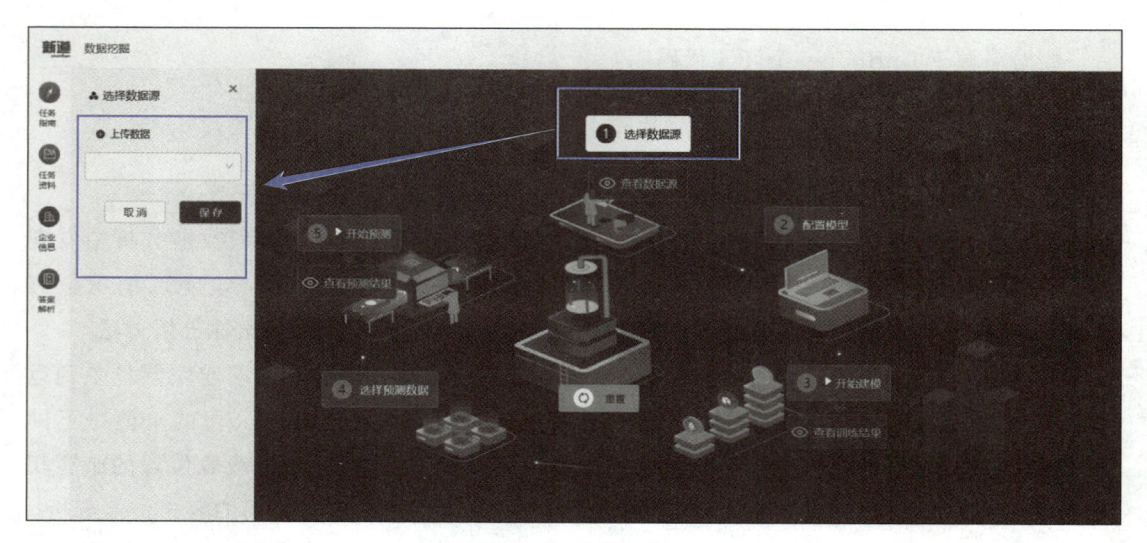

图 6-9　数据上传

步骤二：配置模型。单击【配置模型】，平台左侧区域会出现很多可以选择的模型，选择聚类分析中的【K-Means】，设置聚类变量、聚类个数范围和最佳聚类个数。其中聚类变量选择入会时长、上一飞行距今、飞行总计次数、飞行总里程和平均折扣率。聚类个数范围，即将数据分成组数的范围需要人为给出，这里填写 1 和 20，然后点击计算按钮，会生成一张聚类误差与聚类个数的关系图，利用手肘法找到最佳聚类个数，即最佳聚类个数为 2。最后点击保存，如图 6-10 所示。

步骤三：开始建模。单击【开始建模】开始建模，建模完毕之后【查看训练结果】，如图 6-11、图 6-12 所示。支持将结果导出保存在本地电脑上。

步骤四：总结分析。根据"上一飞距今""飞行总计次数""飞行总里程""平均折扣率""入会时长"五个维度地客户分成两组，一组是重要客户，另一组是一般和低价值客户，也可以总结为两个簇：

图 6-10　配置模型

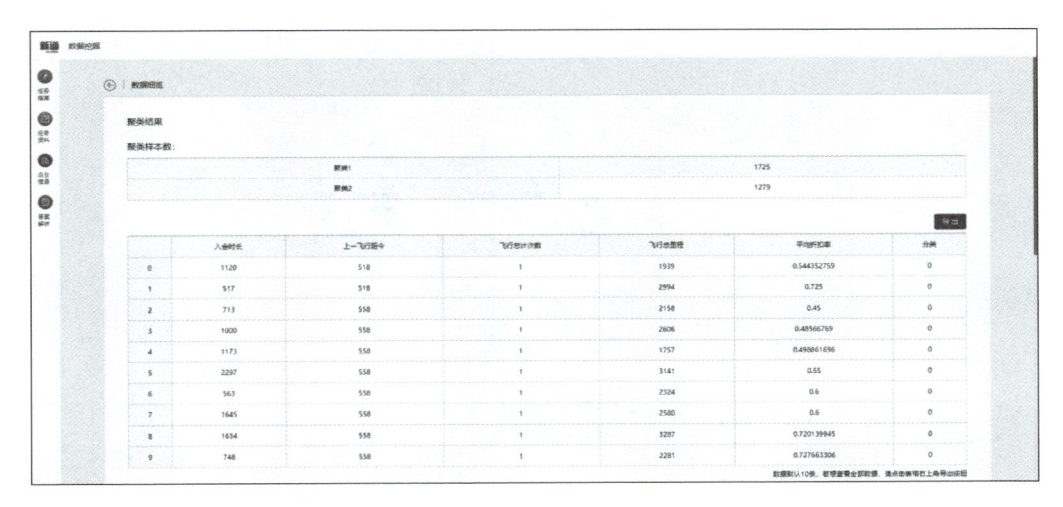

图 6-11　训练结果 1

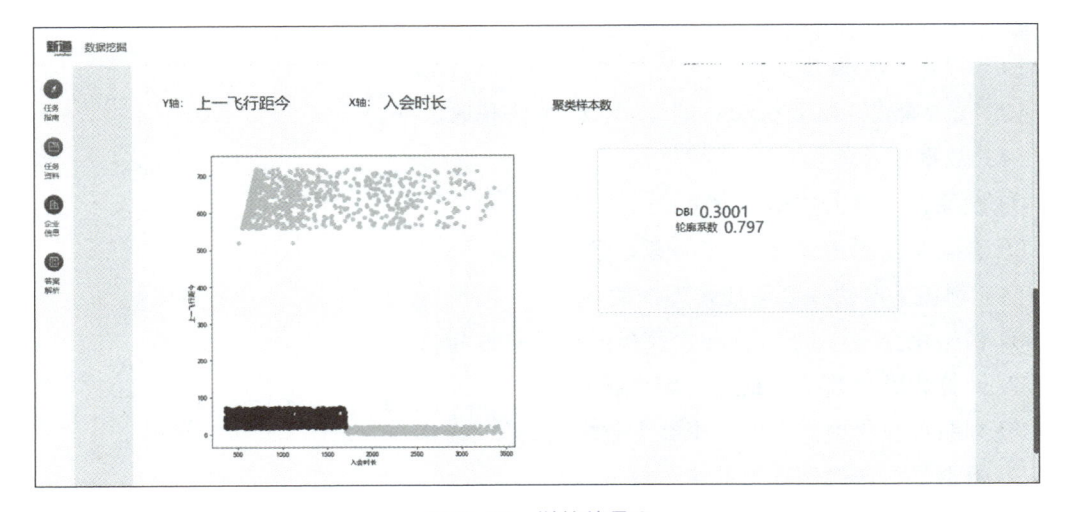

图 6-12　训练结果 2

簇1：重要客户。"入会时长"长，"上一飞距今"（最近乘坐航班）时间短，"飞行次数""飞行总里程""平均折扣率"较高，公司应将资源优先投放到这类客户身上，进行差异化管理，提高客户的忠诚度和满意度。

簇2：一般和低价值客户。"入会时长"长，"上一飞距今"时间长，其他属性都较低，这类客户可能在打折促销时才会选择消费。

在查看训练结果时，只显示前两个维度的数据，即入会时长和上一飞行距今。DBI指数越小表示聚类效果越好，轮廓系数越大表示聚类效果越好。

注：由于每次聚类随机选取初始聚类中心点，所以每次结果会不同，但是结果差别不大。

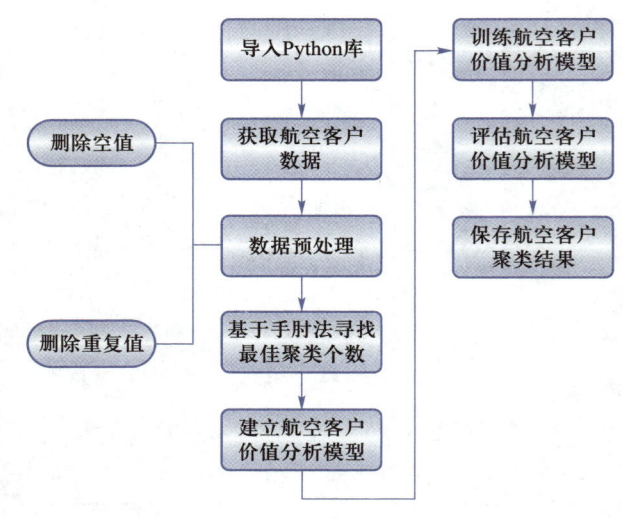

（四）Python代码实现

Python代码实现过程如图6-13所示。

图6-13 Python代码实现过程

操作步骤如下：

（1）导入Python库文件。

（2）获取数据：利用pandas的read_csv方法获取数据。

（3）数据预处理。

① 删除含有空值数据的记录；

② 删除重复的记录，保留第一条记录。

（4）利用手肘法找到最佳聚类个数。

① 初始化变量：用于存储每次聚类的误差平方和；

② 计算聚类个数从1到9的聚类误差平方和；

③ 判断可视化聚类误差与聚类个数之间的关系；

④ 根据手肘法找到聚类最佳个数。

（5）建立客户价值分析模型：调用sklearn的k-means算法建立模型，并传入根据手肘法找到的最佳聚类个数。

（6）训练客户价值分析模型：利用航空客户数据训练模型。

（7）评估客户价值分析模型。

① 调用 sklearn 的 silhouette_score 方法，计算平均轮廓系数，平均轮廓系数越大越好。

② 调用 sklearn 的 davies_bouldin_score 方法，计算 DBI 指数，DBI 指数越小越好。

（8）保存客户聚类结果：获得模型聚类结果标签，调用 pandas 的 to_csv 方法，保存聚类结果。

扫码获取 Python 代码。

思考题

1. 大数据时代如何实现更为精准的销售模式？
2. 请思考大数据背景下销售管理可能会面临哪些挑战？
3. 如何利用大数据技术开展销售价格预测？

第七章

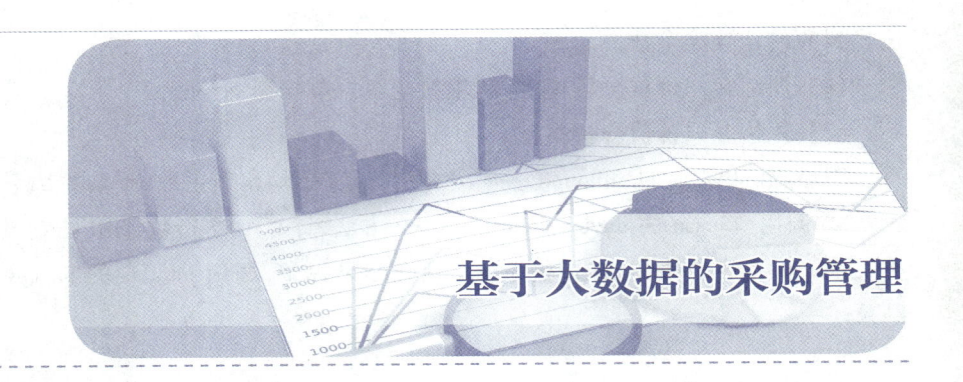

基于大数据的采购管理

采购部对于每家企业来说都是很重要的一个部门,采购员根据公司需求逐一进行采购。科学合理的采购管理策略,不仅能准时完成任务,还能帮企业制定管理策略,助力企业提升竞争力。

在传统采购工作中,采购人员80%的精力都是在围绕订单打转,而根本无暇顾及优选供应商、进行战略采购。在互联网、物联网、AI及大数据快速发展的今天,传统的采购管理模式不断地受到冲击,所面临的各方面挑战也越来越大,要想使企业向好发展,提升自身竞争力,企业向数字化转型是大势所趋。大挑战也是新机遇。

第一节 大数据背景下的采购模式变化

大数据技术近年来飞速发展,正在颠覆传统采购业务模式。数字化采购通过应用人工智能、物联网、机器人流程自动化和协作网络等技术,打造可预测战略寻源、自动化采购执行与前瞻性供应商管理,从而降低合规风险,实现降本增效,将采购部门打造成企业新的价值创造中心。

一、可预测战略寻源

在战略寻源(即从寻源到合同)环节,数字化采购将完善历史支出知识库,实现供应商信息、价格和成本的完全可预测性,优化寻源战略并为决策制定提供预测和洞察,从而支持寻源部门达成透明协议,持续节约采购成本。

首先,数字化采购将建立实时支出管理体系和支出知识库,应用预测分析技术,帮助企业预测采购需求和支出结构,进而定位关键支出,实现可持续降本战略。

其次,数字化采购将提供强大的协作网络,帮助企业发掘更多合格供应商资源,同时智能分析和预测供应商的可靠性和创新能力，并依据企业发展蓝图预测未来供应商群，逐步实现战略寻源转型。

再次，数字化采购将应用智能分析技术，预测供应商对企业成本与风险的影响，为寻源提供可视化预测及业务洞察，从而提升供应链的整体透明度，帮助企业更加智能和迅速地制定寻源决策。

最后，数字化采购将智能预测供应商谈判的场景和结果，分析并推荐最优供应商和签约价格，同时自动执行供应商寻源任务，最终建立可预测的供应商协作模式。

二、自动化采购执行

在采购执行（即从采购到付款）环节，数字化采购将提供自助式采购服务，自动感知物料需求并触发补货请购，基于规则自动分配审批任务和执行发票及付款流程，从而加速实现采购交易自动化，有效管控风险和确保合规性，大幅提升采购执行效率。

首先，数字化采购将通过目录化采购，构建基于品类的自动化采购流程，从而帮助企业加强全流程控制，实现差异化品类分析，并在复杂的支出类别中发现可持续的成本节省。

其次，数字化采购通过批量执行重复性任务、自动触发请购及审批流程，实现核心的采购到发票管理活动的自动化和标准化，帮助企业全面提高采购效率，持续降低管理成本。

再次，数字化采购能够应用智能合约技术自动触发付款流程，根据企业需求提供快捷的供应链金融功能，推动付款管理更加安全与高效，打造前所未有的付款管理方案。

最后，数字化采购通过构建风险与合规管理生态系统和应用机器人流程自动化技术，将风险与采购管理无缝嵌入采购流程，从而自动监控各环节采购行为和生成审计跟踪，帮助企业快速洞察风险与机遇，有效控制采购风险。

三、前瞻性供应商管理

数字化采购将应用众包、网络追踪和 VR 等技术，全面收集和捕捉供应商数据，构建全方位供应商生命周期管理体系，实现前瞻性风险规避与控制，从而提升供应商绩效与能力，支持采购运营持续优化。

其一，数字化采购能够建立实时监测和定期评估机制，将数据转化为切实可行的洞察和预测，从而打造前瞻性绩效管理，逐步优化供应商资源。其二，数字化采购将应用数据捕捉和采集技术，基于大数据进行前瞻性预测分析，实时洞察潜在的供应商风险，帮助企业建立先发制人的风险管理模式。

第二节 数字化采购管理的构成要素

数字化采购可帮助企业大幅提高采购速度、效率与敏捷性。数字化采购系统为决策者提供更全面的视角,可以降低风险、提高合规性,最终提高采购部门可管控的支出项目,为企业带来更多价值。但是,要构建数字化采购体系并非易事,要求企业掌握一整套复合知识体系,具体涵盖以下五大要素:数据、技术工具箱、直观的用户体验、技能与人才以及新政策、新流程和新运作模式。

一、数据

数字化采购体系的核心是数据,而且是海量数据。企业运营的方方面面都离不开数据,包括预测客户需求,了解哪些产品或服务可以更好地满足这些需求,确定合适的供应商,并确定合理价格。

实际上在大多数企业,采购部门都无法有效利用海量数据分析供应商、定价、市场和众多其他因素,因此很难做出最优的商业决策。一般情况下,他们只收集交易数据,偶尔收集细项数据。他们并不注重收集背景信息,尤其是与流程步骤有关的数据,例如,审核和批准采购申请、确立合同以及招标流程等。此外,他们也没有充分利用各种重要的外部数据和第三方数据。要打造真正的数字化采购体系,企业应当有意识地获取比现在多得多的内部和外部数据。

二、技术工具箱

如果说数据是数字化采购的燃料,那么技术就是数字化采购的引擎。这里所说的技术,并不是支持业务流程的 ERP 类系统(无论是云方式还是其他),而是连接并赋予数据含义的技术,尤其是 AI、自然语言处理、数据分析和机器人技术。通过将数据和上述先进技术结合在一起,企业能够实现各种业务活动和流程的自动化或优化,在特定情况下,还能超越简单的自动化,实现高级的智能化。

三、直观的用户体验

为了实现数字化采购的最大价值,企业需要提供直观而有吸引力的用户体验,以鼓励采购人员使用在线采购工具。使用数字化工具的人越多,采购的效率就越高,企业可以采集的数据量也越大。如果用户体验糟糕,人们就会想方设法绕开数字化工具,不进行采购(因为流程太过复杂或者太耗时),或者寻找其他途径进行采购。

对于数字化采购来说,理想的体验莫过于类似亚马逊公司那样:通过一个门户网站,以简单明了的方式呈现相关信息,方便用户做出正确的决策。"杂乱的事情"全部都在后台发生,用户完全意识不到。系统借助智能算法,向用户提供采购建议,而不是迫使他们手动搜索数据库。这点很像亚马逊网站上的商品推荐,用户无须主动搜索便会发现自己可能感兴趣的商品。

四、技能与人才

创建和运作数字化采购体系,远非采集更多数据和使用数字化工具那么简单。创造真正的价值还需要一个关键要素,即构建一个由各领域专家组成的跨职能团队,包括数据科学家和 AI 专家、品类/行业专家、IT 专家、设计专家。

事实上,采购组织应当在上述所有这四个领域内挖掘并培养人才,以取得最大效益。只投资其中一项远远不够,而投资了所有领域却没有以数字化的视角进行整体规划,也是不行的。而第二点往往是大多数企业面临的难题。单单寻找充足的品类及行业专家就已经是很大的挑战了,再加上招募合格的数据科学家和技术专家,其难度可想而知。人才缺口其实是实现采购体系数字化的最大障碍之一。

五、新政策、新流程和新运作模式

数字化采购为采购人员和供应商提供了全新的协作与互动方式,使所有相关方都可以更加方便地获取数据和洞察。不过为了充分利用这些新功能,企业应该重新审视其政策和流程,确保每个人都了解自己在新采购流程中的角色和职责,以及如何做出最明智的决策。此外,采购部门的运作模式很可能也需要做大幅改动甚至推翻重来,从而与新的工作方式相匹配。

第三节 基于大数据分析的供应商画像

一、基础知识介绍

(一)供应商及供应商画像

1. 供应商的定义

供应商是向企业及其竞争对手供应各种所需资源的企业和个人,包括提供原材料、设备、能源、劳务和资金等。供应商的情况会对企业的营销活动产生巨大的影响,如原材料价格变化、短缺等都会影响企业产品的价格和交货期,并会因而削弱企业与客户的长期合作与利益。因此,对供应商的情况有一个较为全面的了解是十分有必要的。

2. 供应商画像的定义

在选择一款产品时,面临的就是相同产品不同厂商的筛选,选择供应商 A 的产品还是选择供应商 B 的产品?应该对比哪些维度?一系列的问题就随之而来。

由此可见,想要选择一款产品,产品的供应商选择是非常重要的环节。企业只有客观、科学地评估供应商,对供应商进行有效的管理,才能为客户提供价值最大化的产品与服务。因此,供应商的选择是采购的前提,而在供应商的选择中,供应商评估则是一个关键环节,供应商画像可以很好地反映出供应商评估的结果。

目前,供应商评估的维度有很多,例如:财务水平、生产能力、生产设备、人力资源、质量体系、生产表现、环境保护、职业道德、IT 技术、交货能力、可持续发展能力、后期服务等。企业可根据自身的需求,筛选本企业的供应商评估维度。

供应商评估维度信息的获取,也是目前比较关注的问题,在大数据时代,获取数据的途径比较多,我们可以通过爬虫技术从互联网上获取到我们想要的信息,也可以通过供应商对外发布的年报或官方网站等获取我们所需信息。

简单说,供应商画像就是用客观、科学地方法评估供应商,利用大数据技术多维度获取供应商信息,将海量信息标签化,并用可视化进行展示。我们可以从供应商画像中查看到供应商的较为全面的情况,为我们后续的供应商选择提供有力的帮助。

3. 供应商画像的基本样貌

供应商画像的基本样貌可以把供应商最基本的信息或企业比较关注的信息进行良好的展示。我们可以用分析云将多个可视化看板展示在可视化界面上,再进行一个可视化界面的设计调试,最终呈现出一个供应商全景画像。

可展示的可视化图形有很多,例如,我们使用表格展示供应商的基本信息,使用雷达图展示供应商各维度的标签,使用柱状图进行指标间的比较,使用条形图展示供应商的综合能力排名,使用词云展示供应商的主要特点,还可以使用地图展示供应商的分布等。

图 7-1 展示的是一份供应商画像,图中可清晰展示供应商各个维度的信息指标,并且可以在供应商库中随意更换其他供应商做画像的展示。大数据技术不仅可以做单一的供应商展示,还可以做两家供应商的画像对比图,从而进一步帮助企业选择适合自己需求的供应商。

(二)供应商画像的作用

传统的供应商管理没有一个统一的数据中心对供应商各维度的信息进行收集和整理,供应商评估的维度不够全面。这是由于企业内部各系统相互独立,无法取得每一个供应商的财务数据、风险数据等不同维度的数据导致的。近年来,随着大数据技术的应用,大量企

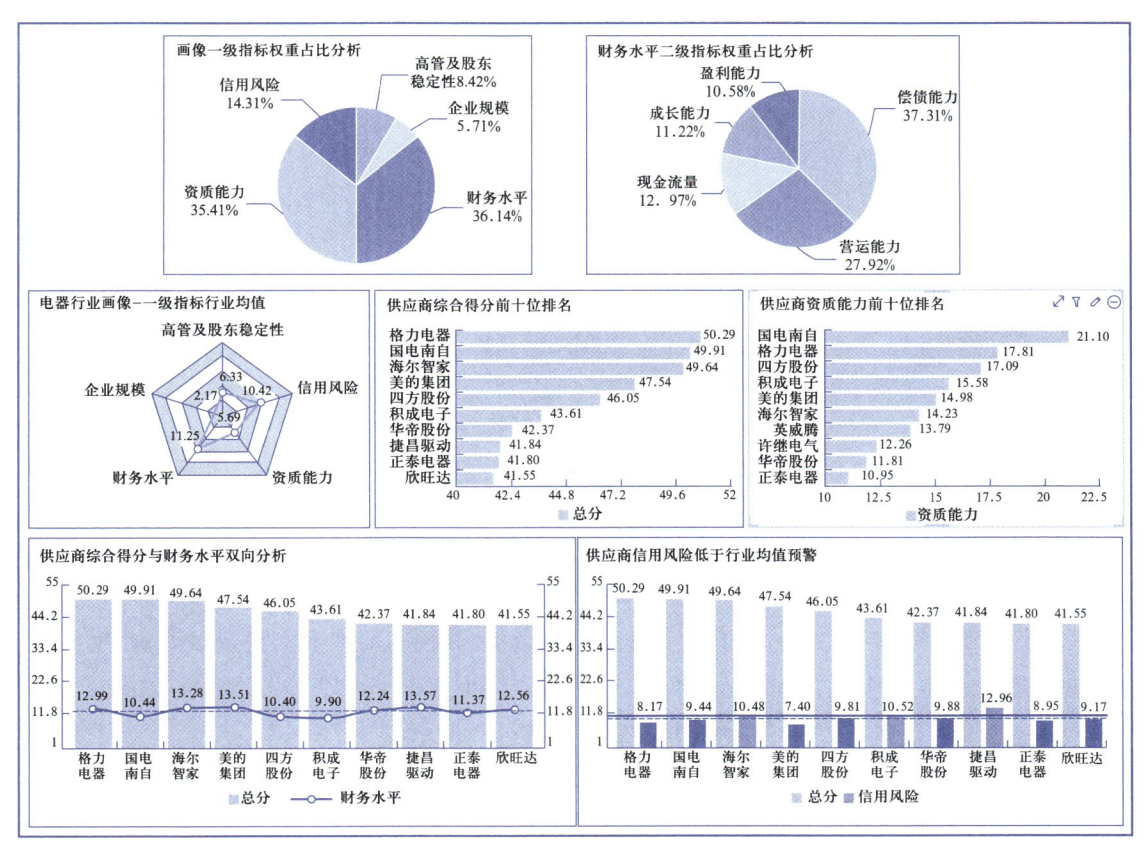

图7-1 电器行业供应商画像

业利用大数据技术对供应商进行全方位的信息整合,从基础信息、信用风险、产品质量、招投标行为、用户评价等维度,建立供应商全景数据库,最终得出一个供应商画像。

在构建供应商画像的过程中,可以将供应商进行合理的科学划分,将供应商的海量数据精准、有效地展现,为优质供应商的选择以及供应商分级分类管理等工作提供数据支撑和辅助决策依据,大大提高了供应商的管理效率。

二、构建供应商画像的方法

画像是对供应商真实情况的描述,画像可以帮助企业进一步实现对供应商系统化、差异化、可视化、数字化的管理,这也大大提高了供应商评估的准确性与时效性。可见,供应商画像是供应商的一个综合反映,它代表了供应商在企业中的形象,也是供应商的实力表现。

要想搭建一个类似图7-1的供应商画像,主要涉及六个步骤:确定画像标签、数据采集、数据预处理、指标权重测算、指标得分计算、画像可视化展示,如图7-2所示。确定画像标签一般需要凭借经验完成,除此之外,都可以利用大数据技术完成。

简单说,构建供应商画像的操作步骤可以描述如下:

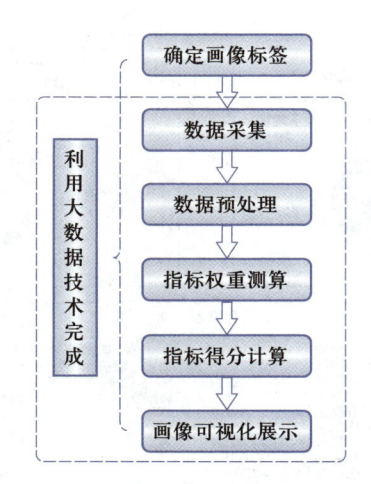

图 7-2 构建供应商画像流程图

（1）按照企业的需求，确定需要展示的供应商画像的标签；

（2）通过对不同的数据源进行数据采集，即可获取需要的源数据；

（3）获取的数据含有结构化数据及非结构化数据，我们需要把数据进行预处理，这里包含数据清洗、对数化处理以及数据标准化处理等操作，得到一个可以量化的标准数值；

（4）通过大数据算法，计算出各个标签的权重；

（5）利用 Python 代码计算出各个企业的指标得分；

（6）最后用可视化技术按照画像标签展示供应商画像。

下面我们逐一描述供应商画像的操作步骤。

三、构建供应商画像的步骤

（一）确定画像标签

供应商评估体系的构建，对于选择供应商、评估供应商至关重要，这也要求评价体系中的供应商的画像标签要全面、科学、合理。构建健全的供应商大数据集合，并将其量化形成多维度的、涵盖范围广的供应商量化评级指标体系，是一门学问。标签既要包含企业所需了解的供应商全面信息，又要保证标签中供应商数据的准确性，这是对标签宽度和深度的双重要求。

对于供应商画像指标的构建，我们可以先制定一级指标，当一级指标确定之后，可以根据需要，设定二级指标与三级指标。若没有需要，可不设置二级或三级指标。常见指标如图 7-3 所示。

（二）获取画像数据

画像标签确认之后，我们可以使用大数据爬虫技术获取我们所需的数据信息。例如，使

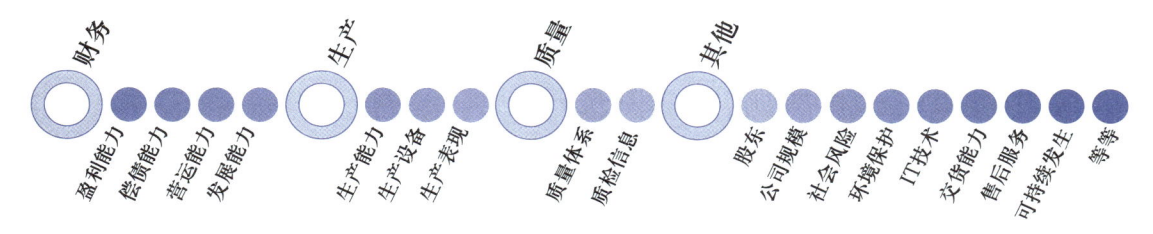

图 7-3　指标数据样例

用爬虫技术从"新浪财经"网站爬取所需信息。

但在使用爬虫进行数据爬取时,有的网站有反爬机制,还有的网站会有监测,如果同时有数百或数千名同学使用同一 IP 段或 IP 访问上海证券交易所网站,该网站会检测到此 IP 异常,会暂时封闭此 IP 的访问权限,导致相关页面无法访问。所以,爬取结果是多次爬虫获取的数据。

爬虫的操作步骤如下:

第一步:确定企业名单。

第二步:确定画像标签数据在网页中的位置及相对应的文件。如在爱企查官方网站搜索"珠海格力电器股份有限公司",在该公司页面下找到我们需要爬取的数据内容,如基本信息、上市信息、重点关注、知识产权等。

第三步:编写爬虫代码。

第四步:校验爬虫数据的结果,如数据有异常,返回第三步修改爬虫代码,重新爬取数据;如数据无异常,则爬虫完毕。

(三) 画像指标数据预处理

在构建供应商画像的数据中,由于数据信息源来自不同网站,数据格式不统一,所以我们还需要对数据进行预处理。数据预处理包含数据集成、数据清洗、数据对数化、数据标准化等方法。这些数据处理技术在数据挖掘和数据分析之前使用,大大提高了数据挖掘模型的质量,降低了实际挖掘和分析所需要的时间。

数据预处理可以使用的工具有很多,例如,用传统工具 Excel 进行数据预处理,最近几年常见的是使用代码方式,如用 Python 进行数据预处理;除此之外,还可以使用专业化图形工具,如 IBM Datastage 等。本案例中,我们使用 Python 代码进行数据预处理。

1. 数据集成

数据集成是一个数据整合的过程。从狭义上说,通过综合各数据源,将拥有不同结构、不同属性的数据合并,存放在一个一致的数据存储中,如存放在数据仓库中,这些数据源可能包括多个数据库、数据立方体或一般文件,以产生更高的数据价值和更丰富的数据。从广义上来说,在企业中,由于开发时间或开发部门的不同,往往有多个异构的、运行在不同的软硬件平台上的信息系统同时运行,这些系统的数据源彼此独立、相互封闭,使得数据难以在系统之间交流、共享和融合,从而形成了"信息孤岛"。随着信息化应用的不断深入,企业与外部信息交互的需求日益强烈,急切需要对已有的信息进行整合,联通"信息孤岛",共享信息,这些信息数据整合的一系列方案被称为数据集成。

数据集成的方法有以下两种,如图7-4所示。

(1) 数据关联,用于将不同数据内容的表格根据条件来连接,两份数据表做左右连接。常见的数据关联有四种方式:左连接、右连接、内连接、全连接。

(2) 数据合并,也称数据追加,用于将相同或相似数据内容的表格进行连接,两份数据表做上下连接。

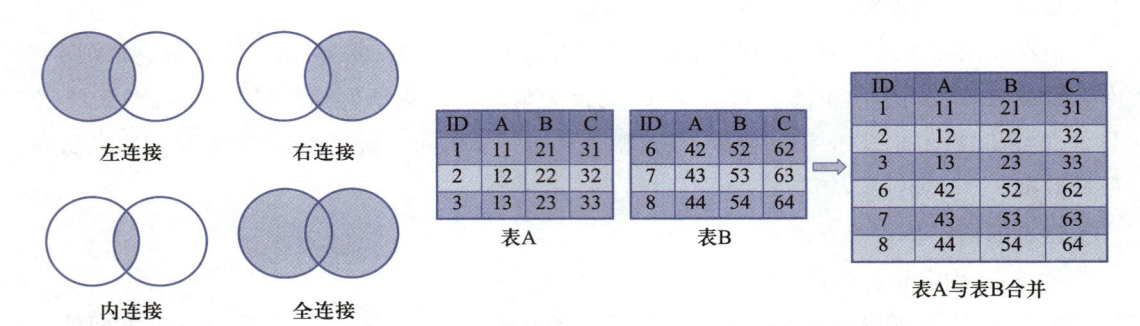

图 7-4 数据集成图

无论是数据关联还是数据合并,都需要一个关联条件。数据关联的关联条件一般是指左表的主键或其他唯一约束字段(即没有重复值)与右表的主键或其他唯一约束字段相等(相同)。数据合并的关联条件通常涉及多列字段合并,需要指定一张表的每列字段对应另一张表的哪些字段,也就是需要将多个字段作为连接条件。

2. 数据清洗

数据清洗是指发现并纠正数据文件中可识别的错误的最后一道程序,包括检查数据一致性、处理无效值和缺失值等。数据清洗对数据进行重新审查和校验,目的在于删除重复信息、纠正存在的错误并提供数据一致性。

数据清洗前,我们需要先观察数据,找出本案例数据中需要清洗的点。本案例中,我们的数据有缺失值,即没有采集到的指标,也有一些空白值。为了确保数据的唯一性,我们将指标中存在空白值与重复值的数据全部删除。

(1) 使用 nan 代替"空白"作为标记,然后利用 pandas 封装的 dropna( )函数删除这些标记;

(2) 使用 pandas 封装的 drop_duplicates 去除重复项。

3. 数据对数化

数据对数化处理是数据变换的一种常用方式,它可以将一类我们理论上未解决的模型问题转化为已经解决的问题。平时在一些数据处理中,经常会把原始数据取对数后进一步处理,本案例中取对数的作用主要是缩小数据的绝对数值,方便计算。例如,每个数据项的值都很大,对许多这样的值进行计算可能超过常用数据类型的取值范围,这时取对数就把数值缩小了。例如,表7-1是资产总计与Ln对数变换后的结果对比。

表7-1 对数化处理样例

资产总计(元)	对数后资产总计
8 770 155 403	22.894 6
7 623 760 794	22.754 5
301 955 419 000	26.433 5
15 089 632 208	23.437 3

4. 数据标准化

在多指标评价体系中,由于各评价指标的性质不同,通常具有不同的量纲(单位)和数量级。当各指标间的水平相差很大时,如果直接用原始指标值进行分析,就会突出数值较高的指标在综合分析中的作用,相对削弱数值水平较低指标的作用。因此,为了保证结果的可靠性,需要对原始指标数据进行标准化处理。数据的标准化是将数据按比例缩放,使之落入一个小的特定区间。在某些比较和评价的指标处理中,经常会去除数据的单位限制,将其转化为无量纲的纯数值,便于不同单位或量级的指标进行比较和加权。

本案例中用到的数据标准化的方法是正向化和逆向化。正向化是指让正向指标的数字越大越好。逆向化是指对逆向指标(逆向指标的数据是越小越好)进行处理,主要是通过公式将原始的数据进行正向转化,即越小的数据转化后的新数据越大,即对逆向指标正向。这样便于进行方向的统一,尤其是在指标同时出现正向指标和逆向指标时,针对逆向指标进行逆向处理,是非常常见的处理方式。

正向化的计算公式为$(X-\text{Min})/(\text{Max}-\text{Min})$。正向化的结果是数据压缩在$[0,1]$范围内,即进行了量纲处理。当某些数据刚好为最小值时,则归一化后为0;如果数据刚好为最大值时,则归一化后为1。

逆向化的计算公式为$(\text{Max}-X)/(\text{Max}-\text{Min})$。逆向化的结果也是将数据压缩在$[0,1]$范围内,即进行了量纲处理。由公式可以看出,逆向化时,分母永远是大于0,随着X的增大,分子会越来越小;那么,对逆向指标进行逆向化处理之后就会得到一个特征,即数字越大越好(数字越大时,其实X是越小)。

(四)指标权重测算

数据预处理之后,在我们分析数据之前,还需要对数据进行一个供应商画像的模型构建。首先我们需要对画像中的指标权重进行测算,其目的在于把不同画像指标数据对于供应商画像的重要性进行一个排序,找出影响最大的指标是哪一个。目前较为成熟的权重计算方法主要分为三大类:

第一类是主观赋权法。主观赋权法是根据专家主观上对各标签的重视程度来确定属性权重的方法,其原始数据由专家根据经验主观判断得到。主观赋权法的优点是专家可以根据实际的决策问题和专家自身的知识经验合理地确定各属性权重的排序,不至于出现属性权重与属性实际重要程度相悖的情况。但决策或评价结果具有较强的主观随意性,客观性较差,同时增加了对决策分析者的负担,应用中有很大局限性。本案例中使用的层次分析法就属于主观赋权法的一种。

第二类是客观赋权法。客观赋权法是根据数学手段研究指标之间的相关关系或指标与评价结果的关系来确定指标权重,因此权重的客观性强,且不增加决策者的负担,方法具有较强的数学理论依据。但是这种赋权法没有考虑决策者的主观意向,因此确定的权重可能与人们的主观愿望或实际情况不一致,使人感到困惑。本案例中的熵值法就属于客观赋权法的一种。

第三类是将主观赋值法与客观赋权法相结合,形成组合赋权法。主观赋权法在根据属性本身含义确定权重方面具有优势,但客观性较差;而客观赋权法在不考虑属性实际含义的情况下,确定权重具有优势,但不能体现决策者对不同属性的重视程度,有时会出现确定的权重与属性的实际重要程度相悖的情况。针对主观、客观赋权法各自的优缺点,为兼顾决策者对属性的偏好,同时又力争减少赋权的主观随意性,使属性的赋权达到主观与客观的统一,进而使决策结果真实、可靠,合理的赋权方法应该同时基于指标数据之间的内在规律和专家经验对决策指标进行赋权。本案例最后使用的权重结果就是组合赋权法计算出来的权重。

1. 层次分析法

(1)方法介绍。

层次分析法(AHP)是在20世纪70年代中期由美国运筹学家托马斯·塞蒂正式提出。它是一种定性和定量相结合的、系统化、层次化的分析方法。这个方法的特点是将一个复杂的多目标决策问题作为一个系统,分析其本质、影响因素以及内在的关系等,构建一个层次结构模型,将决策问题分解为多个目标或准则,进而分解为多指标(或准则、约束)的若干层次,通过定性指标模糊量化方法算出层次单排序(权数)和总排序,以作为目标(多指标)、多方案优化决策的系统方法。

应用层次分析法时,首先要把问题层次化。根据问题的性质和要达到的目标,将问题分解为不同组成原因;也就是将决策问题按总目标、各层子目标、评价准则直至具体的备投方案的顺序分解为不同的层次结构,然后用求解判断矩阵特征向量的办法,求得每一层次的各元素对上一层次某元素的优先权重,最后再加权和的方法递阶归并各备择方案对总目标的最终权重,最终权重最大者即为最优方案。

(2)操作步骤。

第一步:建立层次结构模型。在深入分析实际问题的基础上,将有关的各个因素按照不同属性自上而下地分解成若干层次,同一层的因素从属于上一层的因素或对上层因素有影响,同时又支配下一层的因素或受到下层因素的作用。

最高层为目标层,通常只有一个元素,一般是分析问题的预定目的或理想结果。最低层通常为方案层,表示将选用的解决问题的各种措施、政策、方案等,通常有几个方案可选。

中间层可以有一个或几个层次,通常为准则或指标层,表示采取某种措施、政策、方案等实现预定目标所涉及的中间环节。当准则过多时(譬如多于9个),应进一步分解出子准则层。层次之间元素的支配关系不一定是一一对应的,即可以存在某些元素不支配下一层的所有元素。层次数与问题的复杂程度和所需要分析的详尽程度有关,每一层次中的元素一般不超过9个,因为一层中包含数目过多的元素,会给两两比较判断带来困难。层次分析法的架构如图7-5所示。

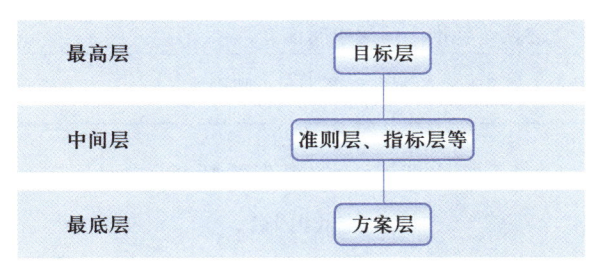

图7-5 层次分析法的架构

举个例子,我们选择一个餐厅吃晚餐,建立的层次结构模型如图7-6所示。

图7-6 选择餐厅案例

第二步:构造判断(成对比较)矩阵。在建立层次结构之后,上下层次之间元素的隶属关系就被确定了。假定上一层次的元素 C_k 作为准则,对下一层次的元素 $A_1,\cdots,A_n$ 有支配关系,我们的目的是在准则 C_k 之下按它们相对重要性赋予 $A_1,\cdots,A_n$ 相应的权重。简单地说,就是比较同一层次中每个因素关于上一层次的同一个因素的相对重要性。确定各层次各因素之间的权重时,如果只是定性的结果,则常常不容易被别人接受。而Saaty等人提出构造矩阵,可以不把所有因素放在一起比较,而是两两相互比较,采用相对尺度,以尽可能减少性质不同的诸因素相互比较的困难,以提高准确度。

我们从层次结构模型的第2层开始,对于从属于(或影响)上一层每个因素的同一层诸因素,用成对比较法和1-9比较尺度构造成对比较阵,直到最下层。我们用 a_{ij} 表示比较的结果,即因素 i 与因素 j 重要性比较结果。1-9个重要性等级及其赋值含义如表7-2所示。

表7-2 1-9重要性等级含义说明

1-9量化值	因素 i 比因素 j
1	表示两个因素相比,一个因素比另一个因素同等重要

续表

1-9 量化值	因素 i 比因素 j
3	表示两个因素相比,一个因素比另一个因素稍微重要
5	表示两个因素相比,一个因素比另一个因素明显重要
7	表示两个因素相比,一个因素比另一个因素强烈重要
9	表示两个因素相比,一个因素比另一个因素极端重要
2、4、6、8	为上述两个标准之间的中间值
倒数	因素 i 与 j 比较的判断结果是 a_{ij},则因素 j 与 i 比较的判断结果是 $a_{ji} = \frac{1}{a_{ij}}$

对于 n 个元素,$A_1, \cdots, A_n$ 来说,两两比较得到的判断(成对比较)矩阵为:

$$A = (a_{ij})_{n*n}$$

例如,我们要比较各准则口味(C1)、费用(C2)、位置(C3)与环境(C4)对目标层餐厅选择的重要性,则 $C_i : C_j = a_{ij}$,$A = (a_{ij})_{4*4}$,$a_{ij} > 0$,$a_{ji} = \frac{1}{a_{ij}}$。

如图 7-7 所示:

① 当 $i = j$ 时,$a_{ij} = 1$,所以 $C_{11} = 1$,$C_{22} = 1$,$C_{33} = 1$,$C_{44} = 1$;

② $a_{ij} = \frac{1}{a_{ji}}$,所以 $C_{12} = \frac{1}{C_{21}}$,$C_{13} = \frac{1}{C_{31}}$,$C_{14} = \frac{1}{C_{41}}$,$\cdots$。

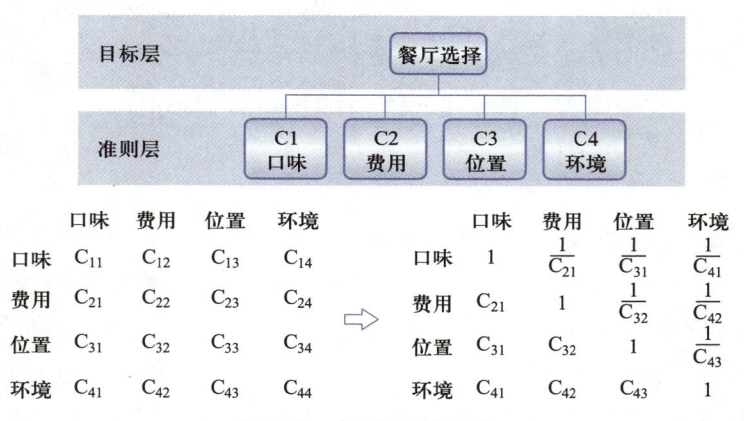

图 7-7 准则层判断矩阵

第三步:判断矩阵的一致性检验。专家在判断指标重要性时,各判断之间应协调一致、无相互矛盾的结果。例如在进行两两比较时,矩阵中口味比环境重要,环境比位置重要,则轮到口味与位置比较时,若给出位置比口味重要,此时就叫作不一致。但在多阶判断的条件下,不一致性极容易发生,只不过不同的条件下,不一致的程度有所差异。打分时要注意,口味与费用相比,费用的重要程度是口味的 1/3 分,而口味与位置相比,位置的重要程度是口味的 3 分,则费用与位置之间的打分要遵循两者之间分值之差不能超过 9 分。

所谓一致性检验是指对 A 确定不一致的允许范围,即计算衡量一个判断(成对比较)矩阵 A($n>1$ 阶方阵)不一致程度的指标 CI:

$$CI = \frac{\lambda_{\max}(A) - n}{n-1}$$

由于 λ 连续的依赖于 a_{ij}，则 λ 比 n 大得越多，A 的不一致性越严重，引起的判断误差越大。因而可以用 $\lambda_{\max}(A) - n$ 数值的大小来衡量 A 的不一致程度，即：

① CI=0，表明判断矩阵有完全的一致性；
② CI 接近于 0，表明判断矩阵的一致性较好，有较满意的一致性；
③ CI 越大，表明判断矩阵偏离完全一致性的程度越大。

当判断矩阵具有满意的一致性时，需要引入判断矩阵的平均随机一致性指标 RI 值。RI 值即为平均随机一致性指标，是多次（500 次以上）重复进行随机判断矩阵特征根计算之后取算术平均得到的。龚木森、许树柏 1986 年得出的 1—15 阶判断矩阵重复计算 1000 次的平均随机一致性指标，其 1—9 阶 RI 值如表 7-3 所示。

表 7-3 RI 值

阶数	1	2	3	4	5	6	7	8	9
RI	0.00	0.00	0.52	0.89	1.12	1.26	1.36	1.41	1.46

当阶数大于 2 时，判断矩阵的一致性指标 CI 与同阶平均随机一致性指标 RI 之比称为随机一致性比率 CR，当 $CR = \frac{CI}{RI} < 0.10$ 时，可认为判断矩阵 A 的不一致程度在容许范围之内，有满意的一致性，通过一致性检验，且可用其归一化特征向量作为权向量，否则要重新构造判断矩阵 A，对 a_{ij} 加以调整。

第四步：判断矩阵的层次单排序。两两进行比较后，怎样才能知道下层次各因素对上层次某因素的影响程度的排序结果呢？我们还需要计算单一准则下元素的相对权重。每一个判断（成对比较）矩阵计算最大特征根 $\lambda_{\max}$ 的特征向量，经归一化（使向量中各元素之和等于 1）后记为 W。W 的元素为同一层次因素对于上一层次某因素相对重要性的排序权值，这一过程称为层次单排序。

第五步：判断矩阵的层次总排序及其一次性检验。计算某一层次所有因素对于最高层（总目标）相对重要性的权值，称为层次总排序。这一过程是从最高层次到最低层次逐层进行的。对于最高层下面的第二层，若上一层次 A 包含 m 个因素 $A_1, A_2, \cdots, A_m$，其层次总排序权值分别为 $a_1, a_2, \cdots, a_m$，下一层次 B 包含 n 个元素 $B_1, B_2, \cdots, B_n$，它们对于因素 A_j 的层次单排序权值分别为 $b_1^j, b_2^j, \cdots, b_n^j$（当 B_i 与 A_j 无联系时，$b_i^j = 0$），此时 B 层次总排序权值由表 7-4 给出。

表 7-4 B 层次总排序权值

B 层次	对 A 层次的单排序权值	B 层次的总排序
B_1	$b_1^1 \ b_1^2 \ \cdots \ b_1^m$	$\sum_{j=1}^{m} a_j b_1^j$
B_2	$b_2^1 \ b_2^2 \ \cdots \ b_2^m$	$\sum_{j=1}^{m} a_j b_2^j$

续表

B 层次	对 A 层次的单排序权值	B 层次的总排序
⋮	⋮	⋮
B_n	$b_n^1 \quad b_n^2 \quad \cdots \quad b_n^m$	$\sum_{j=1}^{m} a_j b_n^j$

（3）优点与局限性。

优点：层次分析法把研究对象作为一个系统，按照分解、比较判断、综合的思维方式进行决策，成为继机理分析、统计分析之后发展起来的系统分析的重要工具。层次分析法把定性和定量方法结合起来，能处理许多用传统的最优化技术无法着手的实际问题，应用范围很广，同时，这种方法使得决策者与决策分析者能够相互沟通，决策者甚至可以直接应用它，这就增加了决策的有效性。

局限性：从建立层次结构模型到给出成对比较矩阵，人的主观因素对整个过程的影响很大，这就使得结果难以让所有的决策者接受。当然采取专家群体判断的办法是克服这个缺点的一种途径。

2. 熵值法

（1）方法介绍。

信息熵是表示一个事件或者变量的混乱程度（也可称为一个事件的不确定性），将信息变成可以量化的变量。信息熵是信息论中用于度量信息量的一个概念。一个系统越是有序，信息熵就越低；反之，一个系统越是混乱，信息熵就越高。所以，信息熵也可以说是系统有序化程度的一个度量。高信息度的信息熵是很低的，低信息度的熵则高。具体说来，凡是随机事件导致的变化，都可以用信息熵的改变量这个统一的标尺来度量。

熵值法的基本思路是根据指标变异性的大小来确定客观权重。根据信息熵的定义，对于某项指标，可以用熵值来判断某个指标的离散程度，其信息熵值越小，指标的离散程度越大，提供的信息量越多，该指标对综合评价的影响就越大，其权重也就越大。相反，如果某个指标的信息熵越大，表明指标值的变异程度越小，提供的信息量也就越小，该指标对综合评价的影响所起到的作用也就越小，其权重也就越小。如果某项指标的值全部相等，则该指标在综合评价中不起作用。因此，可利用信息熵这个工具，计算出各个指标的权重，为多指标综合评价提供依据。

（2）操作步骤。

对于 n 个样本，m 个指标，则 x_{ij} 为第 i 个样本的第 j 个指标的数值（$i=1,\cdots,n;j=1,\cdots,m$）。基于此，我们对于熵值法的操作步骤如下：

第一步：数据标准化。这里是指数据归一化处理、判断矩阵中是否存在负数，如果有则要重新标准化到非负区间。此步骤我们在数据预处理中已完成。

第二步：计算第 j 项指标下第 i 个样本所占的比重。

$$p_{ij} = \frac{x_{ij}}{\sum_{i=1}^{n} x_{ij}} \quad (i=1,\cdots,n;j=1,\cdots,m)$$

第三步:计算第 j 项指标的熵值。

$$e_j = -k\sum_{i=1}^{n} p_{ij}\ln(p_{ij}) \quad (j=1,\cdots,m,\text{其中 } k=\frac{1}{\ln n}>0,\text{满足 } e_j \geqslant 0)$$

第四步:计算信息熵冗余度(差异性系数)。

$$d_j = 1-e_j \quad (j=1,\cdots,m)$$

第五步:计算第 j 项指标的权重。

$$w_j = \frac{d_j}{\sum_{j=1}^{m} d_j} \quad (j=1,\cdots,m)$$

举个例子,我们在选择餐厅吃饭时,在数据预处理之后,首先需要计算 M_1 餐厅的 A_1 指标在所有餐厅 A_1 指标中的比重;然后计算 A_1 指标的熵值 e_1,熵值越大,说明提供信息量越小,其权重也越小;得到熵值之后,计算 A_1 指标实际带来的信息量与最大信息量之间的差 d_1,即 $1-e_1$;最后,我们需要计算 A_1 指标的权重 w_1。

(3)优点与局限性。

优点:客观性强,相对主观赋值法精准度更强,能够更好地解释所得到的结果。适应性强,可以用于任何需要确定权重的过程,也可以结合一些方法共同使用。

局限性:熵值法是一种客观赋权的方法,它的客观体现在如果这个指标的方差大,则此指标的权重大,但是这种方法其实是不科学的。另外,由于概率的范围是在 0—1 之间的,因此在处理原始数据的时候需要进行标准化,但是如何进行标准化目前并没有给出一个确定的答案,不同的标准化的方法得到的结果可能会相差甚远。

3. AHP 与熵值法组合

(1)方法介绍。主观赋权法如 AHP 在根据决策者意图确定权重方面比客观赋权法如熵值法具有更大的优势,但客观性相对较差,主观性相对较强。而采用客观赋权法(熵值法)有着客观优势,但不能反映出参与决策者对不同指标重视程度,并且会有一定的权重和与实际指标相反的程度。为了弥补单一赋权带来的不足,以及确保指标权重结果公正可信,我们采用了主观与客观相结合的方法测算权重,以此来确保评价结果真实、科学、可信。

(2)操作步骤。

第一步:运用层次分析法(AHP)计算权重。

第二步:运用熵值法计算权重。

第三步:利用 AHP 赋权和熵值法赋权的最优组合权重,得到综合赋权权重。

$$w_j = \frac{(w_{1j}w_{2j})^{0.5}}{\sum_{j=1}^{m}(w_{1j}w_{2j})^{0.5}} \quad (j=1,\cdots,m)$$

(五)指标得分计算

计算出每个指标的综合权重,我们还需要换算一下其得分,以便我们后续做供应商画像使用。这里我们使用的方式是利用数据标准化的结果与每个指标的综合权重相乘,得出该指标的分值,从而得出每个企业的得分。此部分我们使用 Python 代码实现,操作步骤如下。

第一步:导入 Python 库,并获取数据所需文件。

第二步:计算三级指标得分。由于已经计算出每个指标的标准化数值及权重,现在需要计算每个指标的得分。由于标准化的取值范围是 0—1,所以我们将得分放大 100 倍。计算过程是将标准化数据乘以权重数据。

第三步:保存公司各个指标得分。将计算出的指标得分与供应商名称进行匹配

第四步:计算一级指标得分及供应商综合得分。根据一级指标与三级指标的勾稽关系,计算出一级指标的得分,从而计算出备选供应商的分值。

第五步:运行代码,得分结果展示。

(六)画像可视化展示

我们可以用 Python 或者分析云绘制供应商画像,使用分析云时,我们需要把分析用的 Excel 表上传到分析云中。

1. Python

我们可以直接使用 Python 代码绘制供应商画像。本案例我们以雷达图为例,使用代码绘制单一供应商画像以及两家供应商对比画像。

2. 用友分析云

将我们整理好的数据表上传至分析云,用分析云制作一个可视化界面,用多张供应商画像对供应商进行深维度的可视化展示,如图 7-8 所示。例如,通过分析云中的省份图展示供应商的分布情况,了解供应的供货地址(我们假设供应商的所在地与库房在同一地区);通过饼图展示供应商画像指标权重的占比,了解哪个指标相对比较重要;通过条形图展示供应商的排名情况,从综合得分看供应商的排名;通过在柱状图中添加辅助线或预警线,展示供应商的风险情况以及两两相较的指标分析等。

四、实战演练

(一)案例背景

A 公司创建于 1989 年,是一家全球领先的装备制造业公司,业务覆盖全球 150 多个国家和地区。主营业务是以"工程"为主题的装备制造业,覆盖混凝土机械、挖掘机械、起重机械、筑路机械、桩工机械、风电设备、港口机械、石油装备、煤炭设备、精密机床等全系列产品。

随着公司的不断发展,A 公司的内审部门为防止员工在采购环节出现舞弊行为,于 2019 年重新编制了供应商管理制度。在原有的制度基础上,增设了财务部对供应商入库的前置审批流程,明确了财务部需要对采购部提出的供应商进行供应商入库资质审查、资料审查、供应商入库竞对比较审查,并从财务风险管理的角度给出专业的审批意见,规避未来可能会

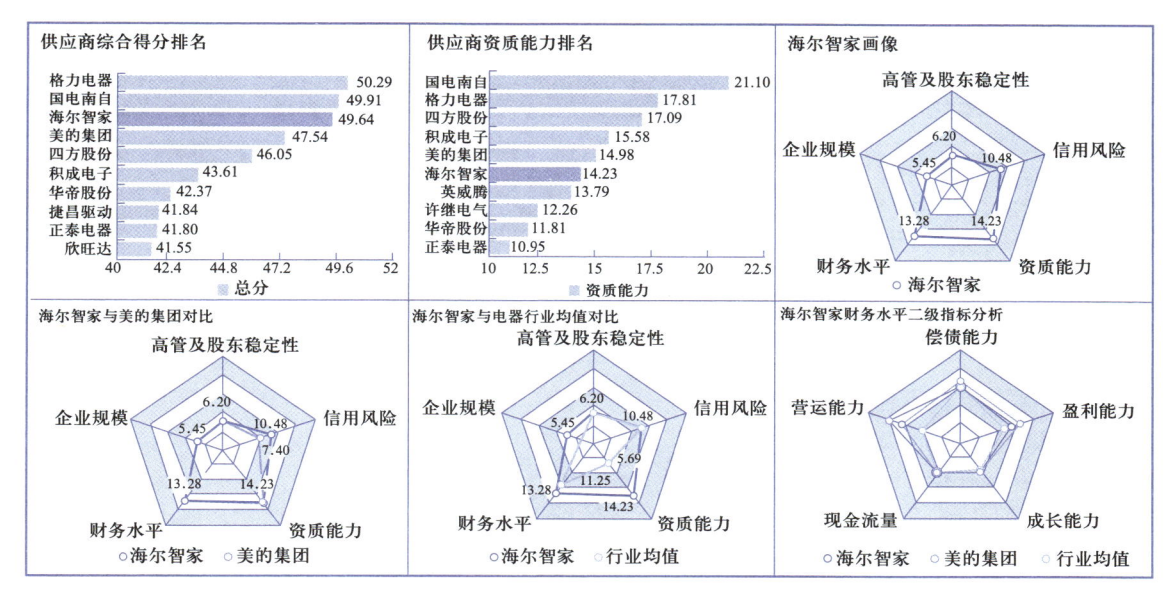

图 7-8 海尔智家供应商画像

发生的由供应商带来的财务风险。

近期,A 公司打算采购一批电器设备。为了更好地完成供应商入库机制,财务部经理要求财务分析专员做一套电器行业的供应商画像,以随时查询供应商的信息,方便日后供应商入库审查工作的顺利进行,并提高审查时效性。A 公司管理层要求入库供应商必须具备以下五个因素:大规模企业,低信用风险,财务状况良好,资质能力强,公司高管及股东较稳定。

(二)任务目标

根据构建供应商画像的操作步骤,利用大数据技术完成供应商画像。

(三)任务实现

登录新道大数据教学平台,进入"供应商画像实战演练",如图 7-9 所示,根据平台中的任务指南完成操作。

该项任务包含三大步骤:供应商画像建模数据准备、供应商画像模型构建、供应商画像可视化。学员进入该项任务,按顺序依次完成任务操作。

(四)结果解读

通过主观与客观结合的赋值法,我们建立了供应商画像模型,从企业规模、财务水平、资质能力、信用风险、股东及高管稳定性五个方面,测算出 156 家供应商的综合得分以及各明细指标的得分。

根据画像展示的结果,我们可以从几个方面做供应商筛选。第一,从综合得分来看,行业均值得分是 35.86,156 家供应商中超过行业均值的供应商有 71 家(占比 46%),排名前十

图 7-9　供应商画像实战演练

的供应商的综合得分在 41.55—50.29 之间,综合得分排名前十的供应商是比较优秀的。第二,从画像一级指标权重的重要性分析,财务水平和资质能力指标是比较重要的,两个指标权重占比高达 71.55%,所以可以从这两个指标的排名情况分析供应商。第三,从电器行业雷达图可以看出,除去财务水平指标以外,信用风险行业均值相比较于其他几个指标而言得分较高,可以重点分析一下供应商的信用风险指标。

思考题

1. 大数据时代下企业如何进行前瞻性供应商管理?
2. 大数据时代下企业应该如何构建数字化采购管理体系?
3. 如何利用大数据技术开展供应商企业画像?

第八章

基于大数据的资金管理

第一节 大数据背景下资金管理的变化

数据,已经渗透到当今每一个行业和业务职能领域,成为重要的生产因素。公司的资金管理工作每天都会涉及许多资金数据。企业的资金流、筹资融资数据、资金管理报告等,无一不是数据。这些数据形式多样,存在于企业的各个流程中。如何有效地使用和利用这些数据是资金管理工作人员需要思考的问题。大数据时代的到来,无疑给数据的分析和加工带来了全新的概念,在新技术的发展下不断地影响着资金管理工作。

一、提高资金分析效率

大数据的意义不仅是大量的数据,更为突出的是对数据的分析和挖掘能力。大数据通过大规模并行处理(MPP)数据库、数据挖掘、分布式文件系统、分布式数据库、云计算平台、互联网和可扩展的存储系统等特殊技术,对收集的海量数据进行更为迅速、有效的分析。以资金管理工作中的融资分析为例,通常资金管理人员收到业务部门的资金需求,然后进行相应的资金安排,或利用公司内部资金或通过银行贷款、发行股票、发行债券等方式进行融资。融资人员需要根据企业自身和业务的性质、企业的现状、对应项目的资金流特征、取得融资的难易程度、融资期限的长短等各种因素决定融资方式。从提出融资需求到融资落地,通常需要一定的时间。一般来讲,即使是一项简单的项目融资业务,从需求到提取落地,最快也需要 1 个月左右的时间。而大数据时代,通过数据的挖掘和分析,运用各种新技术,可以大为缩短融资决策的时间。原先可能需要 1 周的时间,大数据技术可能仅用几个小时就可以完成。同时数据的分析深度和维度也更为深入和广泛。原先可能需要依靠资深人员的经验去评判融资方式的可行性,大数据技术通过内部和外部数据很快就能分析出哪种方式对于企业更为有利。因此，大数据时代下企业分析数据的能力和效率都提高了。

二、提升资金管理能力

在大数据时代背景下，大型企业管理方式不断优化。资金管理工作是企业管理工作极为重要的构成内容。但是，对于企业来说，如果资金管理存在问题，很容易影响企业整体发展，导致资金管理工作效率低下，致使企业在激烈竞争中，失去主动地位。而借助大数据技术，可以提升公司内部的数据共享能力，公司各业务部门及分子公司可以将数据上传至云端，将大量信息数据迅速分类，并对数据进行综合处理，能够有效规避数据共享不到位、数据主体冲突的问题。同时，以大数据为基础进行企业资金管理工作，能够科学管理企业资金运行，具有现代化管理气息。在大数据时代背景影响下，大数据技术已经逐渐融入企业资金管理工作中。大数据的运用，能够有效提升企业资金管理水准。

比如一笔资金支付业务，原先的流程可能是业务部门提出资金需求，财务部门进行账务处理，然后流转到出纳。出纳制单后，再通过企业内部的审核流程，最终在银行付款。分析人员可能在周或月度结束后，从财务系统中取得数据，然后对本公司支付用途进行统计分析。而在大数据时代，业务部门和财务部门几乎能在同时进行处理。在银行端支付时，云计算平台就可以对数据进行实时处理。财务记账也不需要拿到银行水单再进行账务处理。而事后的统计分析工作也可以在支付的同时就进行流程简化，时间缩短。云计算、智能机器人等这些新技术促使企业改变原有的工作流程和工作方式，重新构建更为流畅有效的工作流程。大数据时代的来临打破了原有的工作边界，资金管理不再只是关注资金的信息，而是要扩大范围，将企业内部各个职能部门都考虑在内，甚至包含企业上下游企业、企业的竞争者等，实现全流程、信息一体化的工作平台。或许在未来，组织架构不需要再分为销售部门、生产部门、财务部门，而是在大数据框架下搭建各个数据分析中心，互联互通，更高效地运转。

三、更好地管控资金走向

在传统企业资金管理工作中，企业只能在一定阶段，对资金工作进行抽查与管理，对资金走向监管能力较低。此种管理情况下，很容易出现管理者为了自身不正当利益，损害集体利益的问题，对企业整体发展带来极为不利影响。所以，借助大数据管理方式和强大的网络信息技术与系统，总公司可以随时随地对公司资金走向进行监管，并能够根据子公司资金实际情况，对公司发展构建科学策略。同时，在企业资金管理工作中应用大数据，不仅能够随时随地对资金进行管理与监察，更能及时发现资金管理工作存在的不足之处，最大限度规避资金管理所存漏洞，进而强化资金管理与合理应用，强化企业资金管控能力。

四、有效降低企业资金管理风险

在资金管理具体工作中,首先,应根据公司实际情况,在管控好公司资金的基础之上,对资金流动以及实际情况进行监管工作。只有确保公司每一笔资金都能得到合理应用,对资金走向进行全面监控,才能在最短时间内发现资金异常行为,提升资金风险防控能力。其次,要以大数据技术为资金管理重要工具,对资金管理工作加以评估。只有这样,才能最大限度降低资金管理存在的风险问题。

第二节 大数据背景下资金管理的挑战

大数据时代的到来为资金管理工作提供了强大的技术资源平台支持,但是也暴露出资金管理方面的一些不足,具体体现在以下几个方面。

一、资金管理灵活性不够

大数据时代的到来让信息交流和共享等变得更加高效,但是由于企业在大数据技术的引进和开发等方面时间比较短,且经验不足,所以在大数据体系建设方面进度相对滞后,资金管理模式比较落后,习惯于按照传统的资金管理模式——层层审批的方式来进行资金调度使用,资金管理相对比较集中,一些分公司在开展业务方面如果遇到突发情况,资金流动较多,现有的资金管理模式灵活性不够,容易影响采购、营销以及其他环节工作的开展,从而不利于发挥资金管理应有的功能。虽然企业在资金管理方面开辟了网络化审批程序,但是管理模式过于集中化,从而不利于日常业务管理活动的有序开展。

二、资金监控机制有待完善

加强企业资金管理,借助大数据技术等进行资金动态化科学管理,成为时代发展的必然要求,也是企业改革发展的关注点。大数据技术的应用一定程度上提高了资金动态管理的水平,但是企业建立资金智能管理体系需要进行全面监督,如果智能分析出现问题或出现错误等,将会导致整体工作业务不能有序开展,甚至还会发生一些纠纷,所以还需要在电子信息平台实施的过程中加强人力的配合,相关的人员应当全面加强资金管理平台的监控。这样才能及时发现可能存在的问题或者衔接不顺畅的情况,从而保证资金链条的稳定性和应用开发的流动性。

三、资金管理人员的素质与能力有待提升

实施信息化资金管理对资金管理人员的能力和素质提出了更高的要求。公司财务管理人员、技术支持人员以及业务人员的业务素质、能力等参差不齐,尤其是在资金动态管理、资金数据分析与资源挖掘等方面的能力需要加强。所以需要结合资金管理信息化工作的开展进行全方位的培训。目前这方面的工作开展力度还不够,从而导致企业资金管理人员的素质、能力未能满足大数据时代下企业业务发展的要求。

第三节 大数据背景下的企业资金分析

一、企业资金分析的框架

站在企业经营者和管理者的角度,可以从三个方面对企业资金情况做分析,分别是:资金存量分析、资金来源分析及债务分析与预警。

(一)资金存量分析

资金存量是指企业持有的现金量,也就是资产负债表中的货币资金量。货币资金是指可以立即投入流通,用以购买商品或劳务,或用以偿还债务的交换媒介物。在流动资产中,货币资金的流动性最强,并且是唯一能够直接转化为其他任何资产形态的流动资产,也是唯一能代表企业现实购买力水平的资产。为了确保生产经营活动的正常进行,企业必须拥有一定数量的货币资金,以便购买材料、交纳税金、发放工资、支付利息及股利或投资等。企业所拥有的货币资金量是分析判断企业偿债能力与支付能力的重要指标。

(二)资金来源分析

企业的资金来源由经营活动产生的现金流量、投资活动产生的现金流量和筹资活动产生的现金流量三部分构成。分析现金流量及其结构,可以了解企业现金的来龙去脉和现金收支构成,评价企业的经营状况、创现能力、筹资能力和资金实力等。

(三)债务分析与预警

分析企业的贷款与欠款情况,对大额贷款做出预警,同时分析大额资金的使用效益、比较融资成本,为经营者做出合理的资金计划提供数据支持。

二、资金存量分析

资金是企业赖以生存和发展的基础,其运转不仅涉及企业生产经营活动的方方面面,还与企业的管理水平和经济效益密切相关。不同的财务指标,反映了企业资金运营的好坏。资金分析的指标主要包括企业资金存量、资金使用效率及偿债能力三个方面。

1. 企业资金存量

企业资金存量,是分析企业首先要掌握的,反映了企业的直接支付能力。从财务管理的角度而言,货币资金存量过低,将影响企业的正常经营活动,制约企业的发展,进而影响企业的商业信誉;货币资金存量过高,则意味着企业正在丧失潜在的投资机会,也可能表明企业的管理人员生财无道。常用的资金存量分析指标及公式见表8-1。

表8-1 资金存量分析指标及公式

指标	公式
N_1	库存现金+银行存款+其他货币资金
N_2	N_1+交易性金融资产+应收票据

2. 资金使用效率

资金使用效率,是评价资金使用效果的一个参数,主要的两个指标是资产使用的有效性和充分性。常用的分析指标有货币资金占总资产的比重,一般来说,货币资金占总资产比重越高,说明本企业的资金储备率越高,经营风险越小,偿债能力也越强;货币资金占总资产比重越低,则说明企业的资金链有一定风险,偿债能力越弱。资金使用效率分析指标及公式见表8-2。

表8-2 资金使用效率分析指标及公式

指标	公式	指标较高	指标较低
N_1占总资产比重	N_1/总资产	可能说明资金使用效率低	可能导致支付风险
N_2占总资产比重	N_2/总资产	可能说明资金使用效率低	可能导致支付风险

3. 企业偿债能力

常用的反映企业偿债能力的指标是货币资金占流动负债的比重,这也是衡量企业短期偿债能力的重要指标之一。对于债权人而言,该比率越高越好。但对于经营者来说,该比率不宜过高,因为货币资金是企业资产中获利能力最差的,将资金过多地保留在货币资金上将使企业失去很多的获利机会,从而降低企业获利能力。偿债能力分析指标及公式见表8-3。

表8-3 偿债能力分析指标及公式

指标	公式	指标含义	指标较高	指标较低
货币资金与流动负债的比率	N_1/流动负债	反映企业现时直接偿债能力	偿债能力强	支付、偿债风险高

续表

指标	公式	指标含义	指标较高	指标较低
可用资金与流动负债的比率	N_2/流动负债	反映企业直接偿债能力，部分货币性资金可能需要一定时间转化才能使用	偿债能力强	支付、偿债风险高

三、资金来源分析

（一）资金的来源

从现金流量表来看，资金来源主要有三部分，一是经营活动产生的现金流，它是企业现金的主要来源；二是投资活动产生的现金流，它是企业长期资产（通常是指一年以上）的购建及其处置产生的现金流量；三是筹资活动产生的现金流，它是企业资本及债务的规模和构成发生变化所产生的现金流量。

（二）资金来源结构

资金的三个来源处于不同的状态，代表企业的不同经营情况。以经营现金流为主，参考投资和筹资现金流对企业的经营状况做分析，可以分为以下几种情况，如表8-4所示。

表8-4 企业经营状况分析

经营现金流	投资现金流	筹资现金流	企业经营状况
+	+	+	经营和投资收益状况较好，这时仍可以进行融资，通过寻找新的投资机会，避免资金的闲置浪费
+	+	-	经营和投资活动良性循环，筹资活动虽然进入偿还期，但财务状况仍比较安全
+	-	+	经营状况良好，在内部经营稳定的前提下，通过筹集资金进行投资，这种企业往往是处于扩张时期，应着重分析投资项目的盈利能力
+	-	-	经营状况良好，一方面在偿还之前债务，另一方面又要继续投资，这时应关注经营状况的变化，防止经营状况恶化导致整个财务状况恶化
-	+	+	靠借债维持生产经营的需要，状况可能恶化，应着重分析投资活动现金流是来自投资收益还是收回投资，如果是后者，则形势严峻
-	+	-	经营活动已经发出危险信号，如果投资活动现金收入主要来自收回投资，则已经处于破产边缘，应高度警惕
-	-	+	靠借债维持日常经营和生产规模的扩大，财务状况很不稳定。如果是处于投产期的企业，一旦渡过难关，还可能有发展；如果是处于成长期或稳定期的企业，则非常危险
-	-	-	财务状况非常危险，这种情况往往发生在高速扩张时期，由于市场变化导致经营状况恶化，加上扩张时投入了大量资金，使企业陷入困境

当然，考虑一家企业的经营情况，还需要考虑该企业处于什么发展阶段，不同发展阶段对资金的需求也是不同的，具体情况见表8-5。

表 8-5 企业不同发展阶段对资金的需求情况

企业发展阶段	资金来源结构	企业经营分析
初创期	经营活动现金净流量为负数 投资活动现金净流量为负数 筹资活动现金净流量为正数	借款人需要投入大量资金来形成生产能力、开拓市场等,其资金来源只有举债、融资等筹资活动
发展期	经营活动现金净流量为正数 投资活动现金净流量为负数 筹资活动现金净流量为正数	经营活动中大量现金回笼,为扩大市场份额,借款人仍需追加投资,仅靠经营活动现金流量净额可能无法满足投资,需筹集必要的外部资金作为补充
成熟期	经营活动现金净流量为正数 投资活动现金净流量为正数 筹资活动现金净流量为负数	销售市场稳定,已进入投资回收期,但很多外部资金需要偿还
衰退期	经营活动现金净流量为负数 投资活动现金净流量为正数 筹资活动现金净流量为负数	市场萎缩、占有率下降,经营活动现金流入小于流出,同时借款人为了应付债务不得不大规模收回投资以弥补现金的不足

(三) 资金管理及健康性评测

资金管理作为企业核心财务管理职能,具有非常重要的作用,并与其他职能进行密切的沟通与互动,形成互相影响、不可分割的财务管理整体。例如,资金管理依赖于账务人员提供的现金流量数据与报告;有融资规划的企业,需要从预算部门了解本企业销售业务预算情况等,以便于计算资金缺口。

随着时代的发展,资金管理已经从过去的"管钱"变成现在的"风险管理"。资金管理需要考虑的三个目标是:资金安全性、资金收益性和资金流动性。企业在进行资金管理时要有一个侧重。不同行业、不同管理风格,其侧重点是不一样的,但重心一定是落在三者之间的三角形区域内,形成三者之间的平衡。

四、债务分析与预警

(一) 企业债务的构成

企业债务一般来自三个方面:因短期资金不足而借入的短期借款,因战略性发展需要而筹措的长期借款,以及因日常经营活动产生的应付款项。

1. 短期借款

短期借款是指企业根据生产经营的需要,从银行或其他金融机构借入的偿还期在一年以内的各种借款,包括生产周转借款、临时借款等。

2. 长期借款

长期借款是指企业因战略发展需要而对外筹措的,如从银行或其他金融机构借入的一年以上(不含一年)的借款。长期借款是项目投资中的主要资金来源之一。一个投资项目需要大量的资金,光靠自有资金往往是不够的。从投资人角度来看,举借长期借款往往比吸引新的投资人更为有利。一方面有利于投资人保持原有控制企业的权力,不会因为企业筹集长期资金而影响投资者本身的利益;另一方面还可以为投资人带来获利的机会。因为长期借款利息可以计入财务费用,在税前利润列支,在企业盈利的情况下,就可少交一部分所得税,为投资人增加利润。

3. 经营性应付项目

经营性应付项目包括应付账款、应付票据、其他应付款、预收账款、应付职工薪酬和应交税费等项目,在计算时要扣除非经营活动的影响。

(二) 债务预警

企业的财务人员要做到了解本企业的债务情况,并对企业债务做监控及预警。在大数据技术下,由于数据时效性强,数据可视化被广泛应用,可以一目了然地看到企业短期借款、长期借款的组成以及未还本金是多少,预警机制也逐渐完善。除了短期及长期借款以外,还需要监控大额贷款的使用情况,形成监控机制。根据企业的规模,设置对应的监控数据指标,并对资金使用有效性进行分析。当企业需要筹资时,筹资方案的不同会使涉及的成本费用及筹资款不同,这就需要查询当年贷款利率是多少,并计算当期的净资产收益率及贷款的资本成本,最后做出融资方案建议,供管理层选择。

五、实战演练:企业资金分析

(一) 案例背景

2019年10月8日,AJHXJL公司召开业务经营分析会,会上要求财务总监对公司的资金状况进行专项分析,从而全面深入地了解公司资金状况,为经营决策提供数据支撑。

(二) 任务目标

财务分析师从资金存量、资金来源、债务三个角度对企业资金进行数据分析,洞察数据背后的含义,溯源分析指标增减变动的合理性与异常项,给管理层提供决策支持和重要事项预警提示。

(三) 任务实现

登录新道大数据教学平台,进入"资金分析与预测实战",如图8-1所示,根据平台中任务指南完成操作。

以集团资金存量 N_1 分析为例,操作步骤如下:

(1) 新建故事板。单击【开始任务】进入分析云,单击【分析设计】—【新建】,选择【新建故事板】,将其命名为"资金存量分析",选择存放目录,存放在"我的故事板"下,故事板类型

图8-1 资金分析与预测实战

选择"普通故事板",单击【确认】。

(2)新建可视化。单击【可视化】—【新建】,在"选择数据集"界面单击【数据集】,在"财务大数据-资金分析"文件夹中选择需要用的数据表"资金分析N_1-各机构(2019年9月份)",单击【确定】,将可视化命名为"集团资金存量N_1"。

(3)设置维度与指标,维度为空,指标选择"期末余额",如图8-2所示。

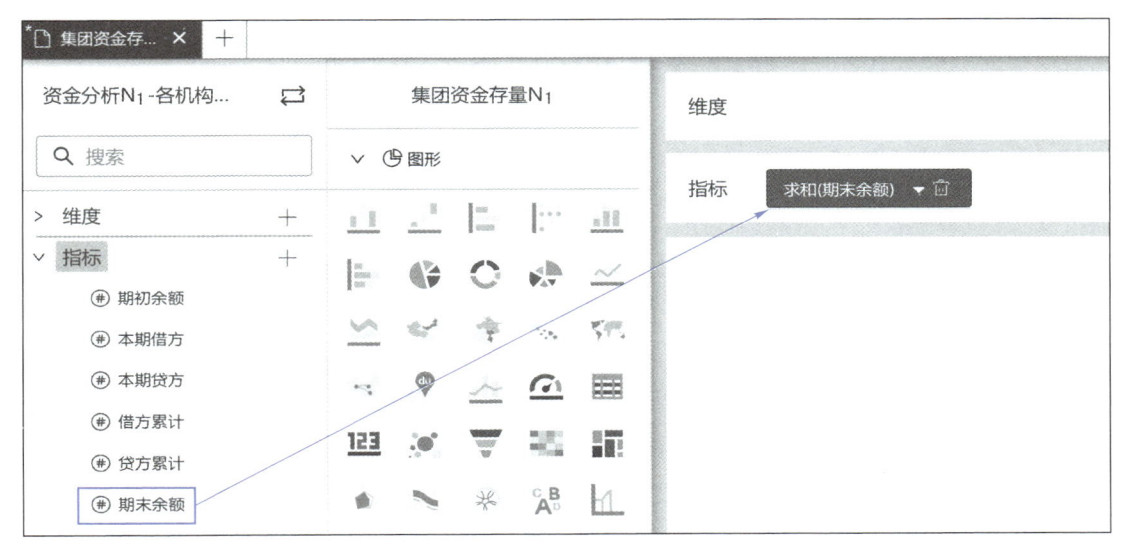

图8-2 设置"集团资金存量N_1"维度与指标

(4)设置图形。选择显示图形—指标卡,集团资金存量N_1可视化操作完成,单击【保存】。

（5）了解 N_1 指标的构成。单击可视化页签【+】，新建"集团资金存量 N_1-明细"可视化图，设置维度为"科目名称"，指标为"期末余额"，图形可选择饼图或条形图，如图 8-3 所示。

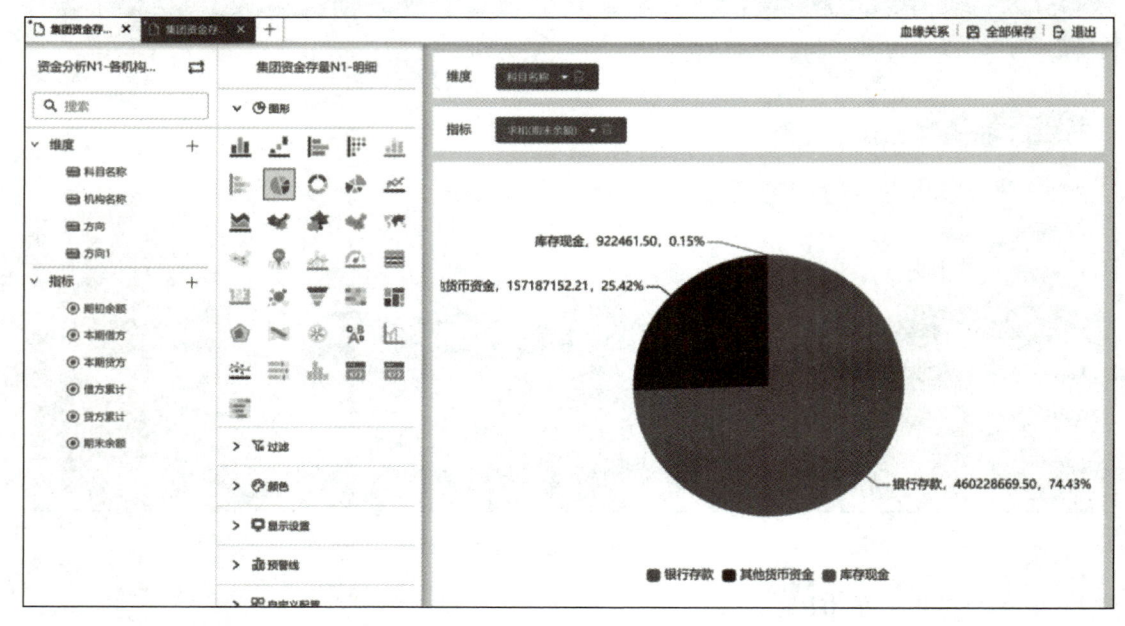

图 8-3 "期末余额"指标构成

（6）单击【保存】—【退出】，集团资金存量 N_1 指标及构成计算完毕并保存。

其他指标的可视化设计，学生根据任务指南自行完成。

第四节 大数据背景下的资金流入预测

一、资金流量预测

企业每日都需要做资金日报，及时掌握本公司的现金情况。同时，很多企业还会做资金流量预测。资金流量预测是对未来几个月或未来几个季度内企业资金的流出与流入进行预测。其目的是合理规划企业现金收支，协调现金收支与经营、投资、融资活动的关系，保持现金收支平衡和偿债能力，同时也为现金控制提供依据。因此，在既要保证资金流动性风险最小，又要满足日常业务运转的情况下，精准地预测资金的流入流出情况尤为重要。

资金流量预测可以用回归、决策树、时间序列等算法，不同的算法需要的数据范围不同，比如用多元回归算法预测资金流入量，需要确定和资金流入量相关的因素，以及收集 3 年以上各因素的数值，这种方法的数据收集的工作量比较大。而时间序列法只需要按时间收集资金流入的历史数据，比较简单、易用。因此这里我们使用时间序列法进行资金流量预测。

二、时间序列的相关概念

(一) 时间序列

时间序列(time series)是我们在日常生活和社会工作中十分常见的一种数据,它是通过按等时间间隔测量一系列时间点上的观测值获取的数据集合,比如商业活动中服装公司的年销售量,股票每日的收盘价格;气象学中某城市的年降水量,月平均气温等。

时间序列由以下两个因素组成:① 时间要素,某一现象发生的时间,包括时间单位和时间长短;② 数据要素,即现象在不同时间上的变量值。时间序列不论其数值大小,每一个数值所在的位置都是由它所处的时间决定的,即数字顺序是按时间的先后顺序排列。

时间序列的作用:① 深入揭示现象变化的数量特征;② 反映现象发展变化的趋势和规律;③ 揭示现象变化的内在原因,为预测和决策提供可靠的数量信息。

(二) 时间序列的构成要素

时间序列的产生是因为现象的发展变化是多种因素影响的综合结果,由于各种因素的作用方向和影响程度不同,使具体的时间序列呈现出不同的变动形态。时间序列分析的任务就是要正确地确定时间序列的性质,对影响时间序列的各种因素加以分解和测定,以便对未来的状况作出判断和预测。构成时间序列的要素可以划分为:长期趋势、季节变动、循环变动和不规则变动。

长期趋势是指由于某种根本原因的影响,客观现象在一个相当长的时间内所呈现出来的持续增加或持续减少的一种趋势和状态。例如:随着经济条件、医疗条件的发展,人口出生率有高于死亡率的趋势;随着劳动条件和手段的改善,劳动生产率有上升趋势等。

季节变动是指由于季节的转变而使时间序列发生周期性变化。这种周期性变化是以年为周期的可以预见的变化,因而反映季节变动的时间序列的数值资料所属的时间一般以月、季、周等为单位,而不以年为单位。引起季节变动的因素有自然因素,也有人为因素。

循环变动是指时间序列以若干年为周期的波浪式变动。这种变动的特征是:现象的增加或减少交替出现,但持续的周期不因它的波动按任何既定的趋势变化,而是按照某种不可预测方式进行涨落起伏波动,最典型的周期波动是商业周期。

不规则变动是指由于一些随机因素的影响,而使时间序列产生的不可预测的不规则变动。

上述四种因素可能同时出现,共同影响某一现象的变化,也可能只有几种因素发挥作用。一般情况下,长期趋势是影响时间序列变动的基本因素。上述四种因素和现象总量之间的关系分为以下两种。

1. 加法模型

$$现象总量 = 长期趋势 + 季节变动 + 循环变动 + 不规则变动$$

加法模型适用于四种因素相互独立的情况。

2. 乘法模型

$$现象总量 = 长期趋势 \times 季节变动 \times 循环变动 \times 不规则变动$$

乘法模型适用于各影响因素相互联系的情况，实际应用中一般采用这种模型。

三、时间序列分析方法

时间序列分析就是将经济发展、购买力大小、销售变化等同一变数的一组观察值，按时间顺序加以排列，构成统计的时间序列，然后运用一定的数字方法使其向外延伸，预计市场未来的发展变化趋势，确定市场预测值。

时间序列分析方法主要有确定性变化分析和随机性变化分析两种。其中，确定性变化分析包括趋势变化分析、周期变化分析、循环变化分析。随机性变化分析有 AR、MA、ARMA、ARIMA 模型等。

时间序列分析方法的主要特点是以时间的推移研究来预测市场需求趋势，不受其他外在因素的影响。不过，在遇到外界发生较大变化，如国家政策发生变化时，根据过去已发生的数据进行预测往往会有较大的偏差。

（一）确定性变化分析

确定性变化分析是指克服其他因素的影响，单纯测度出某一个确定性因素对序列的影响；推断出各种确定性因素彼此之间的相互作用关系及它们对序列的综合影响。

有些时间序列具有非常显著的趋势，趋势变化分析的目的就是要找到序列中的这种趋势，并利用这种趋势对序列的发展作出合理的预测。常用方法包括趋势拟合法和平滑法。

（二）随机性变化分析

随机性变化分析是指仅用过去值及随机扰动项所建立起来的模型来对时间序列进行分析。一个随机时间序列可以通过一个自回归移动平均过程生成，即该序列可以由其自身的过去或滞后值以及随机扰动项来解释。如果该序列是平稳的，即它的行为并不会随着时间的推移而变化，那么我们就可以通过该序列过去的行为来预测未来。

四、ARIMA 模型原理

ARIMA 模型即自回归积分移动平均模型（Autoregressive Integrated Moving Average Model，简称 ARIMA），是由博科思和詹金思在 20 世纪 70 年代初提出的，是一种可以将非平稳的时间序列转为平稳时间序列的计量经济模型。其中 ARIMA(p,d,q) 称为差分自回归移动平均模型，AR 为自回归过程，MA 为移动平均过程，p 表预测模型中采用的时间序列数据本身的滞后数，q 代表预测模型中采用的预测误差的滞后数，d 表示时间序列数据转化为平

稳序列要差分的次数,ARIMA 模型用数学形式表示为:

$$\hat{Y}_t = \mu + \varphi_1 Y_{t-1} + \cdots + \varphi_p Y_{t-p} + \theta_1 e_{t-1} + \cdots + \theta_q e_{t-q}$$

其中,φ 表示 AR 的系数,θ 表示 MA 的系数。

模型参数的估计利用的是麦夸特最小二乘估计原理,ARIMA 模型在实际应用的思路是:通过某个随机过程生成时间序列,对其随着时间变化而形成的新的时间序列用相应的数学模型、方程对其进行描述统计,这个模型识别通过检验后,就可以依据时间序列过去的数值来推测未来的数值,对短期内的数据预测精准度更高。

五、ARIMA 模型预测的基本程序

ARIMA 模型只能对平稳序列进行预测,如图 8-4 所示,应用 ARIMA 模型的基本程序包括:首先要对时间序列平稳性进行检验测试。可以通过图形简单识别其趋势变动情况然后用单位根检验法对序列进行平稳性检测,对非平稳的序列进行差分处理。一般来说,复杂的时间序列往往会因受到季节因素、宏观经济的影响,使之成为非平稳序列,这时我们需要对非平稳序列进行差分运算,然后通过 d 阶差分后使之平稳。对于数值较大的序列,很多专家先采取取对数的方式,再进行差分。通过取对数及差分处理,使处理后的数据的自相关函数值和偏相关函数值无显著地异于零,序列才算达到平稳状态。

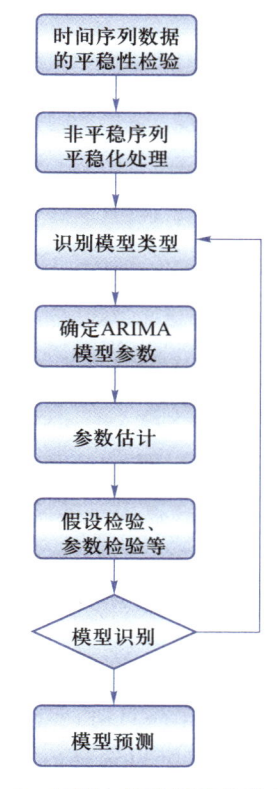

图 8-4 ARMA 模型预测的基本程序

然后我们还需要判断平稳的时间序列是否具有分析价值,即对该序列进行白噪声检验。白噪声检验过程是一个平稳的随机过程,随机变量之间是非相关的,其均值为零,方差不变。如果一个序列为白噪声序列,则说明该序列是宽平稳的序列,没有分析的意义。如果该序列为非白噪声序列,那么可利用求和自回归移动平均模型对该序列进行建模预测。

六、实战演练:利用 ARIMA 模型预测企业资金流入

(一)案例背景

2019 年 10 月 8 日,在 AJHXJL 公司的经营管理会议上,总经理要求财务总监对公司下一期的资金流入量进行预测,以便量入为出,安排下期的重要支出。

(二)任务目标

根据给定的历史数据,使用时间序列模型预测出 AJHXJL 公司下一期的资金流入量。

(三)任务实现

利用教学平台中内置的数据挖掘工具的 ARIMA 算法预测公司未来期间的资金流入。

登录新道大数据教学平台,进入"资金分析与预测实战演练"下的"资金流预测",如图 8-5 所示,根据平台中任务指南完成操作。

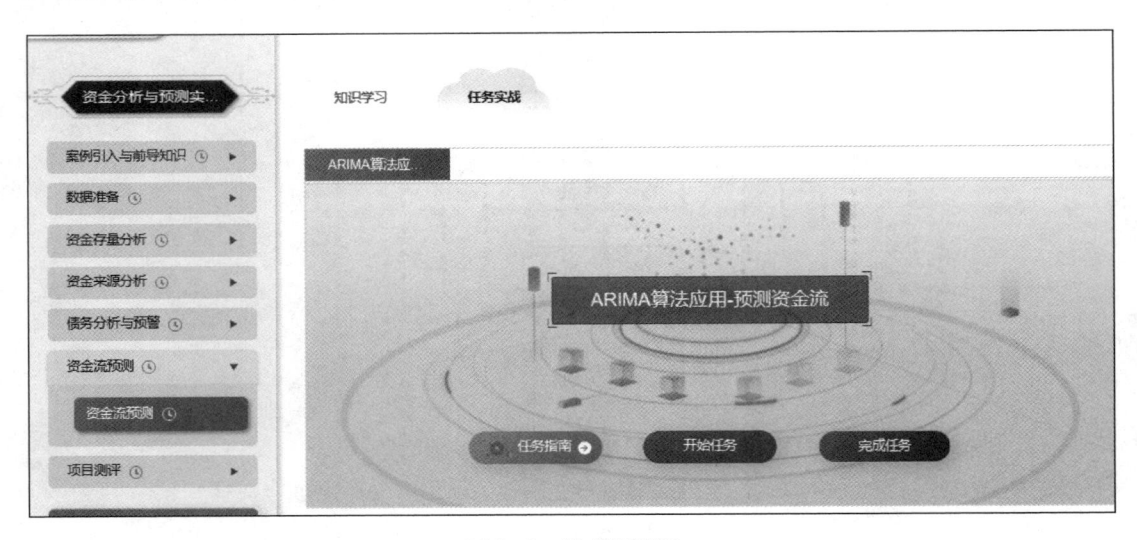

图 8-5 资金流预测

具体操作步骤如下:

(1)单击【开始任务】,进入数据挖掘工具页面,如图 8-6 所示。

(2)选择数据源,如图 8-7 所示,直接下拉选择内置的文件(该文件是 AJHXJL 公司资金流入的历史数据),单击【保存】。

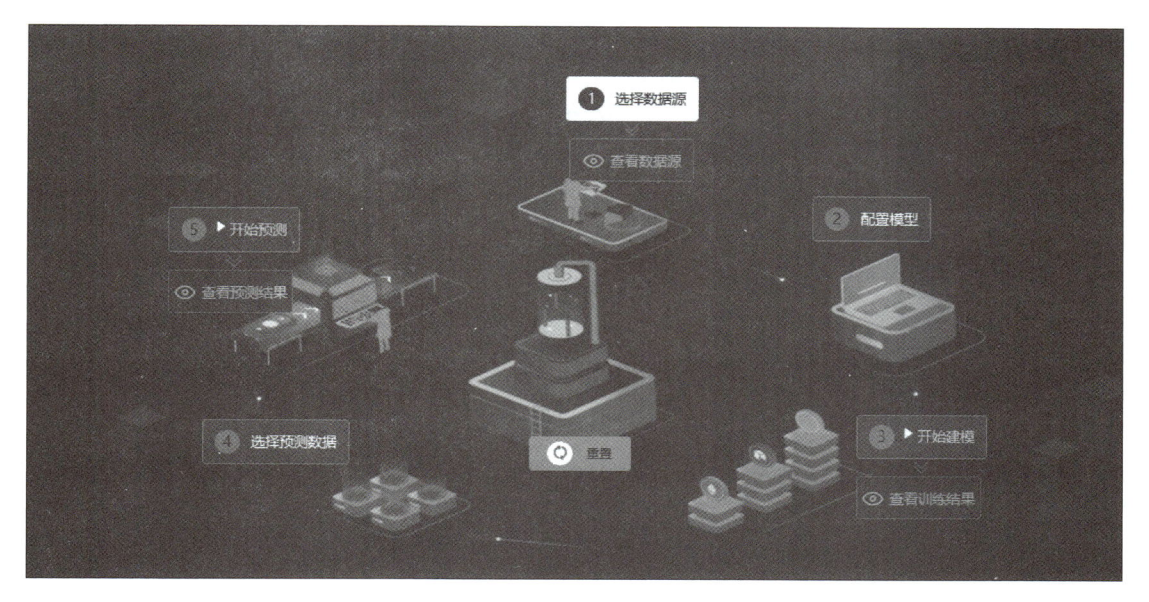

图 8-6 数据挖掘工具页面

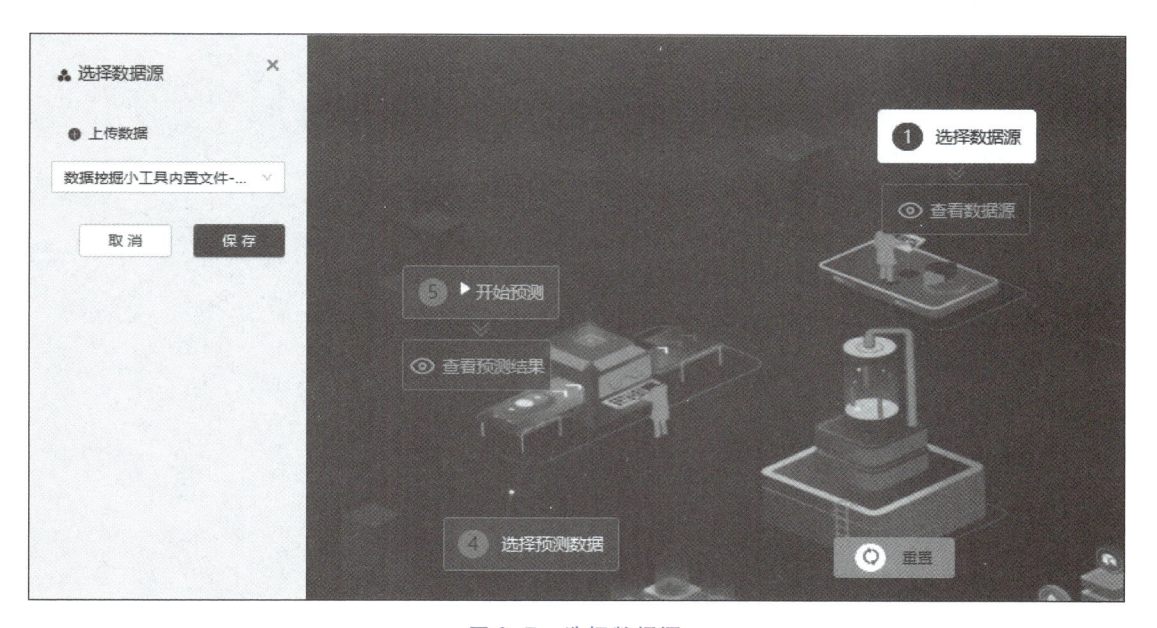

图 8-7 选择数据源

（3）配置模型。单击【配置模型】，选择时间序列下的【ARIMA】，设置自变量，字段选择"日期"和"资金流入"，如图 8-8 所示。配置完成，单击【确定】，然后保存。

（4）开始建模。单击【开始建模】，系统执行建模，如图 8-9 所示。建模完成，单击【查看训练结果】。

图 8-10 是资金流入的序列图，即资金流入随着时间变化的趋势图，观察可知，该序列图是不稳定的，因为数据不在某个常数上下小范围地波动。

图 8-8　配置模型

图 8-9　建模

图 8-11 是残差(真实值-预测值)的序列图,观察可知,该序列图是稳定的,因为数据在某个常数上下小范围地波动。

图 8-12 可以看出残差(真实值-预测值)呈正态分布。

图 8-13 是残差的 QQ 图,图中的点在红线附近呈现,说明残差的数据是正态分布的。

由于残差的时序图是稳定的,而且残差的结果是正态分布的,那么模型就是稳定的。只有模型稳定才能进行下一步的预测。

图 8-10 序列图

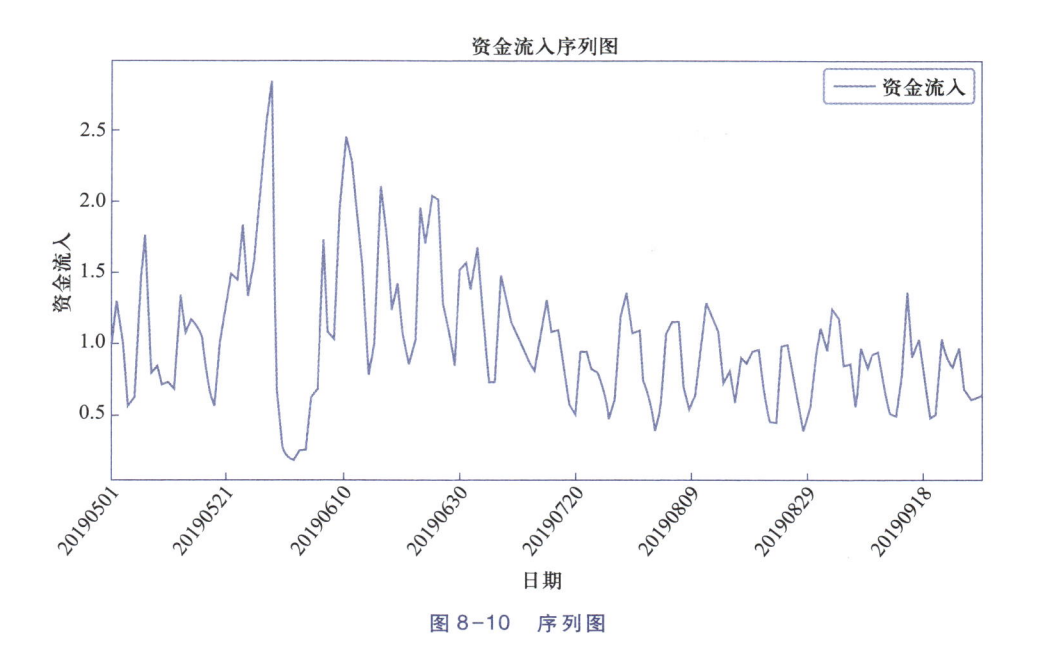

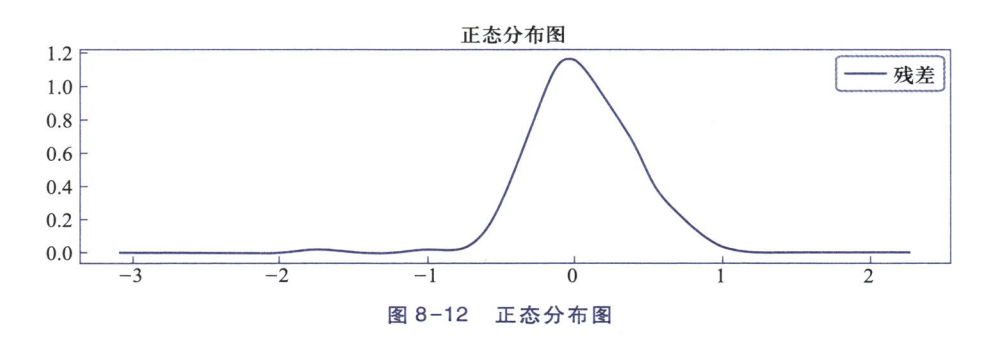

图 8-11 残差时序图

图 8-12 正态分布图

图 8-14 是模型拟合结果,由该图可知模型拟合的效果很好,可以用来预测未来一段时期的数据。

(5)设置预测天数,比如预测未来 10 天的资金流入,单击【设置预测天数】,输入"10",

图 8-13　QQ 图

图 8-14　模型拟合结果

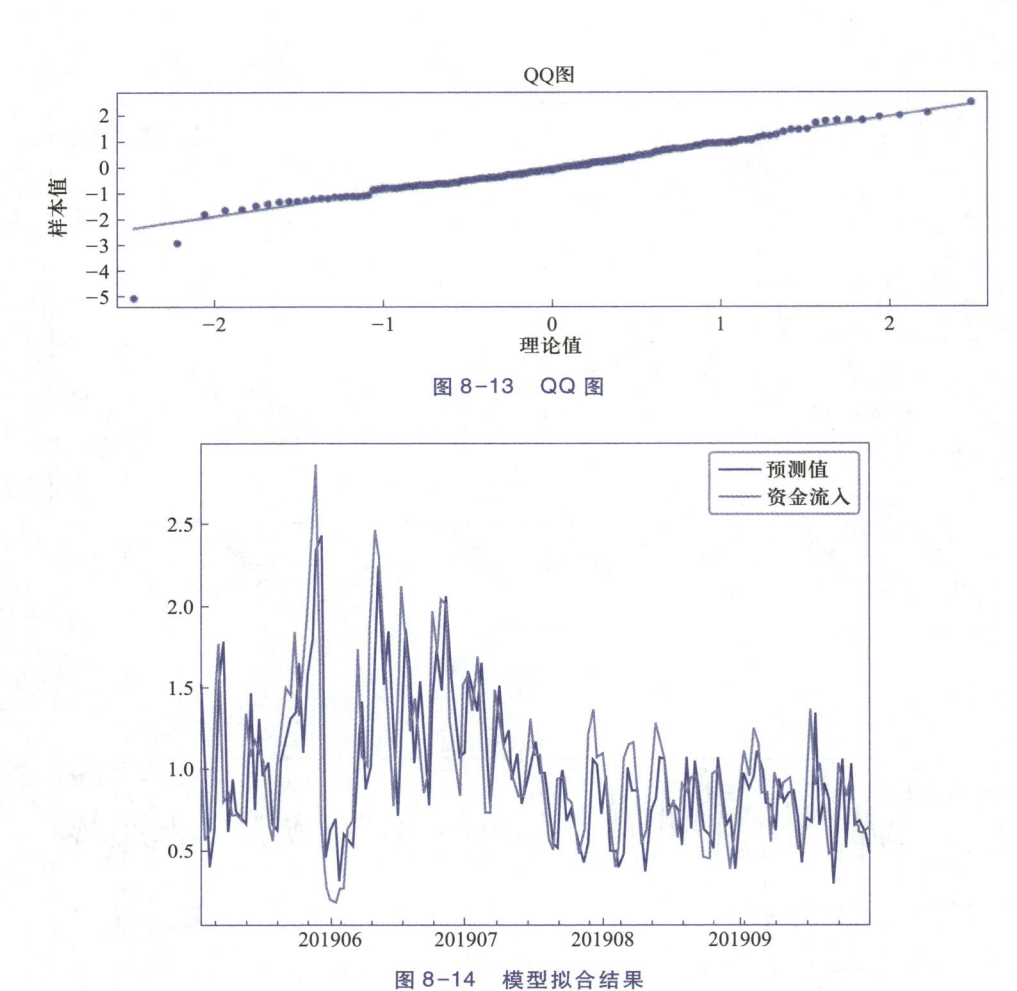

如图 8-15 所示,单击【保存】。

图 8-15　设置预测天数

（6）开始预测，单击【开始预测】，执行完毕，单击【查看预测结果】，资金流入的预测值如图 8-16、图 8-17 所示。

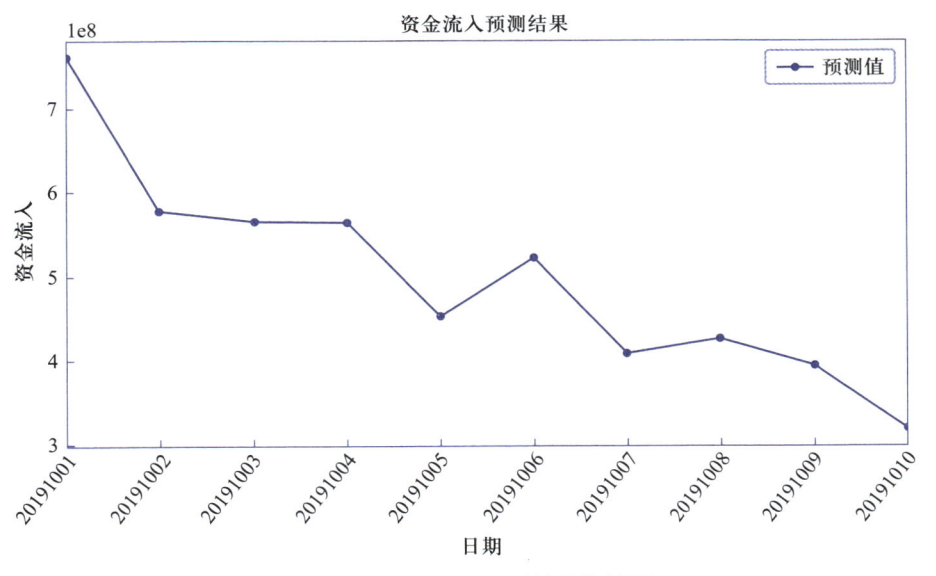

图 8-16　资金流入预测结果趋势图

日期	预测值
20191001	759196257.8
20191002	577067520.8
20191003	565505286.7
20191004	563971928.5
20191005	452050669.4
20191006	521524510.7
20191007	407930182
20191008	425641204.8
20191009	394620590.9
20191010	319444247.2

图 8-17　资金流入预测数值

思考题

1. 如何利用大数据技术提高资金分析效率？
2. 大数据背景下资金管理可能会面临哪些挑战？
3. 如何利用大数据技术进行资金流量预测？

第九章

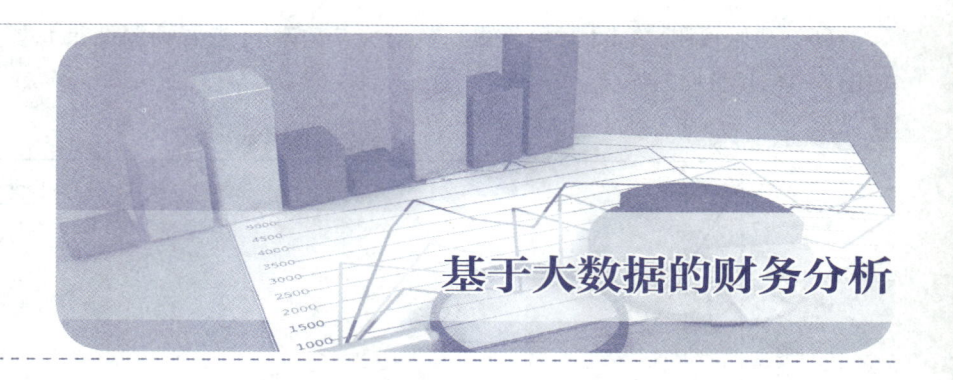

基于大数据的财务分析

第一节 大数据对财务分析的影响

大数据在数据来源、分析方法、分析结果、分析架构方面对财务分析产生影响。

一、数据来源方面的影响

传统的财务分析数据主要来源于内部财务账表中以货币计量的结构化数据。大数据时代,财务分析数据的来源除了内部财务账表中以货币计量的结构化数据外,还有各类非结构化数据、业务数据等,并且可用的外部数据也越来越多。

二、分析方法方面的影响

财务分析的方法有很多种,主要包括趋势分析法、比率分析法、因素分析法。传统财务分析以企业内部数据对比分析(纵向对比分析)为主,横向对比分析由于可取的外部数据受限而较少采用。在大数据时代,由于大数据处理方法的应用,尤其是数据挖掘技术、爬虫技术等,使获取外部数据变得容易,因而横向对比分析也变得更为容易。传统财务分析偏重于因果分析,遵循从结果到原因的分析思路。比如,对于利润变化,通常会从利润变化了这一结果查找原因,如收入、成本、费用等是否发生变化,如图9-1所示。

大数据时代的财务分析偏重于相关分析,即根据某一相关项目的变化去分析另一相关项目是否发生变化,如没有变化或者变化不合常规,再分析其影响因素,以解释没有变化或者变化不合常规是否合理。比如,由于收入变化了,因此分析利润是否发生变化,如果利润没有变化或者变化不合常规,那么再分析成本、费用是否发生变化,并通过分析成本、费用变

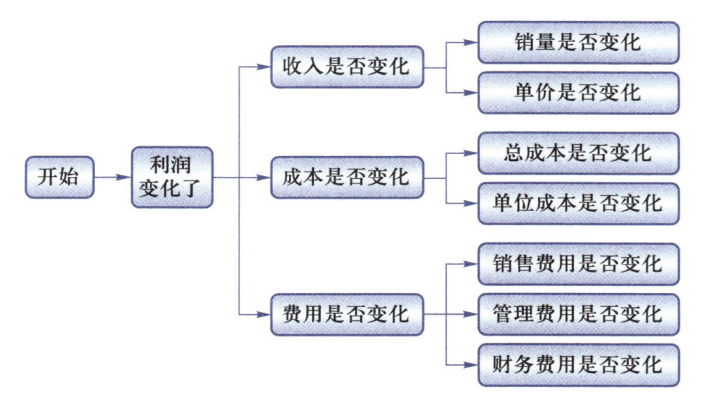

图 9-1 利润变化原因查找

化是否合理来判断利润没有变化或变化不合常规是否合理,如图 9-2 所示。

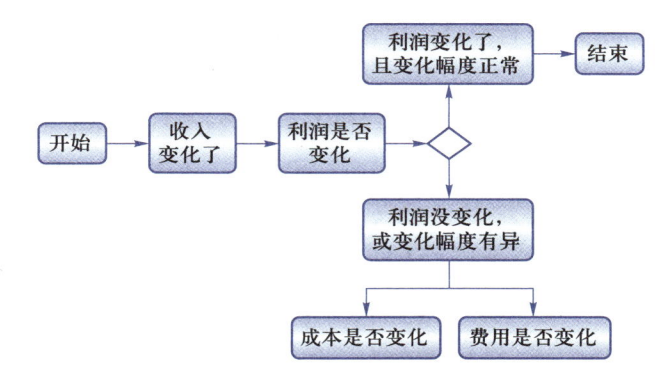

图 9-2 根据收入变化分析利润是否发生变化

传统财务分析以事后分析为主,往往是对已经报账、记账的财务数据,即已经发生的财务数据进行分析,不能对未报账、未记账或者事前、事中即将发生的财务数据进行分析。大数据时代的数据分析以相关性为主,财务分析以过程分析为主、结果分析为辅。

三、分析结果方面的影响

传统的财务分析一般限于对表层原因的分析,对于更深层次的原因,由于数据来源的限制,较少涉及。比如,本期销售收入减少了,传统财务分析仅限于分析销量是否减少或单价是否降低,对于质量、口碑、消费者以及供求变化等深层次原因,由于数据来源的限制,一般不做分析。再比如,传统财务分析可能会得出本期维修费用增加是造成本期成本升高的原因,而对于维修费增加的直接原因一般不做分析。在大数据时代,财务分析不仅可以分析出表层原因,还可以追踪分析到深层次原因。如对于本期销售收入的减少,不仅可以分析出销量是否减少或者单价是否降低,还可以分析出对某客户销售量的减少,是否为质量变差、口碑不好、消费者爱好发生变化等深层次原因。而对于成本增加的原因,不仅可以分析出是维修费的增加,还可以分析出是因为哪台机器损坏、机器的哪个部位损坏以及操作不当、新员工培训不到位等深层次原因。

四、分析架构的影响

(一)事前分析和预警分析加入

爱德华·奥特曼的"Z计分法"是财务分析领域早期的财务失败预警模型。随着大数据和人工智能的兴起和发展,已经有了Logistic模型、神经网络模型等基于数据挖掘技术的决策树模型和其他财务预警模型。企业运用财务报表分析智能系统,构建与企业发展相关的关键指标,连接关键要素。智能系统固化数据整理和分析的方式,并有一套分析执行的标准化、流程化工具和模型,提前设好不同的变量,输出不同指标的分析结果,最终确定与企业发展战略目标相符合的指标以及目标值。在目标的执行过程中,也可以定期去关注、分析指标的变动情况,发现异动指标立即预警,从而可以加强管控的力度,及时纠偏。财务报表分析智能系统可以自动地实现取数和对标,且能够对结果进行分析和评价,对异动情况深入挖掘背后原因,根据原因分析关键因素并及时提出可行的解决方案。大数据的先天优势,使财务报表分析结果能指导事前预测,解决方案又可用于发展战略的实施,充分利用了财务报表分析预测、控制和评估的功能。目标值的不断修正,使企业运营各环节得到指导和管控,形成了一个强大的贯穿业务流程和产品生命周期的财务报表分析系统。事前分析和预警分析发挥作用的同时,还进行事中的管控和事后的评价,大大提高了分析的价值。

(二)单一分析转向多样分析

传统的财务报表分析缺乏对数据和信息的性质的分析,过程单一。而在大数据环境下,可以采集来自更多渠道的关于业务、客户、企业内外部经营环境等的非财务信息,极大地拓展了可采集和可供分析的数据范围,因此可以将多种分析方法相结合,如:静态报表数据分析结合动态企业财务状况实时数据分析,对于预测企业未来业务发展方向更科学、合理;还有定量分析和定性分析相结合,综合分析和个人分析相结合等。大数据支持下的全面的、多样的财务报表分析将使得分析结果更加真实、准确,且对企业未来发展和决策的支持力度更大。

(三)阶段分析转向实时分析

互联网大幅提高了财务信息的传播速度,企业能够根据自身特点制定一套实时的信息收集与整理系统以及构建更为智能化的实时财务分析体系,合理使用相关大数据挖掘的方法和工具,变传统的阶段性财务分析为即时、实时的财务分析,从客户、内部管理流程、财务流程以及企业的学习与成长等方面来全方位地客观评价企业的经营状况,挖掘财务数据背后的信息和规律。

第二节　大数据背景下的财务分析

一、财务分析的形式

由于财务分析的角度不同,如分析的主体不同、客体不同、目的不同等,财务分析的形式也有所不同。

财务分析根据分析主体的不同,可以分为内部分析和外部分析。内部分析,主要是企业内部经营者对企业财务状况的分析。内部分析的目的是判断和评价企业生产经营是否正常。例如,通过对企业经营目标完成情况的分析,可考核与评价企业经营业绩,及时、准确地发现企业的成绩与不足,为企业未来生产经营的顺利进行、提高经济效益指明方向。

外部分析,主要是指企业外部的投资者、债权人及政府部门等,根据各自需要或分析目的,对企业的有关情况进行的分析。投资者的分析,关心的主要是企业的盈利能力与发展后劲,以及资本的保值与增值状况。债权人的分析,主要看企业的偿债能力和信用情况,判断其本金和利息是否能及时、足额收回。政府有关部门对企业的财务分析,主要是看企业的经营行为是否规范、合法,以及对社会的贡献状况。

本节主要从外部投资者的角度和内部经营者的角度对财务报表进行分析解读。

二、投资者角度的财务分析

投资者在确定投资对象时,一般会先选定一个行业,再从行业中选择一个佼佼者或潜力股进行投资。投资者会对投资对象进行如下分析:行业环境分析、行业内企业报表数据分析、选定企业数据分析。下面介绍前二项分析。

(一)行业环境分析

任何企业的经营活动,都是在市场中进行的,而市场又受国家的政治、经济、技术、社会文化的限定与影响。所以,企业从事生产经营活动,必须从环境的研究与分析开始。

企业外部环境又分为宏观环境和微观环境两个层次。宏观环境因素包括政治环境、经济环境、技术环境、社会文化环境。这些因素对企业及其微观环境的影响力较大,一般都是通过微观环境对企业间接产生影响的。微观环境因素包括市场需求、竞争环境、资源环境等,涉及行业性质、竞争者状况、消费者、供应商、中间商及其他社会利益集团等多种因素,这些因素会直接影响企业的生产经营活动。

1. 宏观环境分析

宏观环境一般包括四类因素,即政治、经济、技术、社会文化,简称 PEST(political、economic、social、technological)。另外还有自然环境,即一个企业所在地区或市场的地理、气候、资源分布、生态环境等因素。由于自然环境各因素的变化速度较慢,企业较易应对,因而不作为重点研究对象。

(1)政治环境是指那些影响和制约企业的政治要素和法律系统,以及其运行状态。具体包括国家政治制度、政治军事形势、方针政策、法律法令法规及执法体系等因素。在稳定的政治环境中,企业能够通过公平竞争获取正当权益,得到生存和发展。国家的政策法规对企业生产经营活动具有控制、调节作用,相同的政策法规给不同的企业可能会带来不同的机会或制约。

(2)经济环境是指构成企业生存和发展的社会经济状况及国家的经济政策。具体包括社会经济制度、经济结构、宏观经济政策、经济发展水平以及未来的经济走势等。其中,重点分析的内容有宏观经济形势、行业经济环境、市场及其竞争状况。衡量经济环境的指标有:国民生产总值、国民收入、就业水平、物价水平、消费支出分配规模、国际收支状况,以及利率、通货供应量、政府支出、汇率等国家财政货币政策。

(3)技术环境是指与本企业有关的科学技术现有水平、发展趋势和发展速度,以及国家科技体制、科技政策等。如科技研究的领域、科技成果的门类分布及先进程度、科技研究与开发的实力等。在知识经济兴起和科技迅速发展的情况下,技术环境对企业的影响可能是创造性的,也可能是破坏性的,企业必须预见这些新技术带来的变化,采取相应的措施予以应对。

(4)社会文化环境是指企业所处地区的社会结构、风俗习惯、宗教信仰、价值观念、行为规范、生活方式、文化水平、人口规模与地理分布等因素的形成与变动。社会文化环境对企业的生产经营有着潜移默化的影响,如文化水平会影响人们的需求层次;风俗习惯和宗教信仰可能抵制或禁止企业某些活动的进行;人口规模与地理分布会影响产品的社会需求与消费等。

2. 微观环境分析

微观环境是企业生存与发展的具体环境。与宏观环境相比,微观环境因素能够更直接地给一个企业提供更为有用的信息,同时也更容易被企业所识别。

(二)行业内企业报表数据分析

行业内企业报表数据分析通常是从盈利能力、偿债能力、营运能力、发展能力四个方面进行指标数据的分析对比。

1. 盈利能力分析

盈利能力是指企业获取利润、实现资金增值的能力,是企业持续经营和发展的保证。利润率越高,盈利能力越强;利润率越低,盈利能力越差。企业经营业绩的好坏最终可通过企业的盈利能力来反映。根据盈利能力,可以判断企业经营人员的业绩,进而便于发现问题、完善企业的管理模式。

盈利能力分析的常用指标如表9-1所示。

表9-1 盈利能力分析常用指标

指标名称	公式
营业利润率	营业利润率=营业利润/营业收入×100%
营业净利率	营业净利率=净利润/营业收入×100%
营业毛利率	营业毛利率=(营业收入-营业成本)/营业收入×100%
总资产净利率	总资产净利率=净利润/平均资产总额×100%

2. 偿债能力分析

偿债能力是指企业偿还各种到期债务的能力。能否及时偿还到期债务,是反映企业财务状况好坏的重要标志。偿债能力分析包括短期偿债能力分析和长期偿债能力分析。偿债能力分析有助于债权人进行正确的借贷决策;有助于投资者进行正确的投资决策;有助于企业经营者进行正确的经营决策,正确评价企业的财务状况。

偿债能力分析的常用指标如表9-2所示。

表9-2 偿债能力分析常用指标

指标类型	指标名称	公式
短期偿债能力指标	流动比率	流动比率=流动资产/流动负债
	速动比率	速动比率=速动资产/流动负债
	现金比率	现金比率=(货币资金+交易性金融资产)÷流动负债
长期偿债能力指标	资产负债率	资产负债率=负债总额/资产总额×100%
	产权比率	产权比率=负债总额/所有者权益总额×100%

3. 营运能力分析

营运能力指企业资产运用、循环效率的高低。资产周转越快,流动性越高,企业的营运能力越强,资产获取利润的速度就越快。企业资产营运能力如何,从根本上决定了企业的经营状况和经济效益。

营运能力分析的常用指标如表9-3所示。

表9-3 营运能力分析常用指标

指标名称	公式
总资产周转率	总资产周转率=营业收入/总资产×100%
固定资产周转率	固定资产周转率=营业收入/固定资产净额×100%
流动资产周转率	流动资产周转率=营业收入/流动资产合计×100%
应收账款周转率	应收账款周转率=营业收入/应收账款×100%

4. 发展能力分析

发展能力是指企业扩大规模、壮大实力的潜在能力,又称成长能力。发展能力的作用:

一是补充和完善传统财务分析,展望未来,是盈利能力、营运能力以及偿债能力的综合体现;二是可以为预测分析与价值评估铺垫,提供基础数据来源;三是满足利益相关者的决策需求,比如对于股东而言,可以通过发展能力分析衡量企业创造股东价值的能力,从而为采取下一步战略行动提供依据。

发展能力分析的常用指标如表 9-4 所示。

表 9-4 发展能力分析常用指标

指标名称	公式
总资产增长率	总资产增长率=(年末资产总额-年初资产总额)/年初资产总额×100%
营业收入增长率	营业收入增长率=(本年营业收入-上年营业收入)/上年营业收入×100%
净利润增长率	净利润增长率=(本年净利润-上年净利润)/上年净利润×100%

行业数据分析,一般是采集选定行业的所有企业近 5 年的数据进行分析,具体分析参见本章第三节。

三、经营者角度的财务分析

经营者是指被所有者聘用的、对企业资产和负债进行管理的人。经营者关心企业的财务状况、盈利能力和持续发展的能力。他们管理企业,要随时根据变化的情况调整企业的经营,而财务分析是他们监控企业运营的有力工具之一。他们可以根据需要随时获取各种会计信息和其他数据,因而能全面地、连续地进行财务分析。

经营者可以获取外部使用人员没有办法得到的一些内部消息,尽管如此,他们对于公开财务报表的重视程度也是极高的,并不输给外部使用人员。因为对于经营者们来说,他们时刻存在着被解雇的风险,因此这种危机迫使他们不得不从债权人和权益投资人的角度去考虑问题,看待企业。他们分析财务报表的主要目的就是改善财务报表。经营者的财务分析属于内部分析,其他人员的财务分析属于外部分析。

以经营者的角度来分析财务报表所反映的信息,主要从以下方面着手。

(一)经营业绩分析

首先,对年初预算目标执行情况做出分析,按照年初制定的年度预算目标,将主营业务的执行情况研究分析,检查是否按照既定的目标执行,以此预测未来各期的进展情况。通过比较,找出执行结果与预期目标存在的差异,同时也要考虑内外环境变化的因素,从而为财务分析提供更合理、准确的资料信息。例如,对利润表项目的分析,运用比较定基百分比法,也就是将第一期的所有财务指标假设为 100%,以后各期的数据则以第一期数据为基础换算出百分比,从而发现每一个项目在近几期内的变动情况及发展趋势,对变化大的项目再做出重点的分析,这种分析法直观、易理解。对一些管理层感兴趣的如新市场、新产品的开发等项目则加以关注,可做专项分析,更有助于管理层做出正确的判断与决策。其次,对盈利能力进行分析。在企业生产经营活动中,最能反映经济效益的指标是利润指标,通过该指标分析将主营业务的盈亏,其他业务的盈亏和营业外的收支内容进行简单的罗列,突出重点,把握全局,有利于报表使用人对盈利能力做出判断。最后,分析成本费用带给利润的影响。通常分析利润指标有两种途径,一是从单价、变动成本等量本利因素考虑。在实务中,剔除个别较高的附加值和材料价格波动的因素,主营业务的产品一般在单价、变动成本上都较为稳定。因此,只要把握好市场,其销售量、固定成本则参照以前年度数据对比即可。二是从盈利结构入手分析,从损益表的构成项目开始,例如,对不同时期销售收入的比较,通过与往年的数据对比,本期的销售额是否存在较大变化,如果看损益表中的其他项目占销售收入比重,也能得出一些财务分析指标,如营业利润率,其公式为营业利润占营业收入的比例,比重越大,表明企业市场竞争力就越强,企业的发展潜力就越大,获利的能力也就越强。

(二)资产管理效率分析

在资产管理上,管理层比较关注是企业各项资产运转能力的强弱,它也反映出资产管理的水平和使用效率。企业的资产周转速度越快,其流动性能越好,偿还债务的能力也就越强,资产利用率越高,如应收账款的周转率、存货周转率等。应收账款周转率是指企业营业收入与应收账款余额的比例,它反映企业在一定时期内应收账款周转的速度。周转率高,则可以提供下列信息:一是收账迅速,账龄较短;二是该资产流动性强,偿还短期债务能力高;三是减少收账成本;四是降低坏账损失。了解应收账款的周转情况通常是采用账龄分析法,对应收逾期情况予以关注,根据以往的信用程度和重要程度进行分类,编制详细的资料,令责任人积极催讨,对经证实的呆账、坏账还要做损失分析。存货周转率也是企业管理层热衷的财务分析指标,它的快与慢、大与小,不仅反映出企业的供、产、销及储存各环节上的管理工作水平,而且对企业的偿债能力和获利能力都产生影响。通常,存货周转率越高,表明存货的变现速度越快,如果存货的周转额大,资产使用效率高,占用率低。通过对该项指标的分析,有助于发现企业在存货管理的问题,一方面要与企业自身的前期相比,也要与同行业比,同时还要分析存货周转率的影响因素;另一方面还要分析存货结构的合理性、质量可靠性,可以避免因存货的短缺影响正常的生产与销售,也避免因存货过多而形成的积压、呆滞。

(三)偿债能力分析

偿债能力分析是指对企业到期债务的偿还能力进行分析,其包括短期偿债指标分析和长期偿债指标分析。这种能力的高低是债权人最为关注的,管理者和股东出于对企业安全考虑对偿债能力指标也会关注,短期偿债能力指标一般有流动比率、速动比率等,长期偿债能力指标一般有产权比率、资产负债率等。

(四)现金流量分析

企业管理层对现金流量表的关注程度也是很高的,通过该表能够反映企业现金流量的创造能力,有助于了解企业在一定时期内现金流入与流出的变动情况及变动原因,评价企业资金组织结构,预测企业的未来期间现金流量,揭示企业获利水平与现金流量的关系,现金流量表的编制以收付实现制为基础,客观性强,为其他的财务分析指标起到补充作用。

第三节 财务报表分析实战

一、投资者角度财务报表分析实战演练

(一)案例背景

AJHXJL矿业科技有限公司于2003年成立,是一家集矿山采选技术研究、矿产资源勘查、矿山设计、矿山投资开发、矿产品加工、销售于一体的集团化企业。

总公司下辖28家子公司,拥有矿山31个,资源占有量16.61亿吨。其中铁矿资源8.97亿吨,钼矿资源4.9亿吨,原煤资源1.3亿吨,方解石资源463万吨,远景储量1 000万吨,铜矿资源930万吨。目前已投产的铁矿山22个,煤矿2个,钼矿1个,方解石矿1个,铜矿1个。年产铁精粉550万吨,钼精粉15 000吨,铜金属4 200吨,锌精粉3 000吨,铅精粉8 000吨,磷精粉110万吨,硫精粉15万吨,硫酸11万吨,硫酸钾4万吨,磷酸氢钙2万吨。公司通过自我勘查与合作勘查,在内蒙古、青海、云南、西藏、河北等地拥有铁、铜、煤等资源探矿权。

公司现有员工3 200人,其中博士、硕士学位人才20余人,学士学位人才100余人,各专业技术人才1 500人。

公司投资部在物色新的投资对象,因为有色金属冶炼及压延加工业是该公司的下游行业,公司想从该行业中筛选出一个综合能力表现优秀的企业进行投资。数据源取自上交所所有上市公司2015—2019年的季报、半年报和年报数据。

(二)任务目标

通过指标数据分析对比,筛选出表现优异的公司,供管理方进行投资选择。

(三)任务实现

登录新道大数据教学平台,进入"投资者角度的财报分析",如图9-3所示,根据平台中任务指南完成操作。

下面以计算毛利率为例,说明在分析云中设计可视化看板的操作步骤。

(1)点击"任务:盈利能力分析",点击【开始任务】,进入分析云大数据平台。

(2)单击【分析设计】界面中的【新建】按钮,在下拉菜单中单击"新建故事板"。

图 9-3　投资者角度的财报分析

（3）输入故事板名称——盈利能力分析，并保存在"我的故事板"下。如图 9-4 所示，单击【确认】按钮。

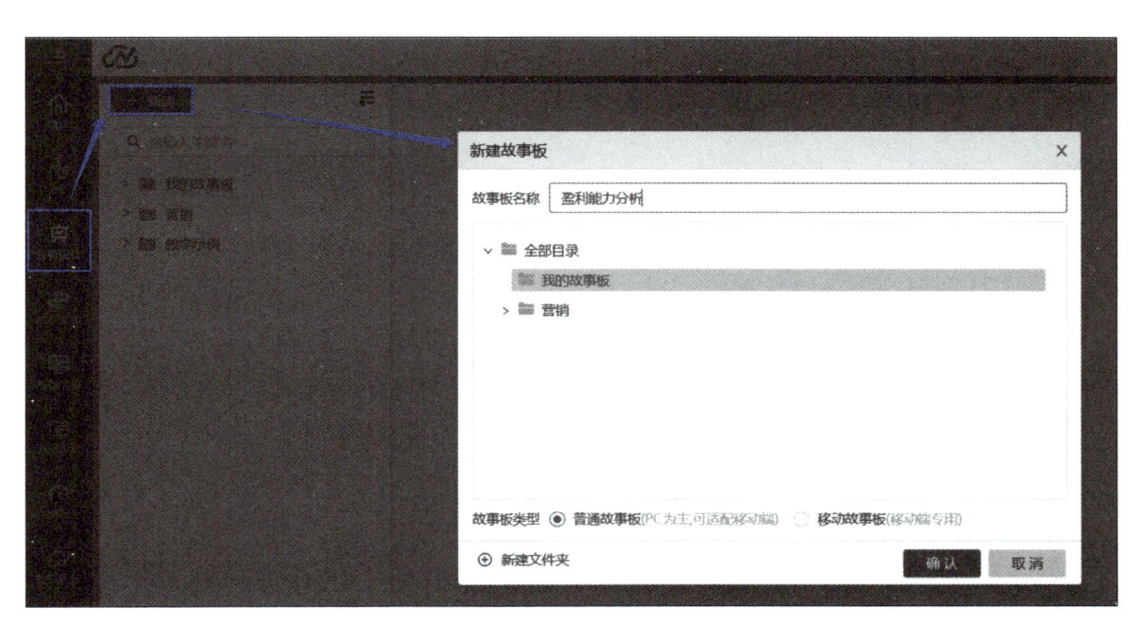

图 9-4　新建盈利能力分析故事板

（4）单击【可视化】—【新建】，从"数据集"中选择"财务大数据"—"财报分析"下的 xbrl，单击【确定】按钮。

（5）将默认的"新建可视化"更改为"毛利率"。单击"指标"右侧的加号，选择"计算字段",如图9-5所示。

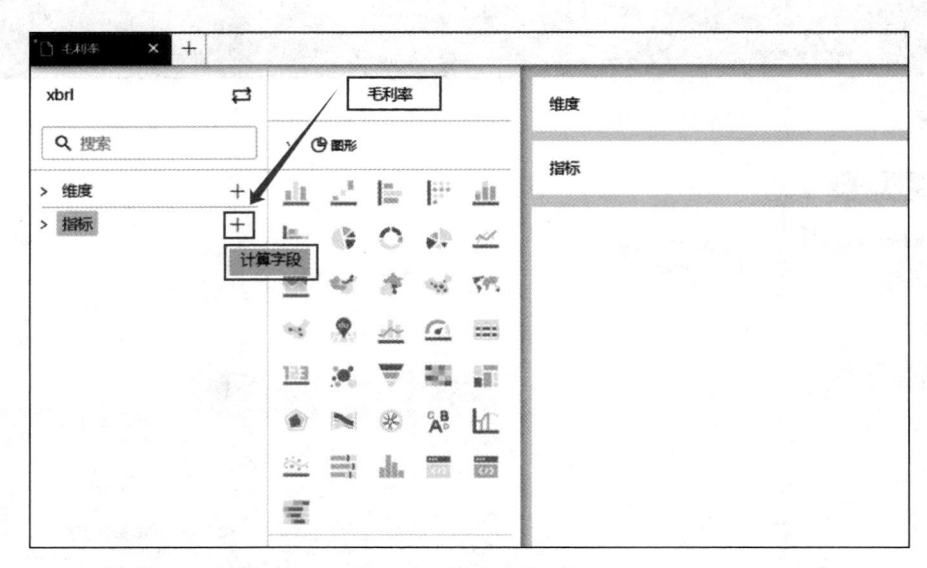

图9-5　新增计算字段

（6）在图9-6所示的界面中编辑字段信息。

图9-6　编辑字段信息

（7）编辑完成后，单击【确定】按钮，指标新增成功，在"指标"的最下方，可以看到新增的指标"毛利率"，如图9-7所示。

（8）创建可视化看板。以创建行业毛利率排名的看板为例，重命名看板名为"行业毛利率排名"。

（9）维度选择"企业简称"，指标选择"毛利率"，图形选择条形图。

（10）单击过滤下的"设置"，添加过滤条件。单击"按条件添加"，添加以下几个条件，如图9-8所示。

图 9-7　新增毛利率指标

图 9-8　过滤条件选择

注意：在"报表类型等于5000"条件中，5000为年报，表示取全年的数据。

（11）单击"毛利率"指标下的"升序"，将毛利率按升序排列，如图9-9所示。

图 9-9　选择排序方式

（12）设置显示毛利率排名后20位的企业，如图9-10所示。

注意：条形图的升序排列是将指标数据在图中从下往上依次升序排列，即指标小的在条形图的下方显示，指标大的在条形图的上方显示。显示后20位是显示指标数值大的前20位。

（13）行业毛利率排名的可视化设置完毕后，单击右上角的【保存】按钮和【退出】按钮，即可在可视化看板上显示设置好的图形。

完整的盈利能力指标看板设置步骤请扫二维码获取。

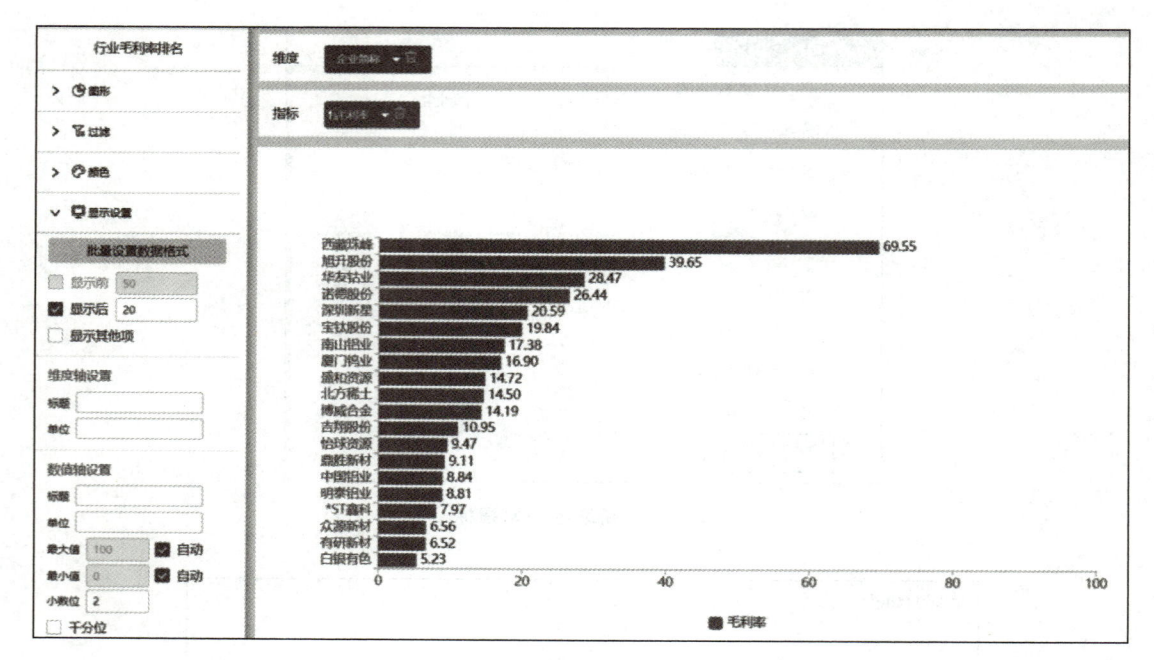

图 9-10　设置毛利率排名的显示方式

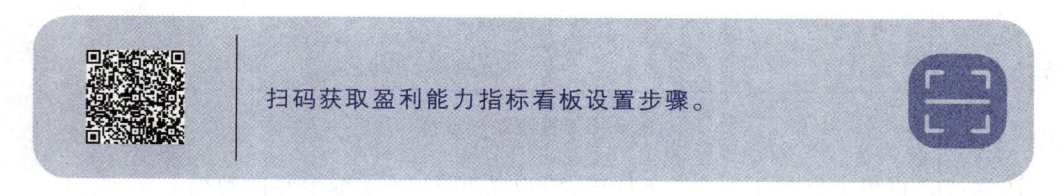

扫码获取盈利能力指标看板设置步骤。

（四）结果解读

以盈利能力的分析为例，本次盈利能力选取的指标是：营业收入、净利润、毛利率、净资产收益率（ROE）、营业利润率、总资产报酬率、营业净利率，数据如图 9-11 所示。

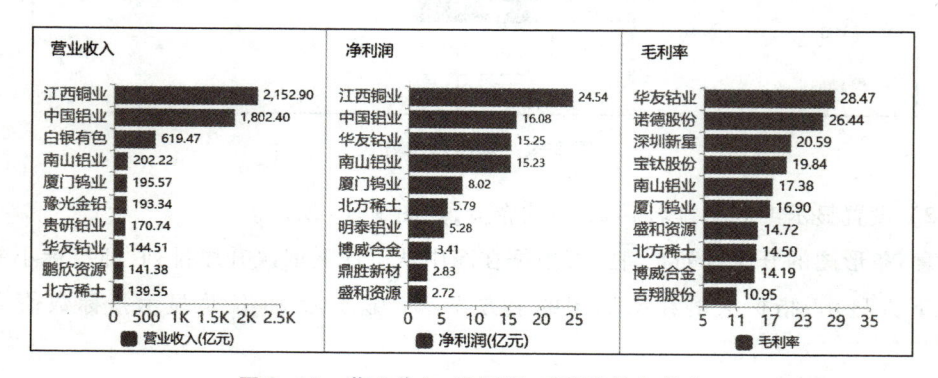

图 9-11　营业收入、净利润、毛利率排名前十

从营业收入和净利润的绝对值指标看，江西铜业位居榜首，但是毛利率却跌出前十名之外，说明该企业的经营规模比较大，但是获利能力一般。

净资产收益率（ROE）是反映公司自有资产赚钱能力的指标，有色金属冶炼及压延加工行业中，华友钴业的 ROE 遥遥领先其他企业，在行业内较为突出。数据如图 9-12 所示。

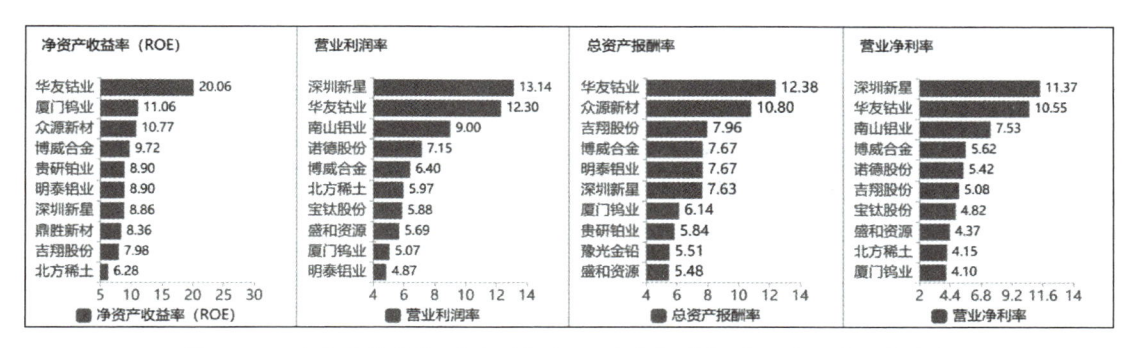

图 9-12　净资产收益率、营业利润率、总资产报酬率、营业净利率排名前十

再看总资产报酬率，华友钴业、众源新材、吉翔股份、博威合金、明泰铝业、深圳新星这些企业指标较为突出，高于排名前十的均值，说明这些企业资产利用效率较高，企业在增加收入、节约资金使用等方面取得了良好的效果，即投入产出的水平好于其他企业。数据如图 9-13 所示。

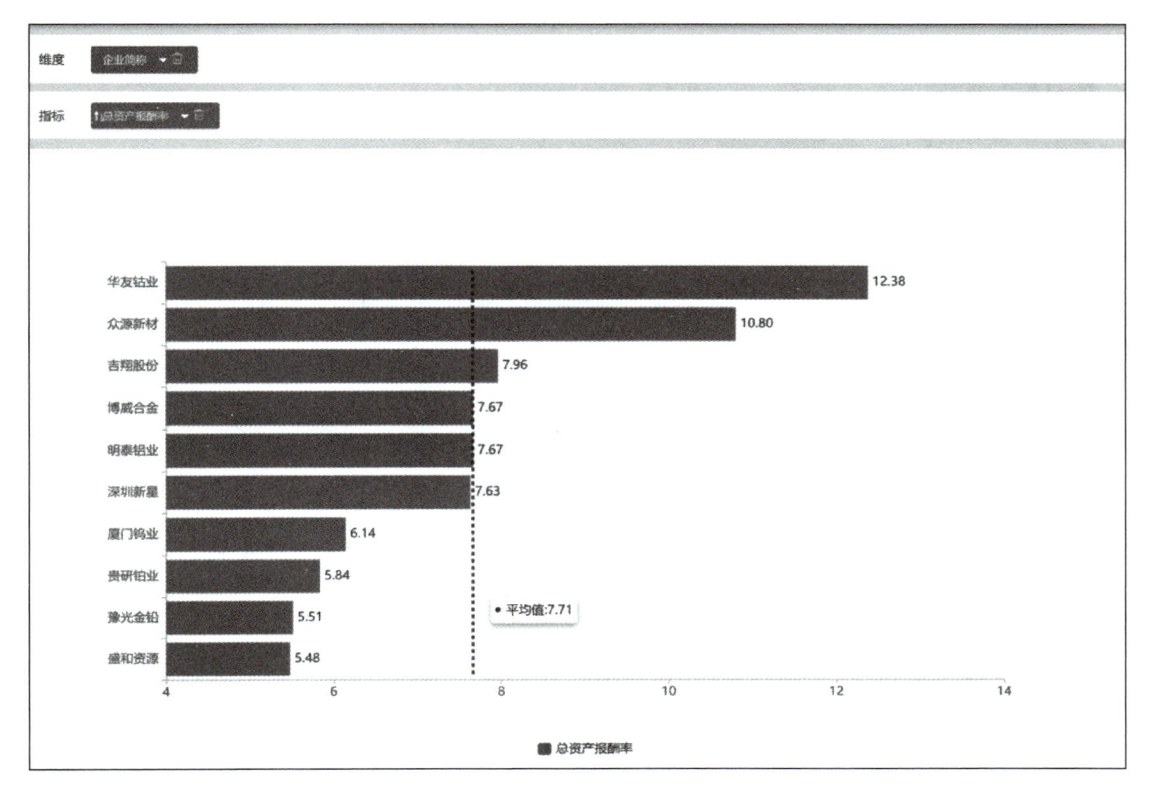

图 9-13　总资产报酬率排名前十与前十均值

其他指标的结果分析由学生根据分析云中的可视化图表进行分析解读。

二、经营者角度的财务报表分析实战演练

（一）任务目标

2019年10月8日，财务分析师对AJHXJL公司的四大能力进行分析，利用财报数据与业务数据，计算盈利、偿债、营运和发展能力的指标，通过纵向分析与横向对比发现差距，通过数据溯源找到问题，为经营决策提供数据支撑。

（二）任务实现

登录新道大数据教学平台，进入"经营者角度的财报分析"，如图9-14所示，根据平台中任务指南完成操作。

图9-14 经营者角度的财报分析

以盈利能力分析中的环比分析为例，分别将营业收入、营业成本、营业利润及息税前利润四个指标数据进行2019年9月与2019年8月的环比分析。

1. 环比分析步骤

（1）新建可视化，将其命名为"环比分析"，数据表使用AJHXJL公司的利润表。

（2）设置维度与指标，维度为空值，指标分别选择营业收入、营业成本、营业利润、息税前利润。

（3）选择适合本数据指标的图形，可以选择表格。

（4）设置环比值。在各指标中选择高级计算中的"同比/环比"，如图9-15所示。

注意：由于我们进行环比分析的数据是2019年9月的和2019年8月的，所以所选日期

图 9-15 选择环比分析设置

应该为 2019 年 9 月,依次将营业收入、营业成本、营业利润及息税前利润做"同比/环比"设置。设置参数如图 9-16 所示。

图 9-16 环比值设置

(5)设置完毕后单击【保存】并【退出】,回到可视化看板查看可视化数据。参考上述步骤,依次做出其他三个盈利能力指标的环比分析值,如图 9-17 所示。

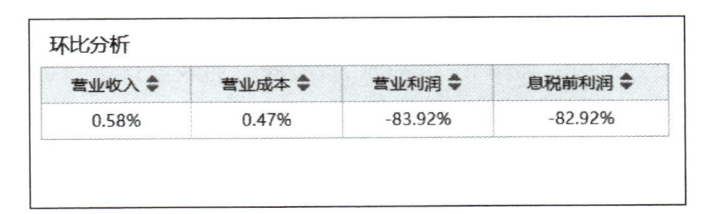

图 9-17 盈利能力环比分析

2. 异常项数据溯源

下面就以营业利润为例,对异常项数据进行溯源,操作步骤如下:

(1)新建可视化。将其命名为"环比值下降原因洞察",数据表用 AJHXJL 公司的利润表。

(2)设置维度与指标。维度选择年和月(升序排列),指标选择营业利润。

(3)选择适合数据指标的图形,可选择折线图。

(4)设置过滤条件。环比分析是用 2019 年 9 月与 8 月的数据进行环比,所以过滤条件为年等于 2019。

（三）结果解读

以盈利能力的分析为例，选择的指标是营业收入、营业成本、营业利润和息税前利润。时间维度是在 2019 年 10 月，分析前三季度的指标值，数据如图 9-18 所示。

2019年前三季度营业收入	2019年前三季度营业成本	2019年前三季度营业利润	2019年前三季度息税前利润
营业收入（亿元）	营业成本（亿元）	营业利润（亿元）	息税前利润（亿元）
17.38	17.20	0.91	0.96

图 9-18　前三季度的指标值

分别将 2019 年 9 月与 2019 年 8 月的营业收入、营业成本、营业利润及息税前利润四个指标数据进行环比分析，分析数据如图 9-19 所示。

环比分析

营业收入	营业成本	营业利润	息税前利润
0.58%	0.47%	-83.92%	-82.92%

图 9-19　环比分析数据

环比数据分析中可见 2019 年 9 月相比 8 月营业利润下降 83.92%，但营业收入与营业成本均为正增长，增长比率仅相差 1% 左右，较为接近；说明在营业收入增长的同时，营业成本同比例增长，营业成本的增长对营业利润的影响并不大。进一步查找环比值下降的原因，考虑到营业利润受收入、成本、费用及投资收益等财务指标的影响，依次选择所需指标数据，与营业利润折线图进行匹配，找到一条曲线与营业利润曲线趋势一致的指标，视该指标为导致营业利润变动的主要原因。如图 9-20 所示，投资收益曲线与营业利润曲线的趋势基本吻合，说明本期营业利润受投资收益影响较大。

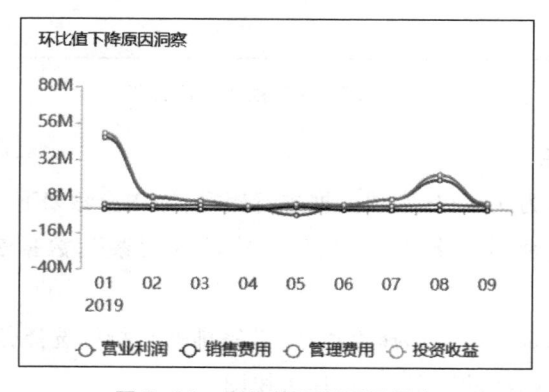

图 9-20　环比值下降原因洞察

下面进行同比分析。分别将 2019 年 9 月与 2018 年 9 月的营业收入、营业成本、营业利润及息税前利润四个指标数据进行同比分析,数据如图 9-21 所示。

同比分析			
营业收入	营业成本	营业利润	息税前利润
43.45%	43.72%	-108.52%	-108.78%

图 9-21　同比分析数据

选择所需指标数据,即影响利润的因素,如费用、投资收益等,找到一条曲线与营业利润曲线趋势一致。从指标曲线看,投资收益为导致营业利润下滑的主要原因,而销售费用与管理费用对营业利润下滑的影响微小,如图 9-22 所示。

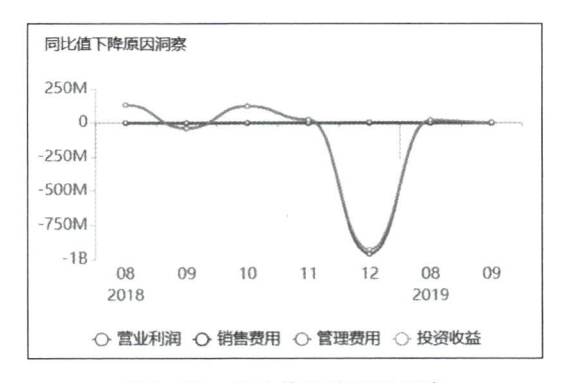

图 9-22　同比值下降原因洞察

最后与同行业企业金岭矿业进行对比。分别将营业收入、营业成本、营业利润、投资收益做横向对比,结果如图 9-23 所示。

指标横向对比-营业利润

年_报表日期	2015	2016	2017	2018	2019
AJHXJL矿业	11.00	3.45	13.89	1.66	0.91
金岭矿业	-0.92	-6.10	-2.48	1.31	2.19

指标横向对比-投资收益

年_报表日期	2015	2016	2017	2018	2019
AJHXJL矿业	12.08	4.88	14.86	2.48	1.07
金岭矿业	0.31	0.02	0.36	0.15	0.35

指标横向对比-营业收入

年_报表日期	2015	2016	2017	2018	2019
AJHXJL矿业	14.86	12.28	21.61	19.27	17.38
金岭矿业	7.86	6.26	10.44	10.41	10.19

指标横向对比-营业成本

年_报表日期	2015	2016	2017	2018	2019
AJHXJL矿业	14.46	11.92	21.32	19.04	17.20
金岭矿业	7.02	5.84	6.84	7.90	7.31

图 9-23　营业收入、营业成本、营业利润、投资收益的横向对比

观察营业收入指标,AJHXJL 公司历年营业收入指标均大幅度高于行业内对标公司金岭矿业。纵观其五年变化趋势,2016 年 AJHXJL 公司与金岭矿业营业收入均小幅度下滑,可见 AJHXJL 公司 2016 年营业收入下滑的主要原因是行业受市场环境的影响。2017 年 AJHXJL

公司与金岭矿业营业收入均大幅攀升,可见采矿业出现回暖。随后两年,AJHXJL 公司营业收入虽呈下滑趋势,但都大幅度高于金岭矿业的营业收入。从营业收入角度看,AJHXJL 公司明显优于金岭矿业。

观察营业成本指标,在营业收入增长的同时,营业成本随着增长,但 AJHXJL 公司营业成本的增长幅度却大大高于营业收入的增长幅度。观察两家公司的毛利,可发现 AJHXJL 公司五年毛利均在 0.02 亿~0.03 亿元区间内浮动,基本保持稳定不变,但毛利无法覆盖其费用。对比金岭矿业,五年毛利总体呈上升趋势,2017 年之后毛利可覆盖其费用,可见金岭矿业加大了对营业成本的控制,而 AJHXJL 公司在营业成本管控方面需加强管理,如图 9-24 所示。

指标横向对比-毛利						指标横向对比-费用小计					
年_报表日期	2015	2016	2017	2018	2019	年_报表日期	2015	2016	2017	2018	2019
AJHXJL矿业	0.03	0.03	0.02	0.02	0.02	AJHXJL矿业	0.14	0.16	0.10	0.09	0.03
金岭矿业	0.84	0.42	3.59	2.51	2.88	金岭矿业	1.82	1.68	2.21	1.45	0.72

图 9-24　毛利与费用小计

观察营业利润与投资收益指标,投资收益只是影响营业利润的一个科目,最终影响营业利润的不仅只有投资收益,还有很多损益类科目。例如营业利润还受公允价值变动损益、资产减值损失、管理费用、财务费用、销售费用、营业收入、营业成本等的影响。在本案例中,营业成本与三大费用均合理浮动,而投资收益对营业利润的影响尤为突出。2016 年、2018 年与 2019 年,三年的投资收益下滑导致营业利润的严重下降,其营业利润过多依赖于投资收益,而不是从主营业务中获利。投资失利的发生对公司整体利润的影响较大,AJHXJL 公司应该及时调整公司战略,减少投资收益对营业利润的影响。

其他指标的结果分析由学生根据分析云中的可视化图表进行解读。

第四节　基于逻辑回归算法的 ST 企业指标分析

一、基础知识介绍

1. 财务困境

财务困境又称财务危机,通常是指公司现金流量不足以补偿现有债务的状况。上市公司处于财务困境,表明公司面临极大的风险,严重影响股票收益,进而损害投资者利益。随着我国资本市场的快速发展,一些上市公司由于各种原因陷入财务困境。上市公司陷入财务困境对公司的投资者、债权人、内部员工及其他利益相关者都会产生不同程度的影响,甚至可能会影响到经济和社会的稳定。

事实上,公司陷入财务困境是一个逐步的过程,通常财务状况由正常开始逐渐恶化,最终导致财务困境或破产。并不存在一个明确的分界点将公司分为陷入财务困境和没有陷入财务困境,因此国内外专家学者对财务困境有不同的判断标准。我们可以根据沪深两市的上市规则,认为被特别处理的(special treatment,简称ST)的公司陷入了财务困境。

2. ST 制度

中国证监会于1998年3月16日颁布了《关于上市公司财务状况异常期间的股票特别处理方式的通知》,要求证券交易所对"财务状况异常"的上市公司实行股票的特别处理。沪深交易所根据此规定于同年4月22日宣布,对财务状况或其他状况异常的上市公司实行ST制度,被特别处理的上市公司股票简称前面会冠以"ST",即表明该股票为"特别处理"股票(ST股)。这是ST第一次出现在人们的视野,随后的几十年中,ST制度被不断地完善。例如2003年,分类ST制度正式建立,即把原先的ST(特别处理)细分为ST(其他风险警示)与*ST(退市风险警示)两类。这一改变表明,ST仅代表公司存在问题,但暂时不涉及退市,而*ST是公司有退市的风险。公司同时存在退市风险警示和其他风险警示情形的,在股票简称前冠以"*ST"字样。

3. ST 与*ST 标记条件

根据沪深两所2020年12月31日发布的上市制度,含有表9-5所示情形之一的上市公司,证交所对其股票交易加上风险提示标签。

表 9-5 ST 与*ST 涉及的情形

序号	ST	*ST
1	公司生产经营活动受到严重影响且预计在三个月内不能恢复正常	未在法定期限内披露年度报告或者半年度报告,且在公司股票停牌两个月内仍未披露
2	公司主要银行账号被冻结	半数以上董事无法保证年度报告或者半年度报告真实、准确、完整,且在公司股票停牌两个月内仍有半数以上董事无法保证的
3	公司董事会、股东大会无法正常召开会议并形成决议	因财务会计报告存在重大会计差错或者虚假记载,被中国证监会责令改正但未在要求期限内改正,且在公司股票停牌两个月内仍未改正
4	公司最近一年被出具无法表示意见或否定意见的内部控制审计报告或鉴证报告	因信息披露或者规范运作等方面存在重大缺陷,被本所要求改正但未在要求期限内改正,且在公司股票停牌两个月内仍未改正
5	公司向控股股东或控股股东关联人提供资金或者违反规定程序对外提供担保且情形严重的	因公司股本总额或者股权分布发生变化,导致连续二十个交易日不再符合上市条件,在规定期限内仍未解决
6	公司最近三个会计年度扣除非经常性损益前后净利润孰低者均为负值,且最近一年审计报告显示公司持续经营能力存在不确定性	公司可能被依法强制解散
7	本所认定的其他情形	法院依法受理公司重整、和解或破产清算申请
8	—	本所规定的其他情形

4. 财务困境产生原因

企业陷入财务困境的原因可以分为内部原因和外部原因。外部原因是受宏观经济环境、体制因素、政策法规及行业因素所影响,例如,经济不景气、企业所在行业进入衰退期、国际关系恶化等。而内部原因则是由于企业本身经营管理不善、主营业务萎缩失去竞争力、大量举债、三费过高导致资金匮乏或经营杠杆的负效益、财务杠杆的负效益等。

5. 财务困境的表现形式

财务困境是一个动态的过程,要从企业经营行为中判定企业陷入财务困境,则要研究企业财务困境的表现形式。陷入财务困境的企业其现金流不足,存在相当的违约风险,在具体经营活动中呈现出贷款违约、成本上升、裁员、出售主要资产、与其他企业合并、减少资本支出等现象,对于上市公司来说其偿债能力下降,可能出现上市企业取消或减少股利、发行新股、与债权人协商谈判、债权换股权甚至私下和解等现象。

二、案例背景介绍

ST 股票(本案例中指 ST 与 *ST 股票)指被特别处理过的股票,如果哪只股票的名字前加上 ST,那就是这只股票被给了警示,表示该股票存在投资风险,可以警告投资者们谨慎投资该股票。请根据 2003 年 1 月 1 日至 2019 年 12 月 31 日期间被 ST(含 *ST)的股票具有的财务指标特征,对 2020 年第二季度季报无缺失值的股票进行财务困境预测,看看哪些股票有被 ST 的可能性。

三、逻辑回归模型介绍

(一)逻辑回归模型的引入

1980 年,Ohlson 第一个将逻辑回归方法引入财务危机预警领域,他选择了 1970—1976 年间破产的 105 家公司和 2 058 家非破产公司组成配对样本,分析了样本公司在破产概率区间上的分布以及两类错误和分割点之间的关系,发现用公司规模、资本结构、业绩和当前的融资能力进行财务危机的预测准确率达到 96.12%。

逻辑回归被引入财务风险预测研究之后,财务危机预测即简化为已知一家公司具有某些财务特征,而计算其在一段时间内陷入财务危机的概率问题。如果算出的概率大于设定的阈值,则判定该公司将陷入财务风险。

那么,如何使用逻辑回归模型计算企业陷入财务困境的概率呢?下面我们就来具体分析。

(二)逻辑回归模型介绍

1. 逻辑回归

逻辑回归与线性回归都是一种广义的线性模型,线性回归能对连续值结果进行预测,如预测未来几年的销售量;而逻辑回归则常用于是与否的二分类问题,是分类的一种算法,比如说医生需要判断病人是否生病,邮件收件箱要自动对邮件分类为正常邮件和垃圾邮件等。由于逻辑回归并不复杂,而且具有简单、高效、可解释性强的特点,所以在各领域被广泛应用。可以说,逻辑回归占据了分类算法中非常重要的地位。

(1) 线性回归。由于逻辑回归的原理是用逻辑函数把线性回归的结果$(-\infty,\infty)$映射到$(0,1)$,故先介绍线性回归函数和逻辑函数。在线性回归中,给定一个自变量x,求出一个因变量y,即得出一个线性回归的公式:

$$y=f(x)$$

对于多维空间中存在的样本点,我们用特征的线性组合去拟合空间中点的分布和轨迹。线性回归的结果输出是一个连续值,而值的范围是无法限定的,位于$(-\infty,\infty)$,如图9-25所示。

公式	图形
$f(x)=\beta_0+\beta_1 x_1+\beta_2 x_2+\cdots+\beta_n x_n$	

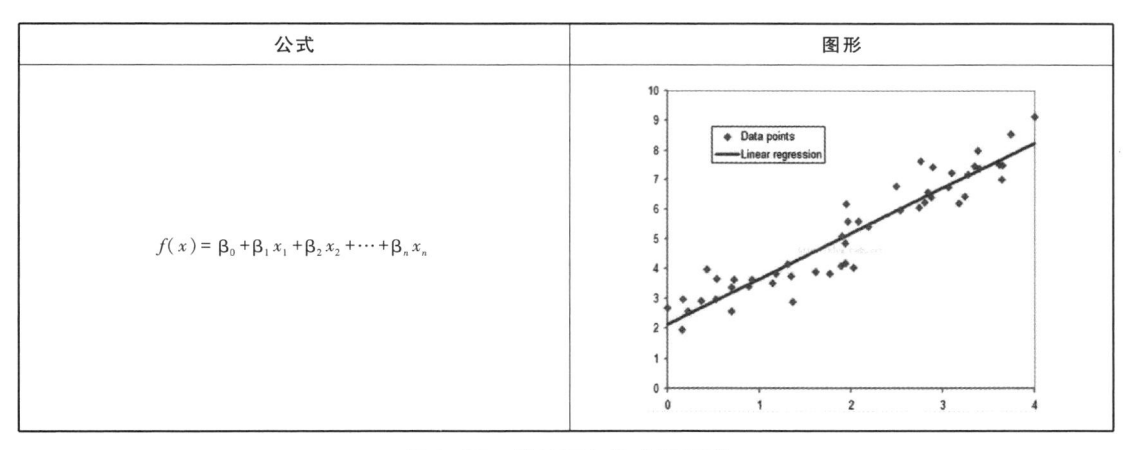

图9-25 线性回归公式及图形

但是,考虑这样一个问题,当因变量不是连续变量,而是分类变量,比如大或者小,黑或者白时,线性回归模型又应该如何应用呢?考虑类别之间相对的关系,我们可以用概率来表示这个问题,例如在黑白问题时,黑的概率大于白的概率,我们将预测为黑。

我们知道线性回归的因变量的数值位于$(-\infty,\infty)$之间,如果我们再定义一个映射关系,将$(-\infty,\infty)$之间的数值映射成概率值,即$(0,1)$区间,就可以解决线性回归到分类问题的过渡。而逻辑回归就是在线性回归中在特征到结果的映射中加入了一层函数映射,将位于$(-\infty,\infty)$之间的数值映射成概率值$(0,1)$区间。

(2) 逻辑函数。逻辑函数也称为 sigmoid 函数,就是我们需要用到的映射函数,即先把特征线性求和,然后使用逻辑函数$g(z)$作为假设函数来预测,逻辑函数$g(z)$可以将连续值映射到0到1之间,从函数图上可以看出,函数$y=g(z)$在$z=0$的时候取值为$1/2$,而随着z逐渐变小,函数值趋于0,z逐渐变大的同时函数值逐渐趋于1,而这正是一个概率的范围。表达式如图9-26所示。

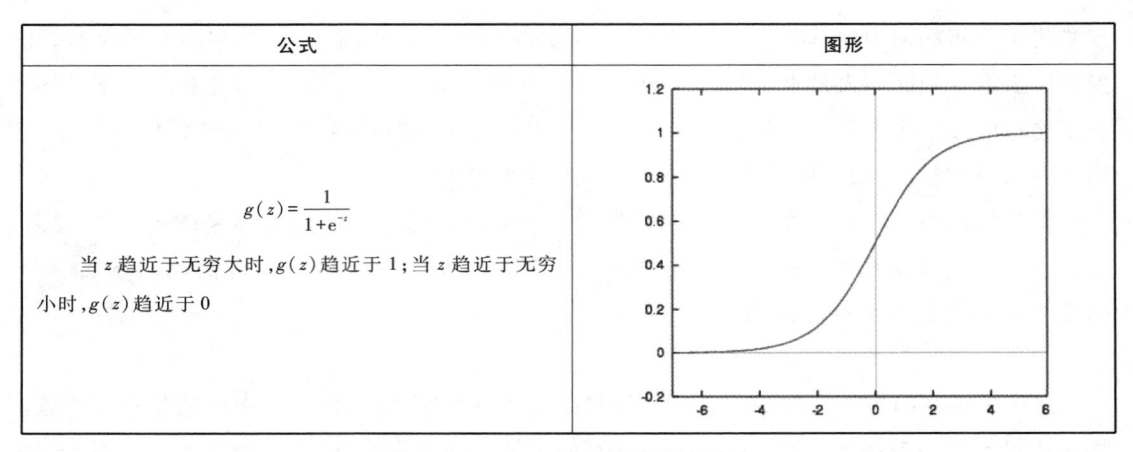

公式	图形
$g(z)=\dfrac{1}{1+e^{-z}}$ 当 z 趋近于无穷大时,$g(z)$ 趋近于 1;当 z 趋近于无穷小时,$g(z)$ 趋近于 0	

图 9—26　sigmoid 函数公式及图形

（3）逻辑回归。将 sigmoid 函数与线性函数相结合,线性回归模型的输出作为 sigmoid 函数的输入,就构造了逻辑回归模型。我们会得到以下公式：

$$h_\beta(x) = g(f(x)) \\ = g(\beta_0 + \beta_1 x_1 + \beta_2 x_2 + \cdots + \beta_n x_n) \\ = \frac{1}{1+e^{-(\beta_0+\beta_1 x_1+\beta_2 x_2+\cdots+\beta_n x_n)}}$$

由线性回归 y 的值域和 sigmoid 函数的值域而知,在逻辑回归模型中用 sigmoid 函数把线性回归的结果$(-\infty,\infty)$映射到$(0,1)$,得到的这个结果类似一个概率值。从 sigmoid 函数图像可以看出：

- 当 $z>0$ 时,$g(z)$ 在 $(0.5,1.0)$ 之间
- 当 $z=0$,$g(z)=0.5$
- 当 $z<0$ 时,$g(z)$ 在 $(0,0.5)$ 之间

在逻辑回归模型中,上面的假设可以替换为：

- $\beta_0+\beta_1 x_1+\beta_2 x_2+\cdots+\beta_n x_n>0$ 时,$h_\beta(x)$ 在 $(0.5,1.0)$ 之间
- $\beta_0+\beta_1 x_1+\beta_2 x_2+\cdots+\beta_n x_n=0$ 时,$h_\beta(x)=0.5$
- $\beta_0+\beta_1 x_1+\beta_2 x_2+\cdots+\beta_n x_n<0$ 时,$h_\beta(x)$ 在 $(0,0.5)$ 之间

2. 用逻辑回归模型预测财务困境

用逻辑回归模型预测财务困境的步骤如图 9—27 所示。

确定需求 → 数据获取 → 数据预处理 → 模型构建 → 模型预测

图 9—27　逻辑回归模型操作步骤

（1）确定需求。我们首先要根据需求建立算法模型,根据案例介绍,我们需要根据 2003

年1月1日至2019年12月31日期间被ST(含*ST)股票的财务指标特征,预测2020年第二季度无季报缺失值的股票财务困境的可能性。这里我们还需要确定分析哪些财务指标。明确因变量y是被ST(含*ST)的股票,而自变量x是财务指标,我们的目标是通过对上市公司财务指标数据的分析预测上市公司会被ST(含*ST)的概率。

(2)数据获取。按照需求收集所需数据,一般可以使用爬虫技术从互联网上爬取数据,或利用其他大数据技术,例如文本挖掘技术,从上市公司对外发布的财务报告或公告中获取所需数据;也可以从一些商业数据库下载数据。

在数据获取中,我们需要获取建模所需数据及模型预测数据集,这些数据包括ST股票与非ST股票的股票代码及待选变量(如财务指标)等。在分析企业财务困境案例时,我们需要获取以下数据:① 2003年1月1日至2019年12月31日期间被ST(含*ST)股票;② 2003年1月1日至2019年12月31日期间季报财务指标数据;③ 2020年第二季度上市公司财务指标数据。

(3)数据预处理。由于数据信息源来自不同网站,数据格式不统一,所以我们不能使用这些数据,在建立算法模型之前,我们需要对获取的数据进行预处理。数据预处理技术在数据挖掘和数据分析之前使用,大大提高了数据挖掘模型的质量,降低实际挖掘和分析所需要的时间。

我们需要对建模数据进行数据预处理,还需要对预测的数据集进行数据预处理。在数据预处理阶段,我们将完成以下工作:① 整理出ST(含*ST)股票名单;② 根据股票上市时间,整理出2003年至2019年期间季度数据表;③ 对2003年至2019年季度报告财务指标数据进行缺失值填补;④ 将ST股票名单、2003年至2019年季度数据表及各季度股票ST的状态表进行合并,此表供建模使用;⑤ 对预测数据集(2020年第二季度)数据进行数据清洗。

(4)模型构建。使用含有2003年至2019年各季度股票状态的数据表进行建模,建模思路如下:

① 读取表中数据并设置平衡比率。根据表中信息得知,此表中所有股票都是在2003年至2019年期间被ST的股票,但被ST期间的状态标记为1,非ST状态的期间标记为0。设置数据平衡性,将平衡比率设置为2∶1,即非ST数据是ST数据的二倍。平衡比率的设置将影响模型的准确率。如果原始数据的平衡比率不是2∶1,我们需要对数据进行处理,以达到我们的平衡比率。

② 划分数据集。我们将模型中的股票随机打散,随机选择20%作为测试集,80%作为训练集。

③ 建模构建。将训练集数据放入python已经封装好的逻辑回归算法中进行建模,再将测试集带入模型中,利用模型将测试集中的数据进行ST预测,得出一个预测结果,将该结果与测试集中的数据进行对比,得出该模型的准确率。

如果准确率使我们满意,我们称该模式是合适的模型,否则我们需要更换大数据算法或调整参数,又或者回到数据清洗步骤,采用更换数据缺失值填补等方法重新构建模型。

(5)模型预测。将预测集数据带入模型,并查看预测结果准确率。

四、实战演练

(一)数据获取

我们通过大数据技术在证券交易所爬取到相关数据信息。先爬取 ST 样本数据,再爬取 ST 公司相关变量指标数据。

(二)ST 样本数据与待选变量指标

1. ST 样本数据

我们的 ST 样本数据是 2003 年 1 月 1 日至 2019 年 12 月 31 日(17 年)期间沪深两市 A 股被"ST"或"*ST"的上市公司。最终我们的有效样本数据为 1985 条,568 家上市公司。

2. 确认待选变量

确定了样本数据之后,我们需要确定相关的财务指标数据作为我们的待选变量,用以决定使用哪些数据指标来预测公司被"ST"或"*ST"的可能性。在 2003 年 1 月 1 日至 2019 年 12 月 31 日期间,结合本案例,我们选择能够综合反映上市公司的偿债能力、盈利能力、营运能力、发展能力方面的变量因素,结合上市公司第一大股东持股比例及公司规模等因素,作为模型中的待选变量。我们获取有效的变量共计 22 个,明细展示如表 9-6 所示。

表 9-6 有 效 变 量

序号	指标类别	变量名称
1	偿债能力指标	流动比率
2		速动比率
3		现金比率
4		资产负债率
5		权益乘数
6		长期负债权益比例
7	盈利能力指标	总资产收益率(ROA)
8		总资产报酬率
9		营业毛利率
10		营业净利率
11		成本费用利润率
12	营运能力指标	应收账款周转率
13		存货周转率
14		流动资产周转率
15		固定资产周转率
16		总资产周转率
17	发展能力指标	总资产增长率
18		营业收入增长率
19		可持续增长率

续表

序号	指标类别	变量名称
20	公司规模	资产总计
21		所有者权益合计
22	股权结构	第一大股东持股比例

（三）数据预处理

1. 根据上市时间统计完整期间数据表

结合股票的上市时间、我们选择的统计区间以及待选变量，我们需要构建一张完整的2003年至2019年季度股票指标表。由于我们在做数据收集时是按照指标类别进行的收集，每张表的数据量并不一样，所以此处我们需要构建6张季度股票指标表。构建后，每张表含有35 904条数据，568家上市公司。

操作步骤如下：

第一步：导入python库。

第二步：建立一个文件夹，保存操作完毕的结果(./数据结果/1.根据上市时间统计完整期间数据表/)。

第三步：打开数据来源文件中上市公司时间表(./数据来源/建模数据/data08-企业IPO上市日期.csv)，获取上市公司时间信息，由于我们选择的是季度报表，我们默认选择企业上市一个季度以后的财务报表，故此，我们设置的完整数据区间表是根据各家上市公司根据上市时间以及我们的案例要求时间2003年1月1日至2019年12月31日进行设置。

（1）按照证券代码和执行日期进行排序（默认升序排列），将日期中的"/"替换为"-"，先保存一张带有空格的表，待我们后面填充数据；

（2）对排序后的数据按照证券代码进行分组，设置起始时间。如果上市时间大于2003年1月1日，重新构造时间序列，找到该公司的上市时间，结束时间为2019年12月31日。这里大家要注意，由于我们设置上市时间下一季度的指标数据为起始时间，即上市时间加三个月，所以我们需要做一下判断，当起始时间在1—3月内，设置的起始时间为3月31日，当起始时间在4—6月内，设置的起始时间为6月30日以此类推。否则，起始时间均为2003年3月31日，结束时间为2019年12月31日。

（3）将日期转为datetime格式，并将日期作为索引，根据每个公司的开始日期和结束日期，构造时间序列。按照构造后的时间序列，重置索引，空值以nan填充。

（4）将空的证券代码用前一个与后一个有数据的证券代码进行填充。

第四步：对文件进行保存。

扫码获取Python代码。

2. 填补变量中的缺失值

在收集数据时,一些变量(四大能力指标、公司规模指标、股权结构指标)存在季度缺失值数据,我们需要分别对6张季度数据表进行数据清洗,将缺失的数据进行补充。考虑到我们的数据是季度数据,所以我们选用上下相邻的季度数据均值来填补缺失值。

操作步骤如下:

第一步:导入python库。

第二步:建立一个文件夹,保存操作完毕的结果(./数据结果/2. 填补变量中的缺失值/)。

第三步:打开上一步骤的操作结果(./数据结果/1. 根据上市时间统计完整期间数据表/*),依次对每个表进行数据清洗。

(1)先找出每个表内所需指标数据名称,并按照股票代码对数据进行排序;

(2)当缺失值在中间位置时,找出上下相邻季度数据,取其均值进行缺失值填补;

(3)当缺失值在首位时,取其下一季度数据进行缺失值填补;

(4)当缺失值在末尾时,取其上一季度数据进行缺失值填补。

第四步:将文件进行保存。

扫码获取 Python 代码。

3. 数据表合并

数据清洗后,各表内数据条数均一致,因此我们现在可以将6张数据表(四大能力指标、公司规模指标、股权结构指标)进行合并,汇总成一份含全部指标的变量统计表,然后再与ST公司打标签数据表的股票代码名单进行合并,最终形成一份完整的数据表,供建模分析使用。

操作步骤如下:

第一步:导入python库。

第二步:建立一个文件夹,保存操作完毕的结果(./数据结果/4. 指标合并数据)。

第三步:将表中证券代码与截止日期进行合并依据,依次合并每张表。其中发展能力指标表中的会计年度匹配截止日期,公司规模指标中的会计期间匹配截止日期。

第四步:将文件进行保存(全部指标合并数据结果.csv)。

第五步:将全部指标合并数据结果文件与ST公司打标签数据表进行合并。

第六步:将文件进行保存(建模数据表合并.csv)。

> 扫码获取 Python 代码。

4. 预测数据集变量指标合并

当逻辑回归模型建立完毕之后,我们将利用模型对股票进行预测,所以我们需要对预测数据集进行数据清洗,将变量指标合并,汇总成一个完整的预测数据集变量指标表,合并之后删除缺失季度指标数据的股票。

操作步骤如下:

第一步:导入 python 库。

第二步:建立一个文件夹,保存操作完毕的结果(./数据结果/5. 预测数据预处理合并)。

第三步:将指标数据表进行合并,合并规则为按照证券代码与截止日期逐表合并。

第四步:删除有季度缺失值的证券代码。

第五步:将文件进行保存。

> 扫码获取 Python 代码。

(四) 使用逻辑回归算法建立模型

拿到数据预处理的数据后,我们将对数据进行建模。

> 扫码获取建模的 Python 代码。

查看结果:

随机采样后标签为 1 的数据总数为 7 641。

随机采样后标签为 0 的数据总数为 15 282。

模型的准确度(accuracy)为 0.7387131952017448。

我们得到逻辑回归模型的准确率为 74%,该模型比较令人满意。

（五）预测2020年第二季度季报无缺失值企业的财务困境状态

1. 模型预测

将预测集数据带入模型，对2020年第二季的无季报缺失值的数据继续进行预测。

操作步骤如下：

第一步：导入python库。

第二步：建立一个文件夹，保存操作完毕的结果（./数据结果/6.模型预测结果）。

第三步：加载逻辑回归算法模型。

第四步：对2020年第二季度季报无缺失值企业进行财务困境预测。

第五步：将预测结果进行保存（2020年Q2季报无缺失值企业财务困境预测结果.csv）。

扫码获取 Python 代码。

2. 预测结果样例

由于模型随机采样，导致每次运行的模型准确率不一致，所以预测结果也会随之变化，模型准确度越高，预测结果更精准。

3. 预测其他季度企业数据

要想预测其他季度企业数据，只需要修改几处代码就可以了。我们只需要修改代码中的日期及文件名称。例如，预测第三季度数据，将2020-06-30改为2020-09-30，并将文件名称中的Q2改为Q3。

（六）案例总结

本案例我们使用逻辑回归算法对2003年至2019年期间568家被ST的上市企业及22个财务指标变量进行建模，并对2020年第二季季报无缺失值的上市企业进行预测。我们的模型准确率为74%，通过模型，我们对2020年第二季度指标数据无缺失值的2 331家企业进行预测，其中有可能发生财务困境的企业有18家，占比0.78%。

思考题

1. 大数据时代下的财务分析与传统财务分析有哪些异同？
2. 大数据背景下的财报分析工作应如何开展？
3. 如何利用大数据技术开展企业财务困境预测？

教学支持说明

建设立体化精品教材,向高校师生提供整体教学解决方案和教学资源,是高等教育出版社"服务教育"的重要方式。为支持相应课程教学,我们专门为本书研发了配套教学课件及相关教学资源,并向采用本书作为教材的教师免费提供。

为保证该课件及相关教学资源仅为教师获得,烦请授课教师清晰填写如下开课证明并拍照后,发送至邮箱:jingguan@ pub. hep. cn。也可加入高教社财会教师服务群(群号:329885562),直接向编辑索取。

咨询电话:010 - 58581020

证　　明

兹证明_____大学_____学院/系第_____学年开设的_____课程,采用高等教育出版社出版的《　　　　　　　　》(　　　　　主编)作为本课程教材,授课教师为_____,学生_____个班,共_____人。授课教师需要与本书配套的课件及相关资源用于教学使用。

授课教师联系电话:_____　E-mail:_____

学院/系主任:_____(签字)

(学院/系办公室盖章)

20____年_____月_____日

郑重声明

高等教育出版社依法对本书享有专有出版权。任何未经许可的复制、销售行为均违反《中华人民共和国著作权法》，其行为人将承担相应的民事责任和行政责任；构成犯罪的，将被依法追究刑事责任。为了维护市场秩序，保护读者的合法权益，避免读者误用盗版书造成不良后果，我社将配合行政执法部门和司法机关对违法犯罪的单位和个人进行严厉打击。社会各界人士如发现上述侵权行为，希望及时举报，我社将奖励举报有功人员。

反盗版举报电话　　（010）58581999　58582371

反盗版举报邮箱　　dd@hep.com.cn

通信地址　北京市西城区德外大街4号　高等教育出版社法律事务部

邮政编码　100120